Kohlhammer

Persönlichkeiten aus dem Südwesten

Eine Übersicht aller lieferbaren und im Buchhandel angekündigten Bände der Reihe finden Sie unter:

 https://shop.kohlhammer.de/persoenlichkeiten-sw

Der Autor

Prof. Dr. Patrick Peters ist Prorektor der Allensbach Hochschule (Konstanz) und lehrt dort PR, Kommunikation und digitale Medien. Der Literaturwissenschaftler und Master of Business Administration (MBA) arbeitet zudem als freier Publizist und Berater für Ethik und Kommunikation. Derzeit habilitiert er sich an der Universität Duisburg-Essen in der Germanistischen Mediävistik.

Patrick Peters

Ludwig Uhland

Ein Leben zwischen Poesie und Politik

1. Auflage

Verlag W. Kohlhammer

Für die beiden Damen in meinem Leben

Dieses Werk einschließlich aller seiner Teile ist urheberrechtlich geschützt. Jede Verwendung außerhalb der engen Grenzen des Urheberrechts ist ohne Zustimmung des Verlags unzulässig und strafbar. Das gilt insbesondere für Vervielfältigungen, Übersetzungen, Mikroverfilmungen und für die Einspeicherung und Verarbeitung in elektronischen Systemen.

Es konnten nicht alle Rechtsinhaber von Abbildungen ermittelt werden. Sollte dem Verlag gegenüber der Nachweis der Rechtsinhaberschaft geführt werden, wird das branchenübliche Honorar nachträglich gezahlt.

Dieses Werk enthält Hinweise/Links zu externen Websites Dritter, auf deren Inhalt der Verlag keinen Einfluss hat und die der Haftung der jeweiligen Seitenanbieter oder -betreiber unterliegen. Zum Zeitpunkt der Verlinkung wurden die externen Websites auf mögliche Rechtsverstöße überprüft und dabei keine Rechtsverletzung festgestellt. Ohne konkrete Hinweise auf eine solche Rechtsverletzung ist eine permanente inhaltliche Kontrolle der verlinkten Seiten nicht zumutbar. Sollten jedoch Rechtsverletzungen bekannt werden, werden die betroffenen externen Links soweit möglich unverzüglich entfernt.

Titelbild: Ludwig Uhland. Gemälde von Christoph Friedrich Dörr, Öl auf Leinwand 1810. Public domain, via Wikimedia Commons.

1. Auflage 2024

Alle Rechte vorbehalten
© W. Kohlhammer GmbH, Stuttgart
Gesamtherstellung: W. Kohlhammer GmbH, Stuttgart

Print:
ISBN 978-3-17-044522-2

E-Book-Formate:
pdf: ISBN 978-3-17-044523-9
epub: ISBN 978-3-17-044524-6

Inhalt

Einleitung	**7**
In Kurzform: Ludwig Uhlands Leben	**12**
Uhland als Dichter und Romantiker	**23**
Die deutsche Romantik: eine kurze Einführung	24
Gedichte 1805 bis 1812	31
Gedichte 1813 bis 1830	45
Exkurs: Das Schloss am Meere und Freie Kunst	61
Exkurs: Uhlands Dramen und *Fortunatus*-Fragment	70
Gedichte 1830 bis 1862	76
Uhland und der Schwäbische Dichterbund	85
Justinus Kerner: Programmdichter der schwäbischen Dichterschule	88
Wilhelm Hauff: Klassiker der märchenhaften Dichtung	95
Eduard Mörike: Das blaue Band des Frühlings	98
Exkurs: Die Zeit des Biedermeier	102
Fazit	108
Uhland als Wissenschaftler: Beiträge zu Germanistik und Dichtungstheorie	**114**
Über die Seele des Dichters und das Romantische	141
Uhlands Poetikvorlesungen: Das Stylisticum	150
Über die Gesellschaft für deutsche Sprache und weitere Vereinigungen	154
Geschichte, Heldensage, Nationalliteratur: Über die Sage vom Herzog Ernst	161
Fazit	165

Inhalt

Uhlands politische Laufbahn — 168

Uhland als Sprecher der Landstände — 168
Die Verfassung von 1819 — 171
Uhland im württembergischen Landtag — 176
Uhland in der Frankfurter Nationalversammlung 1848/1849 — 180

Rückblick und Ausblick — 192

Bibliographie — 201

Einleitung

Gotthold Ephraim Lessing, Johann Wolfgang von Goethe, Friedrich Schiller, Friedrich Hölderlin, vielleicht auch Jean Paul, Joseph von Eichendorff, Heinrich von Kleist, Novalis, Adalbert Stifter, Eduard Mörike und Clemens Brentano: Die Zeit zwischen 1770 und 1850 gehört, zumindest im öffentlichen Ansehen, zur produktivsten, vielleicht gar bedeutendsten Phase der deutschen Literatur. Und die eben genannten Namen stehen exemplarisch für diese Phase, sind schulisch relevant und in der Breite der Bevölkerung bekannt und über sämtliche literarhistorischen Textsammlungen hinweg kanonisiert. Das wiederum führt dazu, dass (mittlerweile zumindest) zahlreiche andere berühmte Autoren jener Phase nicht mehr über die Beachtung und das Renommee verfügen, dass ihnen eigentlich zukommen sollte und das ihnen ursprünglich bereits zugekommen war.

Zu diesen vergessenen Berühmtheiten gehört Ludwig Uhland. Er war mit Goethe einer der meistgelesenen Schriftsteller des 19. Jahrhunderts, kaum eine Stadt in Deutschland, in der nicht eine Straße, ein Platz oder eine Schule den Namen Ludwig Uhlands trägt. Johann Ludwig Uhland: Der 1787 in Tübingen Geborene war Dichter, Literaturwissenschaftler, Jurist und Politiker, war Landtagsabgeordneter und Abgeordneter der Nationalversammlung in der Frankfurter Paulskirche von 1848 und Professor für deutsche Sprache und Literatur an der Universität Tübingen. Kurzum: Ludwig Uhland war eine multitalentierte Persönlichkeit mit weitreichendem, bleibendem Einfluss in zahlreichen Gebieten.

Aber warum wird Ludwig Uhland hier als vergessene Berühmtheit bezeichnet, wo doch so viele öffentliche Orte an ihn erinnern? Dieses harsche Urteil entspringt vor allem der zurückgehenden Wahrnehmung Uhlands als Literat abseits von Fachkreisen. Eine einfache Namensrecherche auf einer der großen Online-Buchhandelsplattformen ergibt eine recht eingeschränkte Auswahl an Werken von und über Uhland, und viele davon sind nur als digitale Veröffentlichungen erhältlich. Eine wissenschafts- oder publikumsorientierte Biographie existiert genauso wenig wie eine Einführung in Werk und Gedankenwelt Uhlands. Während in den vergangenen Jahren (und häufig auch schon deutlich früher) zu mehr und mehr Dichtern der Zeit (Christoph Martin Wieland, E. T. A. Hoffmann, Novalis, Joseph von Eichendorff, Jean Paul, Heinrich von Kleist, Friedrich Hölderlin, Friedrich Schiller, Johann Wolfgang von Goethe) exzellente Biographien aus der Feder renommierter Autoren entstanden sind, ist Uhland völlig vom Radar in diesem Segment verschwunden. Auf der anderen Seite hat sich die Wissenschaft positioniert. Allein die Namenssuche im Online-Katalog der Deutschen Nationalbibliothek weist mehr als 1200 Monographien und Sammelbände aus, die einen Bezug zu Ludwig Uhland haben – eigenständige Aufsätze in Jahrbüchern, wissenschaftlichen Zeitschriften etc. nicht eingerechnet.

Somit besteht eine Lücke in der Uhland-Publizistik: Diese Lücke möchte der vorliegende Band schließen, um einerseits einen Beitrag zur Uhland-Forschung zu leisten und andererseits Leben, Werk und Wirkung nachzuvollziehen und das Bild einer literarisch und politisch bedeutenden und aufregenden Zeit zu zeichnen, mit Ludwig Uhland im Mittelpunkt. Denn immerhin sprechen wir von einer Zeit, in der sich in der Literatur die Weimarer Klassik, die Romantik und das Biedermeier entfalten, sich zahlreiche Wissenschaften rasant weiterentwickeln, das Bürgertum an Macht gewinnt, Europa große Umwälzungen durch die Französische Revolution, die Napoleonischen Kriege und den Wiener Kongress erfährt und Deutschland auf die Revolution von 1848/1849 als zentrales Ereignis für die deutsche Demokratie- und Nationalstaatsgeschichte zusteuert.

Und in dieser hochspannenden und historisch mehr als bedeutenden Gemengelage hat sich eben Ludwig Uhland als Exponent verschiedener Bereiche hervorgetan: Er war äußerst produktiver Schriftsteller, liberaler Politiker und einer der Gründerväter der wissenschaftlichen Germanistik, der bedeutende Beiträge zur Erforschung der Mediävistik geleistet hat. Damit steht er in der ersten Reihe mit den Größten dieser Jahrzehnte. In der Frankfurter Nationalversammlung von 1848/1849 war er mit Männern wie dem Dichter Ernst Moritz Arndt und dem Historiker Friedrich Christoph Dahlmann (Mitglied der berühmten »Göttinger Sieben«) aktiv, in der Germanistik steht er in einer Reihe mit den Brüdern Grimm, und als Dichter von Balladen wie *Des Sängers Fluch*, *Schwäbische Kunde* und *Das Schloß am Meere* kann man seine Stellung in der deutschen Literatur der ersten Hälfte des 19. Jahrhunderts nicht hoch genug einschätzen.

Was also möchte dieses Buch erreichen? Es will die Augen für Ludwig Uhland in seinen multiplen Rollen öffnen, seine Relevanz für die deutsche Geistesgeschichte herausstellen und zeigen, welche Wirkung Ludwig Uhland auch heute noch hat – ohne dass sie in der Breite wirklich bekannt wäre. Daher verfolgt das Werk mehr den Ansatz, einen Überblick über Leben, Werk und Wirkung Ludwig Uhlands zu schaffen als einer strengen Biographik zu folgen. Es geht nicht darum, minutiös die persönliche Entwicklung Uhlands nachzuvollziehen, ausgiebig über familiäre Verhältnisse zu berichten und jeden Schritt seines Lebens nachzuzeichnen, so wie andere Dichterbiographien, die sehr tief (manche würden sagen: zu tief) in die Überlieferung des Alltags der in Frage stehenden Persönlichkeiten einsteigen und sogar die Dauer von Kutschfahrten und die Zutaten von Mittagsmählern referieren. Das soll (und kann) hier nicht geleistet werden, zumal es keinen wirklichen Mehrwert dazu beiträgt, Ludwig Uhland als historische Persönlichkeit zu präsentieren und Werk und Wirkung einzuordnen: literarhistorisch, wissenschaftlich, politisch-geschichtlich.

Daher ist diese Monographie nicht chronologisch aufgebaut, wie es in der Biographik sonst der Fall ist, sondern wird sich an bestimmten Themenkreisen orientieren, um der Multidimensionalität der Persönlichkeit Ludwig Uhland gerecht zu werden. Nach einem knappen biographischen Überblick, der zugleich auch die historischen Entwicklungen von Uhlands Lebenszeit in gebotener Kürze abbilden wird, soll sich das Werk entlang der Dimensionen »Dichtung«, »Forschung« und »Politik« entfalten, wobei die literaturgeschichtliche/literaturwissenschaftliche Darstellung den größten Teil einnehmen wird. Dazu dienen die Kapitel »Uhland als Dichter und Romantiker« und »Uhland und der Schwäbische Dichterbund«. Diese Kapitel werden Ludwig Uhland in die literarische Landschaft seiner Schaffenszeit einordnen, ihn ins Verhältnis zu anderen Dichterpersönlichkeiten setzen und verschiedene Werke genauer in den Blick nehmen. Die Herangehensweise ist eine durchaus traditionelle: Insbesondere die berühmten Balladen, die viele Menschen noch kennen, die aber nur wenige Uhland zuordnen können, werden eingehend analysiert und interpretiert. Dabei werden Exkurse in die Literatursystematik der Zeit nicht fehlen, denn ohne das Verständnis vor allem der Literatur der Romantik ist auch das Schaffen Uhlands nicht zu verstehen. Ebenfalls im zeithistorischen Kontext ist das Kapitel »Beiträge zu Germanistik und Dichtungstheorie« zu sehen. Uhland hat als Wissenschaftler in der Gründerzeit der Germanistik Wichtiges geleistet und ist nicht allzu weit von den Brüdern Grimm als den Vätern der wissenschaftlichen Germanistik entfernt. Das Kapitel wird also die wissenschaftsgeschichtliche Bedeutung Uhlands aufnehmen und betrachten, was er in dieser Phase, parallel zu anderen Persönlichkeiten, hervorgebracht hat und welche Wirkung dies hervorgerufen hat. Das Kapitel »Uhlands politische Laufbahn« stellt Uhland als Politiker in den Vordergrund und ordnet seine Leistungen als Landtagsabgeordneter und Abgeordneter zur Nationalversammlung von 1848/1849 ein. Uhland ist ein großer liberaler politischer Mensch, der sich viele Jahrzehnte unter großen Mühen und gegen viele Widerstände in die politische Landschaft eingebracht hat. Der deutsche republikanische Liberalismus hat ihm viel zu verdanken, die von ihm maßgeblich geprägte Verfassung des Königreichs Württemberg von 1819 war ein großer Erfolg und ein Meilenstein in der Geschichte des Landes. Uhland ist nicht allein Mann des Wortes, sondern auch Mann der politisch-demokratischen Tat! Das leitet dann über zur Betrachtung von Nachleben und Rezeption, denn Uhland hatte, wie bereits genannt, im späteren 19. Jahrhundert höchste Reputation als Dichter, Denker und Demokrat. Fazit und Ausblick schließen das Buch.

Die Ausrichtung des Werks ist weder populärwissenschaftlich noch fachwissenschaftlich, weder schnell verdaulich noch allzu hoch aufgehängt. Es verfolgt vielmehr den Ansatz, der im Schwedischen als

»Lagom« bekannt ist und sich als skandinavischer Wohlfühltrend etabliert hat. »Lagom« bedeutet in etwa »nicht zu viel und nicht zu wenig« oder auch »gerade recht«. Somit ist auch diese biographisch angelegte Monographie genau in der Mitte positioniert: zwischen belangloser Beliebigkeit und akademischem Elfenbein, zwischen allzu schlichten Dreiwortsätzen und hochgestochener Unlesbarkeit. Das Buch will damit eine Reise durch das Leben und das Werk der faszinierenden Persönlichkeit Ludwig Uhland unternehmen und damit einen Beitrag zur Neubelebung der Beschäftigung mit diesem bedeutenden Mann leisten. Literarisch, historisch und kulturwissenschaftlich Interessierte sollen in dem Werk fündig werden und sich unter dem bekannten aufklärerischen Motto »Prodesse et Delectare« (»nützen und erfreuen«) unterhalten und belehren lassen. Und der Band soll auch, dass muss in aller Ehrlichkeit gesagt werden, für die Neuentdeckung und Neubewertung Ludwig Uhlands werben. Es lohnt sich, Uhland aus verschiedenen Perspektiven heraus neu zu betrachten und ihn für das 21. Jahrhundert zugänglich zu machen. Daher sollen auch Bezüge zu Uhland-Erinnerungsorten hergestellt werden, denn wer Uhland für sich selbst erschließen will, kann sich ihm auch als kulturell Reisender nähern. Das gelingt am ehesten im sonnigen Südwesten Deutschlands; von dort stammt Uhland, dort verbrachte er sein Leben als große, anerkannte Persönlichkeit.

In Kurzform: Ludwig Uhlands Leben

Wie in der Einleitung angekündigt, soll hier kein biographisches Bild Uhlands in den kleinsten Details gezeichnet werden. Die Monographie verfolgt nicht den Zweck, Uhlands Speiseplan, Lieblingsschneider oder bevorzugte Sitzpositionen auf Kutschreisen darzulegen. Daher soll dieses zweite Kapitel wirklich auch nur einen Abriss des Lebens bieten und unter anderem Uhlands Familie historisch und sozial einordnen und vor allem die erste Lebensphase Uhlands darstellen. Die weiteren biographischen Schritte sind so eng mit dem Schaffen Uhlands verknüpft, dass die Lebensstationen jeweils im Kontext der Fachkapitel gesehen und dargestellt werden sollen.

Ludwig Uhland kommt am 26. April 1787 in Tübingen als Sohn des Universitätssekretärs Johann Friedrich Uhland und seiner Frau, der Pfarrerstochter Elisabeth, einer geborenen Hofer, zur Welt. Seine Familie gehört zur württembergischen »Ehrbarkeit« des gehobenen Bürgertums. Die Ehrbarkeit hat sich an der Schwelle zur Frühen Neuzeit als städtische Oberschicht herausgebildet, ihre bürgerlichen Mitglieder waren typischerweise Patrizier, Großkaufleute und Gelehrte, und Uhland selbst stammt aus einer Familie der Gelehrsamkeit, deren Historie sich bis ins 16. Jahrhundert nachweisen lässt. Die württembergische Ehrbarkeit hatte eine besondere Qualität aufgrund der konfessionsgeschichtlichen Entwicklung des Herzogtums Württemberg, das 1495 durch eine Rangerhöhung aus der Grafschaft Württemberg hervorgegangen war. Der württembergische Herzog Ulrich war im Jahr 1534 bereits zum Protestantismus übergetreten, während hingegen die ehemals landsässigen Adelsgeschlechter (also jene Ritter, die einen Landesherrn über sich und ihr Lehen nicht vom König beziehungsweise Kaiser erhalten hatten) weitgehend katholisch geblieben waren. Aufgrund dieser konfessionellen Differenzen sahen sich diese Adligen nicht dem Herzog verpflichtet, sondern hatten sich direkt dem Kaiser als Reichsritter unterstellt. Dadurch wurde im württembergischen Landtag (damals Landschaft genannt) Platz für Angehörige des Stadtbürgertums und der protestantischen Geistlichkeit.

In dieses geistig-soziale Umfeld wird Ludwig Uhland geboren, und Vater und Großvater stehen fest in dieser Tradition. Der Großvater Ludwig Josef Uhland (1722 bis 1803) war Diakon in Marbach am Neckar und später zweiter Diakon an der Tübinger Stiftskirche (Stiftskirche zu St. Georg, Holzmarkt 1), bevor er einen Ruf als Professor für Universalgeschichte und württembergische Geschichte, Chronologie und Staatsverfassung an der Eberhard Karls Universität Tübingen erhielt, an der er später Theologie lehrte, während er das Amt des zweiten Superintendenten des Tübinger Stifts innehatte. Die *Allgemeine Deutsche Biographie* charakterisiert Ludwig Josef Uhland im geistesgeschichtlich-heimeligen Duktus des späten 19. Jahrhunderts folgendermaßen (Schott 1895, S. 146 f.):

> »Er war als Prediger wohl etwas trocken, aber als Seelsorger und Lehrer der Jugend war der aufrichtig fromme und gewissenhafte Mann überall geachtet. [...] Sein Fach war die alt- und neutestamentliche Exegese und bis zum Wintersemester 1802/03 hat er eifrig dieselbe vorgetragen. Besonders über die prophetischen Bücher des Alten Testaments und über die Psalmen las er, vom Neuen Testament über die Briefe an die Römer, Corinther und Hebräer, daneben Erklärung der symbolischen Bücher der lutherischen Kirche, Eherecht, Pastoraltheologie und Liturgik der lutherischen und württembergischen Kirche. Er war ein Mann großer Gelehrsamkeit und ebensolchem Fleiße, aber trocken und sehr weitschweifig; der pedantische, etwas eckige und unbeholfene Gelehrte, der festhielt an der verjährten Art der ausführlichsten Exegese, so daß er drei Stunden bedurfte für die Krüge bei der Hochzeit von Cana und Jahre lang über Jesaia oder die Psalmen vortrug, gewann wenig Einfluß auf die Studenten, wenn sie auch seine ehrwürdige Persönlichkeit achteten.«

Die *Allgemeine Deutsche Biographie* nimmt auch Stellung zu Großvater Uhlands privater Verfassung (Schott 1895, S. 147):

> »Er selbst hat, und mit Recht, sein Leben ein glückliches genannt, noch im 80. Jahre konnte er dankend rühmen, daß er Sorge und Furcht nie gekannt habe. Er lebte in glücklichster Ehe mit seiner trefflichen, reichbegabten und ge-

müthvollen Frau, die ihn mit sechs Söhnen und sechs Töchtern beschenkte, von welchen je vier die Eltern überlebten. Das reiche, tiefe Gemüth der Frau, ihre lebendige Frömmigkeit, ihr treues und verständnißvolles Sorgen für Mann und Kinder zeigt sich in den noch erhaltenen schönen Familienbriefen.«

Einer dieser Söhne ist Uhlands Vater Johann Friedrich Uhland (1756 bis 1831), der ab 1783 als Universitätssekretär in Tübingen tätig war. Die Familie hatte insgesamt vier Kinder, von denen die beiden weiteren Knaben früh verstarben und die Schwester Luise auch kaum älter wurde als 40.

Die renommierte Gelehrtenfamilie Uhland residiert zunächst in der Tübinger Neckarhalde 24. Die Straße verläuft am Südhang unter dem Schloss Hohentübingen, das Geburtshaus ist mit seiner denkmalgeschützten und daher unveränderten Fassade erhalten. Die Lage ist prominent, in der sogenannten Museumsvilla im Theodor-Haering-Haus in der Neckarhalde 31 ist ein Teil der Sammlungen der Stadt Ulm untergebracht, und »die sogenannte Villa Hügel in der Neckarhalde 64 gilt als eines der schönsten Häuser in Tübingen. Der fünfstöckige Fachwerkbau mit dem prachtvollen Erker ist meilenweit zu sehen. Das Giebeldach ist flach und an den Spitzen abgewalmt, was mit den umlaufenden Holzgalerien über der Terrasse mit der eingewölbten Nische an ein Tiroler Chalet erinnert.« (Tagblatt Anzeiger 2022) Kurz nach der Geburt des Dichters zieht die Familie zum Großvater in die Tübinger Hafengasse, wo sich heute unter anderem die traditionsreiche Mensa Prinz Karl befindet.

Ludwig Uhlands Gelehrtenleben beginnt 1793 mit dem Besuch der Tübinger Lateinschule, der ehemaligen Schola Anatolica als Vorgängerin des heutigen Uhland-Gymnasiums. Die mittelalterliche Lateinschule wurde vermutlich vor 1274 gegründet und war seit 1535 de facto staatliche Schule durch eine auf den bereits genannten Herzog Ulrich zurückgehende kontinuierliche Finanzierung. Das Institut hat, nicht nur wegen seiner Historie, eine gewisse Berühmtheit: So waren beispielsweise Wilhelm Hauff und der 1975 seliggesprochene katholische Priester und Ordensgründer Carlo Steeb Schüler der Tübinger Schola Anatolica. Uhland besucht die Schule mit Auszeichnung bis

In Kurzform: Ludwig Uhlands Leben

1801 und wechselt dann bereits, weil die Schola Anatolica keine höheren Klassen besitzt, auf die Universität, um dort Jura zu studieren, wobei sein Fachstudium erst 1805 beginnt (vgl. Fischer 1895). Die juristische Fakultät der Universität Tübingen gehört schon früh zu den bedeutenden in deutschen Landen, auch wenn sie zwischenzeitlich in einer Krise steckt – und zwar genau dann, als Uhland dort studiert (Finkenauer o. J.):

> »Bereits die junge Fakultät konnte in Europa führende Rechtsgelehrte gewinnen: 1535 Johann Sichardt (1499–1552), 1553 – für freilich nur kurze Zeit – den Pariser Charles Dumoulin (Carolus Molinaeus) (1500–1566) sowie 1555 Matthäus Gribaldus Mopha, einen der letzten Vertreter des *mos italicus* und eine europäische Berühmtheit. Einer der angesehensten Gelehrten seiner Zeit, Christoph Besold (1577–1638), war von 1610 bis 1636 Professor Pandectarum in Tübingen; er darf als der wichtigste Vordenker des Bundesstaats gelten, sein »Thesaurus practicus« wurde als Rechtslexikon für die juristische Praxis unentbehrlich. Wolfgang Adam Lauterbach (1618–1678) war einer der beliebtesten Lehrer des römischen [sic] Rechts im 17. Jahrhundert, seine Kollegienhefte fanden im gesamten Reich weite Verbreitung. Im 18. Jahrhundert erfuhr die Fakultät einen Niedergang, so dass es Anfang des 19. Jahrhunderts überhaupt nur noch drei Professoren gab.«

In dieser Zeit erwacht bereits Uhlands philologisches Interesse, sodass er sich als Stipendiat des Evangelischen Stifts Tübingen, heute Studienhaus der evangelischen Landeskirche in Württemberg, das auf die Gründung durch Herzog Ulrich zur theologischen Ausbildung begabter Württemberger nach der Reformation zurückgeht, mit der »Fortsetzung der philologischen Uebungen der Lateinschule« (Fischer 1895, S. 148) beschäftigt. Dabei »trieb er nicht bloß alte Philologie, sondern auch schon etwas mittelalterliche; den Saxo Grammaticus und das sog. Heldenbuch hat er schon in ganz jungen Jahren gelesen.« (Fischer 1895, S. 148) Außerdem »belegte er allgemeinbildende Kurse in der Artistenfakultät und erhielt philologische und literarische Impulse von David Christoph Seybold, Christian Friedrich Roesler und Karl Philipp Conz. Aus der Studienzeit stammt U[hland]s Vorliebe für einige Werke, die ihn lebenslang beschäftigten: das Walthariuslied, Veit Webers ›Sagen der Vorzeit‹, die ›Gesta Danorum‹

des Saxo Grammaticus, Herders Volksliedersammlung und das mittelhochdt. ›Heldenbuch‹.« (Fröschle 2016, S. 536)

Ludwig Uhland gilt als fleißiger und zurückhaltender Student und betätigt sich bereits frühzeitig schriftstellerisch, unter anderem auch im Kontext der Fortsetzungen der Lateinübungen seiner Schola Anatolica. Der jugendliche Uhland hat laut Fischer »gewandte, ansprechende Versuche in classicistischer Manier, aber ohne individuelle Art« (1895, S. 148) vorgelegt, die auch nicht erhalten sind. Die eigene Dokumentation durch Uhland »beginnt erst 1804 mit den nordischen Scenen ›Die sterbenden Helden‹ und ›Der blinde König‹ (dieses in einer ältern Form, die bekannte ist von 1814)« (Fischer 1895, S. 148).

Dieses frische Selbstbewusstsein als Dichter fällt zusammen mit dem Eintritt von Justinus Kerner in die Universität Tübingen. Der späterhin berühmte Dichter, 1786 in Ludwigsburg geboren und 1862 in Weinsberg gestorben, studiert auf Vermittlung seines ehemaligen Pfarrers und Lehrers Karl Philipp Conz Medizin und Naturwissenschaften und promoviert 1808. Karl Philipp Conz ist ab 1804 Inhaber des Lehrstuhls für Klassische Philologie, übersetzt die großen griechischen Lyriker und verfasst zahlreiche Fachaufsätze und poetische Schriften, unter anderem über die Geschichte und Landschaft Württembergs.

Uhland und Kerner befreunden sich schnell und nehmen auch Gustav Schwab und Karl Meyer in den Bund auf. Dieser lebenslange Freundeskreis bildet den Nukleus des sogenannten Schwäbischen Dichterkreises, über den bald noch zu schreiben sein wird und der sich später zum Seracher Dichterkreis (ab 1831) ausweiten wird. Der Name bezieht sich auf Schloss Serach, den Sommersitz des Grafen Alexander von Württemberg bei Esslingen am Neckar. Dem Seracher Dichterkreis gehörten Ludwig Uhland, Nikolaus Lenau, Emma Niendorf, Gustav Schwab, Justinus Kerner, Hermann Kurz, Karl Mayer, Karl August Varnhagen von Ense und Alexander von Württemberg an. Man erkennt auch an dieser Gruppierung, dass Uhland Zeit seines Lebens in hohen, renommierten Kreisen verkehrt und dabei auch im Mittelpunkt angesiedelt ist. Während von ihm und Kerner der Schwäbische Dichterbund ausgeht, sammeln sich im Seracher Dichterkreis neben den Teilnehmern des Schwäbischen Dichterbunds weitere Hochangesehene der Zeit inklusive des württembergischen Hochadels. Alexander Christian Friedrich Graf von Württemberg war immerhin ein Neffe des Königs Friedrich I. von Württemberg.

Die Freunde unternehmen gemeinsame Wanderungen und geben sich Natur- und Geschichtsbetrachtungen hin, wie sich beispielsweise an einem der frühen überlieferten Gedichte Uhlands zeigt: In *Die Kapelle* (1805) beschreibt ein unbekannter und ungenannter Sprecher den Blick aus einem Tal auf eine etwas oberhalb gelegene Kapelle und macht in der ersten Strophe den Gegensatz von unten (Fröhlichkeit und Leben, materialisiert im Hirtenknaben) und oben (Traurigkeit und Tod, beschrieben in der Beerdigungsszene) deutlich. »Droben stehet die Kapelle, / Schauet still in's Thal hinab, / Drunten singt bei Wies' und Quelle / Froh und hell der Hirtenknab'. // Traurig tönt das Glöcklein nieder, / Schauerlich der Leichenchor; / Stille sind die frohen Lieder, / Und der Knabe lauscht empor. // Droben bringt man sie zu Grabe, / Die sich freuten in dem Thal; / Hirtenknabe! Hirtenknabe! / Dir auch singt man dort einmal.« (Uhland 1815, S. 22) Im Verlaufe des Gedichtes versinkt der Ton dann in Melancholie und evoziert die Sterblichkeit aller Menschen, denn auch den Hirtenknaben, gerade noch in der Blüte seiner Jugend, wird der Tod zwangsläufig ereilen wie alle anderen, die sich zu Lebzeiten noch in dem schönen Tale erfreuen. Ohne sich hier gefühlsduselig anbiedern zu wollen, kann sich der Leser diese lyrische Szenerie sicherlich bildlich vorstellen, hat ein ansehnliches, beeindruckendes Naturbild vor Augen, sieht die Kapelle und versetzt sich hinein in die Gefühlswelt des Sprechers, der in fröhlicher, vielleicht frühlingshafter, gar sommerlicher Natur und Stimmung über Tod und Vergänglichkeit nachdenkt, ausgehend von dem kleinen Bauwerk oberhalb des Tales.

In den kommenden Jahren entstehen weitere Gedichte, die zu den berühmtesten der deutschen Literatur gehören, unter anderem *Der gute Kamerad* (1809) und *Frühlingsglaube* (1812). Beide Texte werden wir später ausführlich verhandeln. Wir dürfen nicht vergessen: Uhland ist 1787 geboren und beim Verfassen von »Der gute Kamerad«, das vor allem gesungen auf eine Melodie von Friedrich Silcher (1825) bekannt ist, erst 22 Jahre alt. Während andere Menschen noch ihre erwachsene Identität suchen, lebt Uhland bereits seine herausragende literarische Gabe aus und hinterlässt der Literaturgeschichte bleibende Werke von höchstem Rang. Aber der eben immer noch junge Mann vergisst dabei seine juristischen Studien nicht: »Die Jurisprudenz hat U[hland] mit der Gewissenhaftigkeit studirt, die jede Handlung seines Lebens kennzeichnet; 1808 bestand er das Examen vor der Facultät und erwarb sich am 5. April 1810 die Doctorwürde durch die (von Vangerow gerühmte) Dissertation ›De juris romani servitutum natura dividua vel individua‹.« (Fischer 1895, S. 148)

Nach bestandenem Doktorexamen reist Uhland nach Paris (ganz im Sinne der Tradition der Bildungsreise gelehrter und begüterter Stände), um auf Ansinnen des Vaters die französische Rechtsordnung, den »Code Napoléon« zu studieren. Das tut er auch, aber vor allem gilt sein Interesse der altfranzösischen und altdeutschen Literatur. Die Juristerei liegt Uhland eher fern, auch wenn er Anfang 1811 aus Paris nach Tübingen zurückkehrt und eine Anwaltskanzlei eröffnet. Parallel befasst er sich mit seinen philologischen Studien, unterstützt von seinem Freund Gustav Schwab, den wir heute für seine Sagen des klassischen Altertums kennen. Schwab (1792–1850) stammt aus einem ähnlichen Umfeld wie Uhland, denn auch seine Familie gehört der württembergischen Ehrbarkeit an. Schwab studiert ab 1809 Philologie und Philosophie, später dann Theologie und ist wie Uhland Stipendiat des Evangelischen Stifts in Tübingen. Offensichtlich wird die Literatur für Uhland so wichtig, dass er seine Kanzlei nach nicht einmal zwei Jahren bereits wieder schließt und in Stuttgart eine Anstellung als zweiter Sekretär des württembergischen Justizministers übernimmt. Stuttgart bleibt für 17 Jahre Uhlands Heimat, aber die unbezahlte Tätigkeit für das Ministerium währt nicht lange, sodass aus Uhland kein württembergischer Karrierebeamter wird. Im Mai 1814 quittiert ein frustrierter und ungeduldiger Uhland den Dienst mit sofortiger Wirkung (zum Missfallen des Ministers) und befasst sich einerseits intensiv mit seiner schriftstellerischen Tätigkeit und andererseits mit der Politik. In dem Jahr entsteht denn auch

Uhlands wohl berühmteste Ballade *Schwäbische Kunde*, die das historische Ereignis des Dritten Kreuzzuges ab 1189 aufgreift. Auch über diese wird später noch ausführlicher zu schreiben sein.

Ab diesem Zeitpunkt ist die Biographie Uhlands aufs Engste mit seinem literarischen, politischen und wissenschaftlichen Schaffen verknüpft, das in den folgenden Kapiteln im Fokus stehen soll. Daher kann der biographische Abriss an dieser Stelle nun verkürzt werden, um nicht allzu viel den kommenden Kapiteln vorzugreifen. Wichtig an dieser Stelle ist noch der Bericht über die familiären Verhältnisse Uhlands. Nach einigen Jahren in der Politik – Uhland ist, soviel sei hier gesagt, führender Sprecher der württembergischen Landstände und mehrfach Abgeordneter im Landtag – heiratet der Dichter am 29. Mai 1820 Emilie Auguste Vischer (1799–1881). Emilie Auguste Vischer ist die Tochter des reichen Kaufmanns und Chefs der Floß- und Holzhandels-Compagnie Johann Martin Vischer aus der baden-württembergischen Stadt Calw, etwa 33 Kilometer westlich von Stuttgart gelegen. Johann Martin Vischer hatte das Palais Vischer nach Plänen des Stuttgarter Herzoglichen Oberbaudirektors Reinhard Ferdinand Heinrich Fischer errichten lassen. Reinhard Ferdinand Heinrich Fischer, ein Großonkel Emilie Auguste Vischers, ist Vertreter des Schwäbischen Klassizismus und neben seiner Tätigkeit als Oberbaudirektor am Hofe Herzog Carl Eugens von Württemberg Professor der Zivilbaukunst und Dekan der Fakultät der Freien Künste an der Hohen Karlsschule. Das Gebäude, 1961 von der Stadt aus Privatbesitz erworben, beherbergt heute das Calwer Museum, in dem eine Präsentation über Hermann Hesse eingerichtet ist. »Einige Innenräume sind in ihrem ursprünglichen Zustand erhalten und geben Einblick in die gehobene Wohnkultur der damaligen Zeit. Das Museum zeigt in 18 Räumen Sehenswertes zur Stadtgeschichte, informiert über besondere Ereignisse und stellt bedeutende Personen vor. Themen sind u. a.: die Calwer Compagnie als bedeutender Wirtschaftsfaktor in Württemberg, Leben und Werk der weltberühmten Apothekerfamilie Gärtner, der Calwer Ulrich Rülein und sein wichtigstes Buch zum Bergbau und die bäuerliche Welt des Calwer Waldes.« (Stadt Calw o. J.)

Emilie Auguste Vischers Vater stirbt bereits 1801, und später heiratet die Mutter Friederike Auguste Emilie, eine geborene Feuerlein, Johann August Ferdinand von Pistorius, württembergischer Hofrat und Politiker und Mitglied des Württembergischen Staatsgerichtshofes. Emilie Auguste Vischers Großvater ist Carl Friedrich Feuerlein, Regierungsrat des Herzogtums Württemberg und langjähriger Geheimer Kabinettssekretär. Er bewohnt ein renommiertes Haus in der Stuttgarter Seegasse (heute Friedrichstraße 46), das ebenfalls von Reinhard Fischer errichtet worden ist, und das nach seinem Tod 1808 an den Schwiegersohn Ferdinand von Pistorius und die Tochter Friederike Auguste Emilie übergeht. Was ein wenig nach historischem Namedropping und Getratsche aus der Yellow Press aussieht, soll nichts anderes zeigen als den hohen Status, den Uhland nicht nur von Geburt aus hat, sondern den er auch durch seine Heirat in die Familie Vischer/Feuerlein/von Pistorius erhält und ausbaut. Denn seine Frau ermöglicht ihm später die Arbeit in finanzieller Unabhängigkeit und schreibt auch eine Biographie über ihn. Emilie überlebt ihren Mann um 19 Jahre und verstirbt 1881 mit 82 Jahren. Die Ehe bleibt kinderlos.

Ludwig Uhland zieht 1830 mit seiner Frau nach Tübingen und wird Professor für deutsche Sprache und Literatur an der Universität. Später nimmt das Ehepaar einen Neffen und den Sohn eines verstorbenen Freundes auf und bezieht ein großes Haus für die gewachsene Familie (Freies Wissen e. V. o. J.):

»Sein Wohnhaus stand am nördlichen Ende der Neckarbrücke auf der Ecke Mühlstraße / Gartenstraße. Das 1828 erbaute klassizistische Gebäude in damaliger ›1a‹-Lage vor den Toren der Stadt mit steilem Obst- und Weingarten erwarb und bezog er mit seiner Frau Emilie im Jahr 1837. Die später benachbarte Burschenschaft Germania, der Uhland angehört hatte, kaufte das Haus 1910 und unterhielt darin u. a. ein kleines Uhland-Museum. Dessen Exponate, darunter Schriften und Uhlands Totenmaske, sind heute in einer Vitrine im Germanenhaus ausgestellt. – Das Wohnhaus wurde bei einem Bombenangriff in der Nacht vom 15. auf 16. Mai 1944 zerstört. [...] Der große Garten darüber, der hoch bis zur Österbergstraße reicht, ist heute eine denkmalgeschützte Grünfläche, aber nicht öffentlich zugänglich.«

Die Burschenschaft Germania Tübingen ist eine schlagende und farbentragende Studentenverbindung, die älteste Burschenschaft in Tübingen und eine der ältesten Burschenschaften überhaupt. Sie wird am 12. Dezember 1816 in Tübingen gegründet. Neben Ludwig Uhland, der kurz vor seinem Tod das Ehrenband der Tübinger Burschenschaft erhält, gehören und gehörten zahlreiche weitere prominente Personen aus Politik, Wirtschaft und Kultur der Burschenschaft Germania an, unter anderem der spätere württembergische Ministerpräsident Wilhelm August von Breitling, der Schriftsteller Berthold Auerbach und mehrere Abgeordnete der Frankfurter Nationalversammlung.

Ludwig Uhland verstirbt am 13. November 1862 im Alter von 75 Jahren und wird auf dem Tübinger Stadtfriedhof beigesetzt, nahe der letzten Ruhestätte Friedrich Hölderlins. Seine Frau ist neben ihm bestattet. Die Grabstätte ist eingezäunt. Als Uhland am 26. April des gleichen Jahres noch seinen 75. Geburtstag feierte, kam dies einem nationalen Feiertag gleich, obwohl der Dichter, vielleicht in Folge der Reise zur Beerdigung seines Freundes Justinus Kerner, der am 23. Februar 1862 in Weinsberg starb, erkrankte und somit »die Feiern seines 75. Geburtstags [...] nur von fern in der Stille verfolgen« konnte (Fröschle 2016, S. 161). Zur Feier des Geburtstags wurden überall im Land Uhland-Linden und -Eichen gepflanzt, und auch seine »Beerdigung am 16. November, zu welcher von Stuttgart zwei Extrazüge abgelassen wurden, gestaltete sich zu einer großartigen Feier« (Fröschle 2016, S. 161). Das zeugt von der allerhöchsten Reputation, die Uhland genoss.

Was Ludwig Uhland ebenso ausmacht, ist seine überlieferte Zurückhaltung als Privatmann, der den preußischen Orden »Pour le Mérite« und den bayerischen »Maximiliansorden für Wissenschaft und Kunst« ablehnt. Im tragenden Habitus der *Allgemeinen Deutschen Biographie* heißt es (Fischer 1895, S. 162):

»U[hland] war als Mensch derselbe wie als Dichter, Forscher und Politiker: ohne hervorstechende, blendende Eigenschaften, aber mit Vorzügen begabt, die auf die Dauer gewinnen; mehr treuer Freund als feuriger Liebhaber; nie

> sich hervordrängend, versagte er sich nie, wo er es für Pflicht hielt; schüchtern, unbeholfen, von einer erdrückenden Schweigsamkeit, war er im engeren Kreise lebendig und heiter und im rechten Augenblick auch der zündenden Rede fähig; einer jener sozusagen passiven Charaktere, welche nicht führend auftreten, aber auch nie vom Flecke weichen, daher ohne fruchtbare Wirksamkeit in den Epochen, wo der Knoten mit dem Schwerte durchhauen werden mußte, aber um so werthvoller in den Tagen stagnirender Indifferenz [...] Sein Aeußeres war wenig ausgezeichnet, die Gesichtszüge eher häßlich, nur die Stirn bedeutend, der Kopf von ausgeprägt germanischer Bildung, wie sie in seiner Heimath selten so rein hervortritt; Augen blau, Haare blond.«

Das war Ludwig Uhland: so zurückhaltend wie überzeitlich bedeutend, so unscheinbar wie vielfältig begabt, so bescheiden wie exzellent vernetzt.

Uhland als Dichter und Romantiker

Ludwig Uhland gehört durch seine Geburt 1787 zur zweiten Generation der deutschen Romantiker. Clemens Brentano ist zehn Jahre älter, E. T. A. Hoffmann zwölf Jahre, Ludwig Tieck 14 Jahre, Novalis und Friedrich Schlegel 15 Jahre, August Wilhelm Schlegel sogar 20 Jahre. Aus der Riege der späteren Romantiker ist wohl nur der 1788 geborene Joseph von Eichendorff im Renommee mit Uhland auf eine Stufe zu stellen. Als Uhland das Licht der Welt erblickt, ist der 38-jährige Johann Wolfgang von Goethe längst auf seiner italienischen Reise unterwegs und hat bereits viele seiner bedeutenden Werke verfasst, der 28-jährige Friedrich Schiller hat, neben seinen berühmten frühen Dramen, unter anderem bereits die Ode *An die Freude* verfasst und ist auf dem Sprung auf die Professur nach Jena – sodass die Weimarer Klassik, die wohl bedeutendste Epoche der deutschen Literatur- und Geistesgeschichte, rund um die Geburt Uhlands bereits greifbar wird und sich bekanntlich spätestens ab 1794/1795 voll entfaltet.

Für das Schaffen Ludwig Uhlands bedeutet das, sich im Windschatten der Größten der deutschen Literatur positionieren zu müssen. Als 1812 »Frühlingsglaube« entsteht, eines von Uhlands wohl bekanntesten Gedichten, ist Friedrich Schiller schon sieben Jahre verstorben, Johann Gottfried Herder sechs Jahre. Beide haben ein gigantisches Werk von größtem (Nach-)Ruhm hinterlassen, und auch die Werke Jean Pauls, Friedrich Hölderlins und Heinrich von Kleists dürfen nicht vergessen werden, ganz zu schweigen vom Œuvre Goethes, der sich auf dem Höhepunkt seines Ruhms zu Lebzeiten befindet und als Dichterfürst in Weimar residiert. Dieses Namedropping soll zeigen, in welchem Umfeld Ludwig Uhland mit seinem literarischen Schaffen beginnt. Er tritt in einen literarischen Markt ein, der – in Begriffen der Neuzeit – die Champions League der Literatur darstellt und durch die größten denkbaren Werke besetzt ist.

Man stelle sich vor, dass zwischen 1809 und 1812 Goethes *Die Wahlverwandtschaften* und *Dichtung und Wahrheit*, Heinrich von Kleists *Die Marquise von O. ...*, *Michael Kohlhaas* und *Der zerbrochne Krug* erscheinen, Ludwig Tiecks *Phantasus* und Joseph von Eichendorffs erste lyrische Proben entstehen, dazu exzellente Stücke wie *In einem kühlen Grunde* (auch bekannt als: *Das zerbrochene Ringlein*) und *Frische Fahrt* als eines der Programmgedichte der Romantik.

Uhland nimmt es also mit den Großen und Größten auf – und schafft es nichtsdestotrotz, sich zügig einen entsprechenden Rang zu erarbeiten. Wir wollen uns in der Folge mit dem literarischen Schaffen Uhlands chronologisch einigermaßen stringent auseinandersetzen und eine ganze Reihe an Gedichten tiefergehend betrachten. Um diese Texte aber literaturgeschichtlich genau kontextualisieren zu können, ist es notwendig, den literarhistorischen Rahmen vorab herzustellen. Das ist eben die Romantik, und ohne die Romantik zu verstehen, können wir Uhlands Werk nicht verstehen. Daher wird dieses Kapitel – aufgrund der literarischen und literarhistorischen Bedeutung Uhlands das längste des Bandes – mit einem Abriss der literarischen Romantik in Deutschland eingeleitet. Im späteren Rückgriff auf dieses Rahmenwissen kann dann gezeigt werden, warum Ludwig Uhland als Lyriker zu den Schriftstellern der romantischen Schule gezählt wird.

Die deutsche Romantik: eine kurze Einführung

Um die Darstellung so präzise wie möglich zu halten, soll hier nicht das Begriffspaar Romantik/romantisch im breiten Kontext behandelt werden. Darüber haben sich große Geister hinreichend Gedanken gemacht, und die Einordnung über alle Kunstsysteme hinweg wäre auch gar nicht zu leisten. Die literarische Romantik lässt sich hingegen einigermaßen treffsicher zeitlich einordnen: »Seit etwa 1810 setzte [der Begriff des Romantischen; Verf.] sich als Bezeichnung der

Die deutsche Romantik: eine kurze Einführung

gesamten nichtklassischen zeitgenössischen Literatur durch und umfaßt als Epochenbegriff heute die Literatur zwischen 1795 und 1830.« (Bahr 1998, S. 345) Für den geistesgeschichtlich geprägten Germanisten Hermann August Korff bildet die Romantik die zweite Generation der Goethezeit (1770 bis 1830), die sich »gegen die zeitlich benachbarten Epochen: die Aufklärung des 18. Jahrhunderts hier und den bürgerlichen Realismus des 19. dort« absetzt. Die Romantik sei damit mithin auch kein Gegensatz zur Klassik, keine Gegenströmung gegen den klassischen Geist, »sondern dessen organische Fortbildung auf vorgerückter Stufe: der alte Geist der Goethezeit in generationsmäßig verwandelter Form« (Korff 1949, S. 5). Sie beziehe sich vorrangig auf die »Romantisierung der humanistischen Gedankenwelt, des philosophischen Weltbildes, das die erste Generation geschaffen hat« und die »Romantisierung der humanistischen Gestaltenwelt, der konkreten Welt- und Lebensbilder, in denen sich auf dichterische Weise das humanistische Welt- und Lebensgefühl ausgewirkt [sic]« (Korff 1949, S. 7).

Diese zeitliche Eingrenzung erscheint aus zweierlei Gründen interessant. »Zum einen entdecken wir darin eine relativ strikte zeitliche Eingrenzung, die zu einem recht eindeutigen Fundus an entsprechender Literatur führen könnte. Zum anderen gilt: Folgt man dieser Ansicht, ist die Romantik als Abgrenzung zur vorangegangenen und weiterhin (bis mindestens Schillers Tod 1806) existierenden Epoche der Klassik zu verstehen.« (Peters 2020, S. 11 f.) Denn tatsächlich: Die Romantik entwickelt sich als Reaktion auf die Aufklärung und den Klassizismus. Im Gegensatz zu diesen vorausgehenden Epochen, die durch Rationalität, Ordnung und eine klare Strukturierung gekennzeichnet waren, betonte die Romantik das Gefühlvolle, das Mystische und das Irrationale. Die Romantiker sehen die Welt nicht als eine Maschine, die durch Vernunft und Logik zu verstehen ist, sondern als ein organisches, lebendiges Ganzes, das nur durch die Einbildungskraft vollständig erfasst werden kann. Ein zentrales Motiv der Romantik ist auch die Sehnsucht, oft verbunden mit dem Gefühl der Melancholie und des Fernwehs. Diese Sehnsucht richtet sich auf das Unerreichbare, das Geheimnisvolle und das

Übernatürliche. Die romantische Literatur ist durchzogen von einer tiefen Liebe zur Natur, die als eine Quelle der Inspiration und als ein Ort der Zuflucht vor der industrialisierten und rationalisierten Welt der Moderne betrachtet wird. Ein weiterer Aspekt der Romantik ist die Betonung des Individuums und seiner Emotionen. Gefühle wie Liebe, Trauer und Leidenschaft werden als tiefgründige Erfahrungen betrachtet, die es wert sind, erforscht und ausgedrückt zu werden. Diese Betonung der individuellen Erfahrung steht im Gegensatz zu den universalen Prinzipien und Normen, die von der Aufklärung und dem Klassizismus hochgehalten werden.

Ein weiteres wichtiges Merkmal der Romantik ist die Hinwendung zur Volkskultur. Märchen, Sagen, Legenden und Lieder werden gesammelt, um das Volkstümliche und Ursprüngliche zu bewahren. Dieses Interesse an der Volkskultur ist teilweise eine Reaktion auf die wahrgenommene Entfremdung des modernen Lebens und spiegelt eine tief empfundene Sehnsucht nach einer verloren geglaubten Einheit und Einfachheit wider. Die romantische Bewegung zeichnet sich auch durch eine Faszination für das Mittelalter aus. Im Gegensatz zur Aufklärung, die das Mittelalter oft als ein dunkles und rückständiges Zeitalter betrachtet, sehen die Romantiker darin eine Zeit der Ritterlichkeit, des Glaubens und der tiefen menschlichen Werte. Diese idealisierte Sichtweise des Mittelalters beeinflusst die Kunst, die Architektur und die Literatur der Epoche stark.

Die Romantiker schauen also, im eklatanten Widerspruch zur Klassik, nicht auf die Antike als intellektuell-ästhetischen Bezugspunkt, sondern auf das europäisch Mittelalterlich-Ritterliche. »Sie befassten sich mit allem, was wunderbar, was fantastisch war und als unwirklich und abenteuerlich aufgefasst werden konnte. ›Romantisch‹ stellte damit zudem einen Widerspruch zur von Rationalität getriebenen Aufklärung dar.« (Peters 2020, S. 12) Heinrich Heine, zehn Jahre jünger als Uhland und damit auch ein Romantiker der zweiten Generation, beschreibt die romantische Haltung folgendermaßen: Die Romantik »war nichts anders als die Wiedererweckung der Poesie des Mittelalters, wie sie sich in dessen Liedern, Bild- und Bauwerken, in Kunst und Leben manifestiert hatte. Diese Poesie aber war aus dem Christentum hervorgegangen, sie war eine Passionsblume, die dem Blute Christie entsprossen.« (Schulz 2000, S. 74)

> »Mittelalter und Christentum bilden also in der Gedankenwelt der Romantiker eine Einheit. Es ist damals die Zeit großer Frömmigkeit (im Adel und im Volk), die Zeit vor der Spaltung in die römisch-katholische (die für die Romantiker einzig wahre Kirche) und die evangelisch-lutherische Kirche durch Martin Luther (und im Anschluss in die übrigen reformierten Kirchen), die Zeit des kriegerischen Streitens für den Herrn und die christliche Sache in den Kreuzzügen, die Zeit des edlen Hochmuts und des ritterlichen Sinns, der sich eben im grenzenlosen Gottvertrauen und einem stark sittsamen Charakter manifestiert. Minnelieder, Ritterepen, das war der Stoff der romantischen Träume, daraus entstand das Bild des idealen Mittelalters als Vorbild für eine zu verändernde Gegenwart.« (Peters 2020, S. 12 f.)

Das Wesen und die Prinzipien der Romantik lassen sich auch sprachlich herleiten. Das Adjektiv »romantisch« wird hier mit Begriffen wie »utopisch«, »fantastisch« und »märchenhaft« gleichgesetzt. Die Romantiker idealisierten das Mythische und Märchenhafte, wobei sie das Mittelalter als ein goldenes Zeitalter der christlichen Einheit und der ungehinderten Entfaltung von Märchen und Mythen betrachten, unbeeinflusst von Wissenschaft und Fortschritt. Dieser Zugang, der sich in den großen Epen wie z. B. dem Nibelungenlied widerspiegelt, prägt das verklärte Bild eines idealen Zeitalters.

Die Romantik steht daher in einer gewissen Spannung zu Wissenschaft und Fortschritt. Obwohl sie nicht wissenschaftsfeindlich ist – sie trägt beispielsweise zur Entwicklung der Germanistik bei –, streben ihre Vertreter danach, Kunst und Literatur volksnah und nicht allzu wissenschaftlich zu gestalten. Dies spiegelt sich im Ursprung des Begriffs »Romantik« wider, der vom altfranzösischen »romanz« für die Volkssprache abgeleitet ist, im Gegensatz zum Gelehrtenlatein. Dieser Ansatz der Romantik zeigt sich auch in der Tradition der Volksdichtung. Die Romantiker, aufbauend auf der Tradition Johann Gottfried Herders, setzen sich intensiv mit dem Begriff des Volkes auseinander; »Herders ›Volk‹ ist aus geburts- und schicksalsverbundener Stammesbrüderschaft geboren und insofern Nation, nicht aber aus bürgerlicher Rechtlichkeit« (Buck 1998, S. 6).

Herder, einer der einflussreichsten Schriftsteller und Denker deutscher Sprache im Zeitalter der Aufklärung und Teil des klassischen Viergestirns von Weimar, hob deutlich früher den Wert der Naturnähe und der künstlerischen Schöpfungen sogenannter primitiver Völker hervor und sah in der Volksdichtung – wie Volksliedern und Volkssagen – eine authentische Ausdrucksform der Kultur. Ein herausragendes Beispiel für den Ansatz der Volksdichtung in der Romantik ist *Des Knaben Wunderhorn* von Clemens Brentano und Achim von Arnim, eine umfassende Sammlung von Volksliedtexten. Die jüngeren Anhänger der Romantik, erfüllt von nationalem Stolz, widmen sich der Erforschung der germanischen Vergangenheit in Volksliedern, Märchen, Mythen und Sagen, um sich von den negativen Einflüssen der modernen Zivilisation abzugrenzen. *Des Knaben Wunderhorn* zielt darauf ab, die Bindung zwischen Dichtung und Volk zu erneuern und die Bedeutung der Dichtung im Volk durch spezifische, aus vergangenen Zeiten stammende Motive wiederzubeleben. Dieses Unterfangen unterstreicht die romantische Sehnsucht nach der Vergangenheit und die Rückbesinnung auf das Christentum.

Was also macht die ›Romantik‹ als literaturhistorische Epoche aus? Romantische Literatur zeigt neues Denken, das vorhergehende Epochen, namentlich die alles überragende Klassik, überkommen will, sich aber zugleich dezidiert Vorbilder sucht, und zwar im christlich-deutschen Mittelalter. Ein Rückzug auf ritterliche Tugenden und Ideale auf einem christlich-katholischen Fundament kennzeichnet romantisches Denken und ist herausragendes Kennzeichen einer Zeit, die sich wieder den einfachen Menschen zuwendet und daher die Idee der Volksdichtung prominent ausbreitet – Literatur ist für alle Menschen da, nicht für eine hochgebildete Klasse, die sich in einer eigenen Welt bewegt. Dabei geriert sie sich bewusst national und frei von ausländischen Einflüssen (vor allem gegen Frankreich) mit einer kritischen Haltung zur Gegenwart (vgl. Ueding 2008, S. 760 f.).

Die Basis der romantischen Idee, ihr poetisches, ästhetisches, weltbildendes Selbstverständnis drückt sich am besten in Friedrich Schlegels berühmt gewordenen Athenaeum-Fragment Nr. 116 aus (Schlegel 1961, S. 181):

»Die romantische Poesie ist eine progressive Universalpoesie. Ihre Bestimmung ist nicht bloß, alle getrennten Gattungen der Poesie wieder zu vereinigen und die Poesie mit der Philosophie und Rhetorik in Berührung zu setzen. Sie will und soll auch Poesie und Prosa, Genialität und Kritik, Kunstpoesie und Naturpoesie bald mischen, bald verschmelzen, die Poesie lebendig und gesellig und das Leben und die Gesellschaft poetisch machen, den Witz poetisieren und die Formen der Kunst mit gediegnem Bildungsstoff jeder Art anfüllen und sättigen und durch die Schwingungen des Humors beseelen. Sie umfaßt alles, was nur poetisch ist, vom größten wieder mehrere Systeme in sich enthaltenden System der Kunst bis zu dem Seufzer, dem Kuß, den das dichtende Kind aushaucht in kunstlosem Gesang.«

›Progressiv‹ bedeutet bekanntlich so viel wie ›vorwärtsgewandt‹ und steht als Gegenbegriff zu ›konservativ‹ oder sogar ›reaktionär‹. Diese politische Dimension müssen wir bei der Betrachtung des Abschnitts aber nicht betreten, denn die postulierte Progressivität bezieht sich allein auf die Dichtkunst, wie Friedrich Schlegel selbst ausführt: »Die romantische Dichtart ist noch im Werden; ja das ist ihr eigentliches Wesen, daß sie ewig nur werden, nie vollendet sein kann.« (Schlegel 1961, S. 182) Das mag überraschen, nimmt man das durchaus kräftige Selbstbewusstsein der jungen Autoren als Vergleichsmaßstab für die Einordnung, denn Schlegel sagt nichts anderes, als dass romantische Poesie sich grundsätzlich in einer dynamischen Entwicklung befindet und niemals beendet, abgeschlossen werden kann. »Sie ist kein, hat kein Idealbild wie die Kunst der Griechen, emporgehoben in der Klassik Weimaraner Prägung und hingestellt als das final Gültige; romantische Dichtung braucht den Drang nach vorne, sich immer wieder neu erfinden zu können, ohne in strikten theoretischen Grenzen verhaftet zu sein.« (Peters 2020, S. 21)

Diese dichtungstheoretische Betrachtung könnte man über viele Seiten weiterführen, man käme schwerlich zu einem Ende. Daher soll schlussendlich nur noch ein Aspekt, der eng mit der Idee der progressiven Universalpoesie verknüpft ist und der für Uhland bedeutend ist, herausgegriffen werden. Friedrich Schlegel hat zusätzlich den Begriff der Transzendentalpoesie geprägt als Poesie »nach der Analogie der philosophischen Kunstsprache«, deren »ein und alles das Verhältnis des Idealen und des Realen« (Schlegel 1961 ff., S. 204) ist: Romantische Poesie gilt als Transzendentalpoesie, wenn sie ihre eigene Hervorbringung reflektiert, ist somit subjektiv und objektiv zugleich und soll ein Bild ihres Zeitalters werden (vgl. Peters 2020). Aus dieser Idee leiten Friedrich Schlegel und andere romantische Autoren auch die Forderung nach einer eigenen romantischen Mythologie ab. Diese sei unerlässlich für die Entwicklung einer Universalpoesie, und generell seien Poesie und Mythologie laut Schlegel unzertrennlich. Eine solche (deutsche) Mythologie, kritisiert Schlegel, existiere aber nicht. »Die Mythologie ist die Basis des künstlerischen Werks und da die Romantiker antreten, fundamental Neues zu kreieren, können sie nicht auf ein bestehendes mythologisches Konzept zurückgreifen, sondern sie müssen aus der Erfahrung der Kulturgeschichte und ihren eigenen Ideen eigenständige Inhalte herleiten und nutzbar machen – Mythologie ist das Kernprojekt romantischer Dichtung.« (Peters 2020, S. 23) Dieses Primat der heimischen Tradition gegenüber der klassischen Überlieferung (Meier 2008, S. 160) ist identitätsstiftend für die Romantik und bricht sich zum Beispiel Bahn durch die Rückwendung ins Mittelalter, durch den Bezug zur germanischen Götter- und Sagentradition, zur mündlichen Überlieferung im und aus dem Volk. »Poesie, Dichtung, Geschichte und Geschichtsschreibung gehören zusammen, woraus sich dann in der Vergangenheit die von vielen Autoren, allen voran den Brüdern [sic] Grimm, glorifizierte Naturpoesie zusammensetzt und die wiederum durch die literarischen Formen der Sage, des Epos, des Mythos und des Märchens gekennzeichnet ist.« (Peters 2020, S. 25)

Das sind Stilelemente, die sich auch bei Ludwig Uhland finden lassen, wie wir in den folgenden Betrachtungen einiger exemplarischer Gedichte sehen werden. Und vor allem passt auch seine wissenschaftliche Beschäftigung mit der Literatur des Mittelalters exzellent in diese Struktur: Uhland sucht Erklärungen für die Entwicklung der Gegenwart tief in der Vergangenheit und steht gemeinsam mit Jacob und Wilhelm Grimm und einigen anderen am Anfang der wissenschaftlichen Germanistik als dem Studium der deutschen Sprache, Literatur und Kultur und damit verbundener

Traditionen des deutschsprachigen Raums. Die Germanistik betrachtet dabei sowohl die sprachlichen als auch die literarischen Aspekte und bezieht kulturelle, soziale und historische Kontexte mit ein, um ein tiefgreifendes Verständnis der deutschsprachigen Welt zu entwickeln. Die Basis dafür sieht Uhland, gemeinsam mit anderen und eben eng der romantischen Tradition verhaftet, im Mittelalter.

Gedichte 1805 bis 1812

Wir wollen nun, im Sinne einer chronologischen Ordnung, eine ganze Reihe an Gedichten Ludwig Uhlands genauer untersuchen. Aus Gründen der Übersichtlichkeit wird versucht, Gedichte aus bestimmten Zeitperioden einigermaßen sinnvoll zu gruppieren. Die erste Phase, 1805 bis 1812, wollen wir vom Beginn des Studiums der Rechtswissenschaften bis zur Schließung der Kanzlei und dem Wegzug aus Tübingen nach Stuttgart definieren. Wir werden uns bei der zeitlichen Einordnung am Entstehungsjahr orientieren, während die Auswahl der Gedichte an sich einerseits an der Bekanntheit der Texte und andererseits recht willkürlich orientiert ist. Es sollen vor allem exemplarische, programmatische Gedichte herausgegriffen werden, um die literarische Färbung Uhlands und vor allem seine Anbindung an die Literatursystematik der Epoche(n) herauszuarbeiten.

Im Oktober 1804 entsteht, laut der von Hans-Rüdiger Schwab herausgegebenen Sammlung der Gedichte, *Auf dem Schlosse zu Heidelberg* (Uhland 1983a, S. 9):

Auf dem Schlosse zu Heidelberg

Ihr grauen Ahnenbilder seid gegrüßt,
Ihr Monumente an der Vorwelt Grab!
Wie über euch der Wolken Strom entfließt,
So ziehn die Alter unter euch hinab.

> Sie wandeln hin; die Richterwaage tönt,
> Und manches Urteil hallt im Zeitenlauf;
> Ihr aber steht an eure Burg gelehnt,
> Und schaut zum Himmel still und ruhig auf.

Das ist (noch) keine höchste Stil- und Dichtkunst, aber es ist eine frühe lyrische Probe, die den literarischen Vergangenheitsdiskurs eines 17-Jährigen zeigt. Uhland zeigt typische romantische Begeisterung für Ruine und Verfall. Denn das Heidelberger Schloss ist seit dem späteren 18. Jahrhundert quasi verlassen, nachdem es im Pfälzischen Erbfolgekrieg (1688 bis 1697) bereits schwer beschädigt und dann durch einen von einem Blitzschlag ausgelösten Brand am 24. Juni 1764 weiter zerstört worden ist. Schon vor 1800 erkannten Maler und Zeichner in der Schlossruine und der bergigen Flusslandschaft ein idealtypisches Ensemble und machten die Überbleibsel später zum zentralen Motiv vieler Gemälde. Und durch die Heidelberger Romantik zog die Schlossruine mit ihrem feierlich-erhabenen und zugleich düsteren Habitus in die Literatur ein: »Und da ich um die Ecke bog, – ein kühles Lüftlein mir entgegen zog – Der Neckar rauscht aus grünen Hallen – Und giebt am Fels ein freudig Schallen, – Die Stadt streckt sich den Fluss hinunter, – Mit viel Geräusch und lärmt ganz munter, – Und drüber an grüner Berge Brust, – Ruht groß das Schloss und sieht die Lust.« Das schreibt Clemens Brentano 1806 in seinem *Lied von eines Studenten Ankunft in Heidelberg und seinem Traum auf der Brücke, worin ein schöner Dialogus zwischen Frau Pallas und Karl Theodor* (Heidelberger Geschichtsverein o. J.). Dem Schloss wird echte Größe zugesprochen und diese der idyllischen Landschaft gegenübergestellt. Das Neckartal ist bekanntlich eine malerische und historisch reiche Region in Deutschland, die geprägt ist von einer abwechslungsreichen Landschaft, die Weinberge, Wälder, sanfte Hügel und natürlich den Fluss Neckar selbst umfasst. Die sonnigen Hänge entlang des Flusses bieten ideale Bedingungen für den Weinbau, und die Region produziert einige ausgezeichnete Sorten, insbesondere Riesling und Spätburgunder. In diese malerische Umgebung ist also das verfallene Schloss mit einem verklärenden sentimentalen Gefühl der Sehnsucht eingebettet. Die Schlossruine steht für Vergänglichkeit und Vergangenes und zeigt die »romantische Vorliebe für Dunkelheit, Grotesken und Übersinnliches« (Meier 2008, S. 40).

In diesem Umfeld ist Uhland mit seinem kleinen Gedicht positioniert. Für ihn ist das Heidelberger Schloss gleichbedeutend mit »Ahnenbilder[n]«, die ruhig und gelassen an ihre »Burg gelehnt« stehen und sich vom Zeitlauf nicht beeindrucken lassen. Das Vergangene ist das Große, das zum Himmel reicht, während unten die Zeitalter vorbeifließen, aber nicht an die »Monumente« heranreichen. Man kann sich den Eindruck Uhlands fast vorstellen: Der 17-jährige Schüler des Tübinger Stifts blickt auf die Heidelberger Schlossruine und wird ergriffen von romantischem Schaudern bei den Erinnerungen an die große Vergangenheit, denn immerhin geht das Schloss auf Vorläufer des Hochmittelalters zurück. Das Gedicht *Auf dem Schlosse zu Heidelberg* trägt eben diesen romantisch-dunklen, übersinnlichen Ton und evoziert das Bild der Vergänglichkeit, des Verfalls, aber eben in Verbindung mit einer positiven Erinnerung an die Großen der Vorzeit, die, unbeeindruckt vom Fluss der Zeit, wie Monumente aus der Schlossruine aufragen und sich nicht von zeitgenössischen Entwicklungen mitreißen lassen. Immerhin waren die Napoleonischen Kriege im vollen Gange, und das Kurfürstentum Baden, zu dem Heidelberg gehörte, war gerade erst am 27. April 1803 mit dem Inkrafttreten des Reichsdeputationshauptschlusses entstanden, mit dem die weltlichen Fürsten für ihre linksrheinischen Gebietsverluste an Frankreich abgefunden werden sollten. Somit ist das Heidelberger Schloss des Gedichtes Erinnerungs- und Sehnsuchtsort zugleich, losgelöst von den Zwängen der Neuzeit und tief verankert in der beginnenden romantischen Tradition des düsterverklärten Vergangenheitsbezugs.

Schäfers Sonntagslied ist der Titel eines dreistrophigen Gedichtes von Ludwig Uhland mit der Anfangs- und Schlusszeile »Das ist der Tag des Herrn«. Es ist 1805 entstanden und zählt zu den bekanntesten Texten Uhlands, wohl nicht zuletzt durch Vertonungen, unter anderem von Felix Mendelssohn Bartholdy (op. 77,1) und als nichtstrophische Bearbeitung für einen vierstimmigen Männerchor von

Conradin Kreutzer. Der Text gehörte zum Stammrepertoire von Männergesangvereinen bis weit ins 20. Jahrhundert und zeigt die Popularität Uhlands als Volksdichter. Und wir dürfen nicht vergessen, dass wir es 1805 mit einem 18-Jährigen zu tun haben, dem zuvor erst neun (!) Gedichte aus der Feder geflossen sind, zählen wir nach der Ausgabe von Hans-Rüdiger Schwab einfach an den Fingern ab (Uhland 1983a, S. 15):

Schäfers Sonntagslied

Das ist der Tag des Herrn!
Ich bin allein auf weiter Flur;
Noch *eine* Morgenglocke nur,
Nun Stille nah und fern.

Anbetend knie ich hier.
O süßes Graun! geheimes Wehn!
Als knieten viele ungesehn
Und beteten mit mir.

Der Himmel nah und fern
Er ist so klar und feierlich,
So ganz, als wollt' er öffnen sich.
Das ist der Tag des Herrn!

Das Gedicht *Schäfers Sonntagslied* ist ein lyrisches Werk, das tief in religiöser Symbolik und Empfindung verwurzelt ist. Das Gedicht vermittelt eine starke spirituelle und religiöse Stimmung, die typisch für lyrische Werke ist, die sich mit Themen der Andacht und des Glaubens beschäftigen. Es ist durchdrungen von christlichen Motiven, insbesondere mit dem Fokus auf den Sonntag, der traditionell als Ruhetag und Zeit der Anbetung im Christentum gilt. In der ersten Strophe evoziert das lyrische Ich die Einsamkeit und Ruhe in der ländlichen Natur am Sonntag. »Das ist der Tag des Herrn!«: Der Eingangsvers weist deutlich den Sonntag als zeitlichen Bezugsrahmen aus und gibt damit das Thema des Gedichtes vor. Die erzählte Zeit ist also »der Tag des Herrn«. Die erzählte Zeit umfasst den Zeitraum, den der Inhalt eines literarischen Textes umgreift. Wir wissen sofort, wann das Gedicht zeitlich verortet ist und können uns entsprechend auf eine Schilderung eines Sonntags einstellen. »Ich bin allein auf weiter Flur«: Diese Zeile etabliert sofort das Gefühl der Einsamkeit. Der Sprecher ist allein, aber diese Einsamkeit ist nicht negativ konnotiert, sie ermöglicht vielmehr eine ungestörte Reflexion und den Aufbau einer spirituellen Verbindung, die nicht durch eine laute Umwelt belastet wird. »Noch eine Morgenglocke nur«: Die Glocke symbolisiert hier wahrscheinlich Kirchenglocken, die zum Gottesdienst rufen. Das Läuten ist ein traditionelles Zeichen der Besinnung und des Aufrufs zum Gebet. »Nun Stille nah und fern«: Die Stille nach dem Läuten der Glocke unterstreicht die Heiligkeit des Moments. Es ist eine Stille, die sowohl die physische Umgebung als auch den inneren Zustand des Sprechers umfasst. Es entsteht das Bild einer als positiv empfundenen Einsamkeit, die nur durch das eine verbleibende Schlagen der Morgenglocke als letztes zivilisatorisches Zeichen unterbrochen wird; danach ist »Stille nah und fern«, also überall um das lyrische Ich herum.

In der zweiten Strophe stehen geistige Gemeinschaft und Andacht im Mittelpunkt. »Anbetend knie ich hier«: Dies ist eine direkte Darstellung der Andacht, die körperliche Geste des Kniefalls ist ein Symbol der Demut und Verehrung. »O süßes Graun! geheimes Wehn!«: Diese Zeilen könnten die Gegenwart des Göttlichen suggerieren. »Süßes Graun« drückt eine Mischung aus ehrfürchtigem Erschauern und Freude aus. »Geheimes Wehn« könnte auf den Heiligen Geist oder eine unsichtbare spirituelle Kraft hinweisen. Der praktizierte Glaube wird als etwas Geheimnisvolles wahrgenommen, das eine Art von heiligem Schaudern auslöst, der das lyrische Ich auch körperlich ergreift. »Als knieten viele ungesehn / Und beteten mit mir«: Hier wird die Vorstellung einer größeren, unsichtbaren Gemeinschaft eingeführt, die gemeinsam betet. Es könnte die Einheit der Gläubigen oder die Verbindung mit den Heiligen oder Engeln symbolisieren. Obwohl das lyrische Ich allein ist, spürt es die Kraft der großen christlichen Gemeinschaft im Sinne des apostolischen Glaubensbekenntnisses: »Ich glaube an den Heiligen Geist, / die heilige christliche Kirche, / Gemeinschaft der Heiligen, / Vergebung der Sünden, / Auferstehung der Toten und das ewige Leben.« (Evangelische Kirche in Deutschland o. J.)

Die dritte Strophe stellt als Abschluss des Gedichts die Erhabenheit des Himmels heraus. »Der Himmel nah und fern«: Der Himmel wird als unmittelbar und gleichzeitig unerreichbar beschrieben, was auf die allgegenwärtige, aber transzendente Natur Gottes hindeutet. Das Oben ist der Bezugspunkt für das lyrische Ich und verstärkt die allgemeine positive Stimmung und Wahrnehmung des sonntäglichen solitären Gebets in der Natur, denn: »Er ist so klar und feierlich, / So ganz, als wollt er öffnen sich«: Diese Zeile könnte eine apokalyptische Vision oder eine Hoffnung auf Offenbarung implizieren. Es vermittelt ein Gefühl der Erwartung und möglicherweise der Sehnsucht nach göttlicher Intervention oder Erleuchtung. Der Himmel wird als offen und einladend, als freundlich vorgestellt, nicht als bedrohlich oder unterwerfend. Der Schöpfergott, den das lyrische Ich anbetet, ist ein wohlwollender, ein liebender Gott, kein strafender, in dessen Gegenwart man vor Angst erbeben muss, sondern in dessen Gegenwart, lokalisiert im weiten Himmel, man sich geborgen fühlen kann. Mit einer Wiederholung des Anfangsverses »Das ist der Tag des Herrn!« am Ende des Gedichts verstärkt das lyrische Ich die zentrale Botschaft, dem Leser die Bedeutung des Tages zu verdeutlichen. Es schließt das Gedicht ab, indem es die Bedeutung des Sonntags als einen heiligen, von Gott geweihten Tag betont. Die sprachlich-stilistische Klammer ist ein besonderer inhaltlicher Kniff, die Bedeutung des Sonntags herauszustellen: Das lyrische Ich manifestiert den Sonntag als den Tag des Herrn eingangs bei seinem Weg durch die einsame Natur und dann zum Abschluss nochmals beim Blick in den weiten, endlosen, aber dennoch freundlichen und offenen Himmel.

Insgesamt zeichnet das Gedicht ein Bild tiefer religiöser Empfindungen, die durch die Natur, die Stille und das persönliche Gebet zum Ausdruck gebracht werden. Es spiegelt die christliche Vorstellung wider, dass der Sonntag ein Tag der Ruhe und der spirituellen Besinnung ist, ein Tag, der sich von anderen Tagen abhebt und eine besondere Nähe zu Gott ermöglicht. Das Gedicht fängt effektiv die

Stimmung der Ehrfurcht, der Andacht und der Hoffnung ein, die für viele Gläubige charakteristisch ist.

1809 entsteht mit *Der gute Kamerad* ein Gedicht Uhlands, das heute so gut wie jeder kennt, aber nicht unbedingt jeder Uhland zuordnen kann. Warum?

> Es ist ein Lied ohne Worte, das alljährlich bei der Zentralen Gedenkveranstaltung am Volkstrauertag erklingt – und nicht nur da: ›Der gute Kamerad‹ begleitet staatliches Gedenken bei Begräbnissen von Bundeswehr-Soldatinnen oder Soldaten heute ebenso wie die Erinnerung an die Toten lang vergangener Kriege. Die Melodie ist das Symbol – der Text spielt keine Rolle mehr. Und das ist gut so, hat doch vor allem die dritte Strophe für heutiges Verständnis irritierenden Charakter. ›Der gute Kamerad‹ ist und bleibt traditionelles Element. Denn zum einen sind die Zeilen schon 1809 während der napoleonischen Befreiungskriege entstanden, zum anderen erklingt die Melodie auch am französischen Nationalfeiertag am Grabmal des unbekannten Soldaten. In den Niederlanden und in Japan gibt es das Lied in der Landessprache und auch in die Weltsprache Ido sind die Zeilen übersetzt.« (Volksbund Deutsche Kriegsgräberfürsorge e. V. o. J.)

Der Text ist weitgehend bekannt (Uhland 1983a, S. 160):

Der gute Kamerad

Ich hatt' einen Kameraden,
Einen bessern findst du nit.
Die Trommel schlug zum Streite,
Er ging an meiner Seite
In gleichem Schritt und Tritt.

Eine Kugel kam geflogen,
Gilt's mir oder gilt es dir?
Ihn hat es weggerissen,
Er liegt mir vor den Füßen,
Als wär's ein Stück von mir.

Will mir die Hand noch reichen,
Derweil ich eben lad'.
Kann dir die Hand nicht geben,

> Bleib du im ew'gen Leben
> Mein guter Kamerad!

Das Gedicht *Der gute Kamerad* ist ein bewegendes und tiefgründiges Werk, das aufgrund seines Inhalts und seiner kriegsbezogenen Emotionalität häufig im Kontext militärischer Zeremonien und Gedenkveranstaltungen verwendet wird. Es handelt sich um ein traditionelles deutsches Soldatenlied, und die Popularität des Gedichts in militärischen Kreisen ist nicht nur auf seine emotionale Tiefe zurückzuführen, sondern auch darauf, dass es die universellen Themen von Kameradschaft, Opfer und menschlicher Verbundenheit in Extremsituationen anspricht. Es ist ein Zeugnis der menschlichen Erfahrung in Kriegszeiten und ein Denkmal für die gefallenen Soldaten. Das Gedicht thematisiert Krieg, Kameradschaft, Verlust und Trauer. Es illustriert die unmittelbare und emotionale Erfahrung des Verlustes eines Freundes im Krieg, reflektiert aber auch über das universelle Thema der Vergänglichkeit und der menschlichen Bindungen. Die Vertonung geht bis ins Jahr 1825 und auf den Komponisten und Musikpädagogen Friedrich Silcher zurück.

Die erste Strophe evoziert das Bild einer Kameradschaft im Krieg. »Ich hatt' einen Kameraden, / Einen bessern findst du nit.«: Diese Zeilen stellen sofort eine enge Bindung zwischen dem Sprecher und seinem Kameraden her. Der Kamerad wird als unersetzlich und einzigartig dargestellt. »Die Trommel schlug zum Streite, / Er ging an meiner Seite / In gleichem Schritt und Tritt.« Hier wird das Bild des Krieges eingeführt. Die Trommel, die zum Kampf ruft, und die Beschreibung, wie sie Seite an Seite marschieren, betonen die Einheit und Synchronizität in der Kriegssituation. Die Kameraden sind eins, und wir können das gemeinsame Marschieren vor uns sehen und sicherlich auch hören: der Gleichschritt der Stiefel zur Trommel des militärischen Verbandes auf dem Weg in die Schlacht. Ohne allzu suggestiv zu werden, manifestiert sich ein bestimmtes Bild von Soldaten in der typischen Uniform des frühen 19. Jahrhunderts, die in den napoleonischen Kriegen zu Felde zu ziehen – und die nicht alle wieder vom Schlachtfeld zurückkehrten, wie schon allein durch die

Vergangenheitsform des Eingangsverses »Ich hatt' einen Kameraden« angezeigt wird. Der Kamerad ist nicht mehr, was dann in der zweiten Strophe ausgeführt wird.

In dieser zweiten Strophe stehen Schock und Verlusterfahrung im Vordergrund. »Eine Kugel kam geflogen, / Gilt's mir oder gilt es dir?«: Diese Zeilen vermitteln das plötzliche und unvorhersehbare Ereignis des Todes im Krieg. Die Frage, ob die Kugel für ihn oder den Kameraden bestimmt war, zeigt die Willkürlichkeit des Schicksals im Krieg. Die Soldaten personalisieren ihre Feinde nicht; sie schicken die tödlichen Salven ab, egal, wen sie damit treffen. »Ihn hat es weggerissen, / Er liegt mir vor den Füßen, / Als wär's ein Stück von mir.«: Der Tod des Kameraden wird als abrupt und brutal beschrieben; der körperliche Schmerz ist zu spüren, die Ausweglosigkeit der Situation mit Händen zu greifen. Die Formulierung »als wär's ein Stück von mir« vermittelt eine tiefe emotionale Verbindung und das Gefühl, dass ein Teil des Sprechers selbst gestorben ist. Die beiden Verse setzen das in der ersten Strophe aufgebrachte Bild der Untrennbarkeit der Kameraden fort; sie sind untrennbar eins in dieser existenziellen Erfahrung der Schlacht. Und ebenso wird darin deutlich, dass es das lyrische Ich genauso hätte treffen können. Dass die Kugel den Kameraden trifft und nicht den Sprecher, ist nur Zufall. Eine Schlacht zu überleben, hat mit Geschick und Können offensichtlich nur wenig zu tun, Glück scheint das entscheidende Kriterium zu sein. Und in diesem Falle ist es der Kamerad, der die Kugel fängt, der Sprecher hat Glück, diese Salve überlebt zu haben.

Die dritte Strophe steht dann unter dem Eindruck von Abschied und Erinnerung. »Will mir die Hand noch reichen, / Derweil ich eben lad.«: Diese Zeile weist auf den letzten Akt der Kameradschaft und Verbundenheit, selbst im Angesicht des Todes und des weiterdauernden Kampfes gleichermaßen. Der Krieg kann selbst in diesem Moment nicht vergessen werden, die soldatische Handlung, materialisiert im Laden der Büchse, kann nicht aussetzen. Der Kamerad will die letzte Verbundenheit zu seinem Freunde ausdrücken und im Moment seines Todes die Gemeinschaft letztmals begründen. Das Reichen der Hand ist das Zeichen von Nähe und Intimität, von Freundschaft und Brüderlichkeit, aber natürlich auch des finalen Abschieds. Sie werden sich in dieser Welt nicht wiedersehen, sondern müssen dafür aufs Jenseits hoffen; und der Sterbende möchte den letzten Moment körperlicher Nähe erleben, um nicht alleine zu sterben, sondern eben an der Hand des Freundes. Dass das lyrische Ich dieses letzte Zeichen der Kameradschaft im Diesseits ausschlägt, hat kriegspraktische Gründe: Er muss sein Gewehr laden, um sich dem weiteren Kampfgeschehen zu stellen. »Kann dir die Hand nicht geben, / Bleib du im ew'gen Leben / Mein guter Kamerad!«: Der Sprecher kann nicht mehr physisch mit seinem gefallenen Freund physisch interagieren, was den unwiderruflichen Charakter des Todes unterstreicht. Die letzte Zeile drückt die Hoffnung aus, dass der Kamerad im »ew'gen Leben«, also im Jenseits, weiterlebt. Der Schlussvers »Mein guter Kamerad!« ist das letzte Zeichen von Wertschätzung, dass das lyrische Ich dem gefallenen Freund entgegenbringen kann. Indem es ihn als guten Kameraden bezeichnet, lebt die Erinnerung an Kameradschaft und Treue weiter. Sie werden sich wiedersehen »im ew'gen Leben«, das das lyrische Ich seinem guten Kameraden wünscht.

Dieses Gedicht fängt die Essenz der militärischen Kameradschaft und die Tragik des Krieges ein. Die kurzen, prägnanten Verse und die direkte, einfache Sprache verstärken die emotionale Wirkung des Gedichts. Es illustriert die Brutalität des Krieges und den tiefen Schmerz des Verlustes, aber auch die Stärke der Bindungen, die unter solchen extremen Umständen entstehen. Das Lied entstand 1809 unter dem Eindruck des Einsatzes badischer Truppen unter französischem Befehl gegen aufständische Tiroler. Ludwig Uhland hatte zu beiden Seiten Verbindungen, weshalb das Gedicht auch nicht einseitig zur Beschönigung und Verklärung des Kriegsopfers und Heldentods verstanden werden sollte. Der Feind wird nicht verteufelt oder dämonisiert, wie es vielfach in anderer Kriegsliteratur, vor allem auch des späten 18. und frühen 19. Jahrhundert der Fall ist, sondern tragend für das Gedicht ist die Trauer über die Getöteten. Denn der gute Kamerad hat keinen Namen, kein Gesicht, keine Erkennungsmerkmale; er ist und bleibt anonym, er ist einer von vielen, der eine Schlacht nicht überlebt. Freilich, *Der gute Kamerad* wird immer wieder gerne für propagandistische Zwecke missbraucht. Aber bei einer sinnvollen Betrachtung stellt sich eben schnell heraus, dass sich das Gedicht für eine reine Kriegspropaganda nicht eignet, und selbst die vielfach kritisierte dritte Strophe kann als Mahnung für Sinnlosigkeit und Schrecken des Krieges dienen. Schließlich wird dem überlebenden lyrischen Ich sogar die Möglichkeit zum Abschied genommen, da seine Tätigkeit in der Fortsetzung des kriegerischen Aktes besteht. Akte existenzieller Menschlichkeit bleiben durch die Notwendigkeit des Krieges auf der Strecke.

Während aufgrund des regelmäßigen Auslassens des Textes *Der gute Kamerad* nur von Wenigen Ludwig Uhland zugeordnet werden kann, verhält es sich beim 1812 entstandenen *Frühlingsglaube* anders. Es stellt den zweiten Teil eines mit *Frühlingslieder* überschriebenen Gedichtzyklus' dar. Ein Gedichtzyklus ist eine Sammlung von Gedichten, die thematisch, motivisch oder narrativ miteinander verbunden sind. Gedichtzyklen sind oft so konzipiert, dass jedes Gedicht für sich alleine stehen kann, aber im Kontext des Zyklus eine tiefere oder ergänzende Bedeutung erhält. Diese Verbindung kann auf verschiedene Weise erfolgen. Thematische Kohärenz: Die Gedichte in einem Zyklus können sich um ein gemeinsames Thema drehen, wie Liebe, Natur, Tod oder eine historische Epoche. Motivische Verbindung: Ähnliche Motive oder Symbole können sich durch die verschiedenen Gedichte ziehen und so eine verbindende Struktur schaffen. Narrative Einheit: Manchmal erzählen die Gedichte in einem Zyklus eine fortlaufende Geschichte oder beschreiben verschiedene Aspekte einer zentralen Erzählung. Formale Merkmale: Einheitlichkeit in Form, Reimschema oder Metrum können ebenfalls zur Kohäsion eines Gedichtzyklus beitragen (Uhland 1983a, S. 44 f.):

Frühlingsglaube

Die linden Lüfte sind erwacht,
Sie säuseln und weben Tag und Nacht,
Sie schaffen an allen Enden.
O frischer Duft, o neuer Klang!

> Nun, armes Herze, sei nicht bang!
> Nun muß sich alles, alles wenden.
>
> Die Welt wird schöner mit jedem Tag,
> Man weiß nicht, was noch werden mag,
> Das Blühen will nicht enden.
> Es blüht das fernste, tiefste Tal:
> Nun, armes Herz, vergiß der Qual!
> Nun muß sich alles, alles wenden.

Das Gedicht ist ein sprechendes Beispiel der romantischen Poesie, die sich durch ihre tiefe Verbundenheit mit der Natur und die Betonung von Gefühlen und inneren Zuständen auszeichnet. Die ersten beiden Verse »Die linden Lüfte sind erwacht, / Sie säuseln und weben Tag und Nacht« zeigen das Erwachen der Natur: Der Frühling wird als eine Zeit des Erwachens dargestellt. Die »linden Lüfte« symbolisieren eine sanfte, erfrischende Brise, die das Ende des Winters und den Beginn eines neuen Lebenszyklus ankündigt. Die Natur dient damit als Metapher für Veränderung und Hoffnung: Der Frühling steht in diesem Gedicht symbolisch für Erneuerung und Hoffnung. Die »linden Lüfte«, die erwachen, repräsentieren nicht nur das physische Erwachen der Natur, sondern auch ein metaphorisches Erwachen von Lebensfreude und Optimismus. Ebenso geht es um Kontinuität: Das Säuseln und Weben »Tag und Nacht« deutet auf die ununterbrochene und allgegenwärtige Präsenz des Frühlings hin. Es vermittelt ein Gefühl der Beharrlichkeit und des unermüdlichen Fortschritts der Natur.

Vers 3 lautet im Anschluss: »Sie schaffen an allen Enden«. Dabei fokussiert die unbekannte Sprecherinstanz die allumfassende Veränderung: Die Natur wird als fleißige Kraft dargestellt, die überall aktiv ist. Dies betont die Idee, dass der Frühling eine Zeit der universellen Erneuerung und Transformation ist. Wenn das Gedicht mit »O frischer Duft, o neuer Klang! / Nun, armes Herze, sei nicht bang!« fortfährt, steht zunächst die sinnliche Wahrnehmung im Fokus. Der »frische Duft« und »neue Klang« sprechen die Sinne direkt an und vermitteln ein Gefühl der Erneuerung und Frische. Das sollen auch beruhigende Worte für das arme Herz sein, das vermutlich unter Liebesqualen leidet beziehungsweise allgemein von inneren Ängsten oder Sorgen getrieben wird. Die Sprecherinstanz bringt Mitgefühl und Verständnis für leidende Herzen auf und spendet Trost über die Veränderung und Schönheit der Natur. Denn schließlich »muß sich alles, alles wenden«: Dieser Abschlussvers der ersten Strophe unterstreicht die Unvermeidlichkeit des Wandels – und das ist positiv. Es impliziert, dass nach schwierigen Zeiten eine positive Veränderung kommen wird.

Die zweite Strophe setzt ein mit »Die Welt wird schöner mit jedem Tag, / Man weiß nicht, was noch werden mag«. Es ist ein Bild der sich steigernden Schönheit. Die täglich zunehmende Schönheit der Welt im Frühling wird betont. Es spiegelt einen optimistischen Blick auf die Zukunft wider. Und obwohl niemand weiß, wohin die Veränderung reichen wird, ist die Ungewissheit darüber, was noch kommen mag, nicht bedrohlich, sondern voller Möglichkeiten und Hoffnung. Dies ist im optimistischen Ausblick verbunden mit der Aussage »Das Blühen will nicht enden.« Dieser Vers symbolisiert die Kraft und Persistenz des Lebens und der Natur, die sich in der endlosen Blüte manifestiert. Das unaufhörliche Wachstum weist den Weg für bange und leidende Herzen aus der Finsternis heraus: »Es blüht das fernste, tiefste Tal: / Nun, armes Herz, vergiß der Qual!« Der Frühling treibt Blüten selbst in den entlegensten und tiefsten Tälern und zeigt, dass die Erneuerung der Natur keine Grenzen kennt. So soll auch das arme Herz aufblühen und die Leiden der (inneren und äußeren) Winterzeit hinter sich lassen. Diese erneute Ansprache des »arme[n] Herz[ens]« dient als Erinnerung, dass die Schönheit und das Wachstum der Natur eine Quelle des Trostes und der Heilung von seelischen Schmerzen sein können. Die Wiederholung als Stilmittel bekräftigt und bestätigt den fundamentalen Wandel für das arme Herz, der in der ersten Strophe eingeleitet wird, denn es »muß sich alles, alles wenden«: Diese Zeile verstärkt die Botschaft des unvermeidlichen Wandels und der Hoffnung, die der Frühling mit sich bringt, und betont das universelle und unvermeidliche Wesen des Wandels. Dies vermittelt eine starke Botschaft der Hoffnung, dass nach einer Phase des Leidens eine

Zeit der Freude und Erneuerung kommt. Insgesamt bietet *Frühlingsglaube* eine reiche metaphorische Darstellung der Kraft des Frühlings und seiner Fähigkeit, Hoffnung und positive Veränderung zu symbolisieren; es wird ein Bild für die transformative Kraft der Natur und ihrer Fähigkeit entworfen, Hoffnung und Trost in Zeiten des persönlichen Leidens zu bieten. Es ist ein Gedicht, das sowohl die äußere Welt der Natur als auch die innere Welt der menschlichen Emotionen einfängt und verbindet. Die einfache Sprache und Struktur des Gedichts, gekoppelt mit der rhythmischen Qualität und dem Reimschema, tragen zur lyrischen und fast liedhaften Qualität bei. Dies verstärkt den optimistischen und hoffnungsvollen Ton des Gedichts.

Frühlingsglaube (im doppelten Sinn: Glaube an die Kraft des Frühlings und Glaube, dass der Frühling zwangsläufig wiederkehrt) erinnert uns daran, dass nach dem Winter immer der Frühling kommt, sowohl im wörtlichen als auch im übertragenen Sinne. Der Frühling als Zeichen von und für Naturschönheit und -verbundenheit spielt in der Romantik ohnehin eine wesentliche Rolle als Symbol der Erneuerung und Hoffnung. In der Romantik wird der Frühling oft als Zeit der Erneuerung und des Neubeginns dargestellt. Er symbolisiert die Wiedergeburt der Natur nach dem Tod des Winters und steht metaphorisch für Hoffnung, Verjüngung und das Wiedererwachen des Lebens. Für die Romantiker, die starken Wert auf Gefühle und inneres Erleben legen, repräsentiert der Frühling auch eine emotionale und spirituelle Erneuerung. Er bietet ein Gegenmittel gegen Melancholie und Desillusionierung im kontrastierenden, zyklischen Verlauf der Welt: Die Romantik neigt zur Betonung von Kontrasten – zwischen Freude und Leid, Leben und Tod, Licht und Dunkelheit. Der Wechsel der Jahreszeiten, insbesondere der Übergang vom Winter zum Frühling, bietet ein perfektes Bild für diese Dualitäten. Dass der Frühling mit seiner explosionsartigen Lebenskraft und Schönheit Anreize für poetische Beschreibungen und Reflexionen bietet, versteht sich von selbst. Die Romantiker suchen darin auch Zuflucht vor den Enttäuschungen und dem Rationalismus der modernen Welt. Der Frühling, als Zeit der Schönheit und des Wunders, bietet eine ideale Fluchtmöglichkeit in eine schönere, emotional erfüllte Welt.

In der fachwissenschaftlichen Forschung heißt es dazu, passenderweise vom Tübinger Germanisten Georg Braungart (2021, S. 32):

> »Die Erwartung an Frühlingsgedichte, die in der deutschen Literatur Legion sind, ist klar: Im Frühling erwacht das Leben neu, überall wird der kalte Winter überwunden und alles regt sich wieder. Und in den ersten vier Versen scheint genau dies auch vergegenwärtigt zu werden. Was das Ich mit allen Sinnen aufnimmt, scheint es geradezu zu vitalisieren. Doch dann spricht es sein eigenes Herz an, offenbar in einem Selbstgespräch. Ihm ist angst und »bang«. Und es sucht den Einklang, den Gleichklang mit der erwachenden Natur. Aber findet es ihn? Ein billiger Trost, so scheint es, soll hier geboten werden: Mit einlullender Lautmusik (linde Lüfte), beschwörenden Formeln (Alles, Alles), und in glatten Reimen, durchaus nach romantischer Manier. Doch rasch erkennt man, dass dieses Ich, das sich hier selbst Mut zuspricht, überhaupt nicht in der Natur aufgeht, in der es seinen Trost sucht. Es wird nicht, wie gerade in der Romantik so häufig, eins mit der Natur. Übrigens hatte Uhland das Gedicht in der Handschrift zunächst Frühlingstrost und dann Frühlingshoffnung betitelt, jetzt also, im Erstdruck und dann immer, soll es sich schon um einen – festen? – Glauben handeln.«

Damit haben wir exemplarisch die erste Phase des Uhlandschen Schaffens betrachtet und können in die nächste Phase der Lyrik eintreten.

Gedichte 1813 bis 1830

Die zweite Phase der literarischen Betätigung wird auf die Jahre 1813 bis 1830 eingegrenzt und markiert Ludwig Uhlands Zeit in Stuttgart bis zur Ernennung zum Professor für deutsche Sprache und Literatur an der Universität Tübingen. Gerade die erste Phase dieser Periode ist stark von Uhlands Beschäftigung mit der lyrischen Form der Ballade geprägt; viele der berühmtesten Texte des Dichters stammen aus dem zweiten Jahrzehnt des 19. Jahrhunderts. Vor allem diesen Texten wollen wir uns im Folgenden widmen. Die Ballade ist eine besondere literarische Form, die eine wichtige Rolle in der Geschichte der deutschen Literatur spielt. Sie verbindet Erzählung, Lyrik und Drama in einem einzigartigen Format, das sowohl emotional als auch intellektuell anspricht. Die Geschichte der Ballade reicht weit zurück, hat aber ihre Wurzeln vor allem im 18. Jahrhundert. In dieser Zeit begann die Ballade, sich als eigenständige Form in der deutschen Literatur zu etablieren. Sie wurde stark beeinflusst durch volkstümliche Erzählungen und Lieder, die mündlich überliefert wurden. Diese Ursprünge spiegeln sich in der oft einfachen, volksnahen Sprache und den lebendigen, bildhaften Erzählungen der Balladen wider.

Ursprünglich stammt die Ballade aus dem romanischen 12. Jahrhundert. Damals wurde sie als Tanzlied gesungen und dann von den Troubadours (Dichter, Komponisten und Sänger höfischer mittelalterlicher Lieder, insbesondere der in okzitanischer Sprache verfassten Troubadourdichtung im südlichen Frankreich) kunstvoll weiterentwickelt. Ab dem 18. Jahrhundert, vor allem in Großbritannien, wird die Ballade mehr und mehr als Formbezeichnung für »volksmäßige und bes[onders] leicht singbare Erzähllieder, die sprunghaft, unter Benutzung der dramatisch wirkenden Erzählform e[in] auffallendes Ereignis, oft e[ine] Heldentat, episch erzählten und zugleich in lyr[ischer] Stimmung lösten« (von Wilpert 2001, S. 67). Als die Ballade ab 1770 in der deutschen Literatur heimisch wird, steht sie vor allem für die Darstellung eines in der Regel ungewöhnlichen, handlungsintensiven, gerne auch geisterhaften Sachverhalts mit mythologischem und/oder geschichtlichem Bezug (vgl. von Wilpert 2001). Als Beispiel noch etwas weiter in die Anschauung geht die Volksballade, die sich aus dem germanischen Heldenlied und dem Heldenepos heraus entwickelt hat. Vor allem in der Romantik steht die Volksballade hoch im Kurs und »lebt nicht mehr von der Gestalt des Helden selbst, von Ehre und trag[ischem] Schicksalskampf, sondern zeigt gänzliche unheld[ische], fast bürgerlich-familienhafte und z. T. rührende Haltung« (von Wilpert 2001, S. 884). Dazu passen Motive wie Wiedersehen und Abschied, Treue und Untreue, Verbrechen und Rache oder auch der Tod eines geliebten Menschen (vgl. von Wilpert 2001).

In Deutschland erlebt die Ballade somit vor allem in der Literatur der Goethezeit eine Blüte. Dichter wie Johann Wolfgang von Goethe, Friedrich Schiller, Ludwig Uhland und später Heinrich Heine verwenden die Ballade, um tiefe emotionale und oft mystische Themen zu erkunden. Die Romantik ist, wir haben es betont, geprägt von einer Faszination für das Mittelalter, das Übernatürliche und die tiefe Naturverbundenheit; Themen also, die sich ideal für die Balladendichtung eignen. Die Balladen dieser Zeit zeichnen sich durch ihre Fähigkeit aus, eine starke emotionale Wirkung zu erzielen, indem sie dramatische Geschichten mit lyrischen Elementen verbinden. Bei Goethe und Schiller, die sich dezidiert 1797 dem Balladenstudium widmen, um diese lyrische Form voranzutreiben, geht es dabei sogar um »Verantwortung vor der deutschen Nation, zu deren Geschmacks- und Geistesbildung man beitragen wollte. Aus dem Zusammenwirken dieser verschiedenen Interessen ging die Balladenarbeit hervor als Versuch, Elemente des Epischen, Dramatischen und Lyrischen in dieser Form zum Zwecke der Nationalpädagogik und ästhetischen Erziehung zu verbinden.« (Schulz 2000, S. 606) Goethe wollte »diese Gedichte als eine neue, die Poesie erweiternde Gattung angesehen wissen. Die Darstellung von Ideen so wie sie hier behandelt wird, hält er für kein Dehors der Poesie und will dergleichen Gedichte mit denjenigen welche abstrakte Gedanken symbolisieren nicht verwechselt wißen« (zit. nach Schulz 2000, S. 606f.), schreibt Schiller.

Metrisch ist die Ballade vielseitig. Sie kann verschiedene Versformen und Reimschemata verwenden, von einfachen volksliedartigen Strophen bis hin zu komplexeren Strukturen. Häufig findet man in Balladen einen Wechsel zwischen kürzeren und längeren Verszeilen, was zu einem dynamischen Rhythmus führt, der die Erzählung vorantreibt. Dieses Spiel mit dem Rhythmus hilft, die Stimmung der Geschichte zu unterstreichen und die Zuhörer oder Leser emotional einzubinden. Ein gutes Beispiel, um das metrische Schema einer romantischen Ballade zu verdeutlichen, ist Goethes *Der Erlkönig*. Dieses Gedicht, geschrieben im Jahr 1782, ist eines der bekanntesten Werke Goethes und ein Paradebeispiel für die Balladendichtung der Zeit. *Der Erlkönig* besteht aus acht Strophen, jede mit vier Versen. Das Besondere an diesem Gedicht ist sein durchgehendes, treibendes Metrum und das einfache, aber wirkungsvolle Reimschema. Der grundlegende Versfuß ist zwar der Jambus, jedoch tauchen in unregelmäßigen Abständen auch dreihebige Versfüße auf. Ein festes Metrum ist kein Merkmal einer Ballade, da diese Texte überwiegend auf die Singbarkeit hin verfasst werden. Die Ballade ist mit Paarreimen gestaltet und folgt dem Reimschema aabb. Das bedeutet, dass sich in den vierzeiligen Strophen immer die ersten beiden und die letzten beiden Verse reimen. Das Reimschema der einzelnen Strophen ist somit aabb. Dieses Schema ist aber nicht zwingend charakteristisch für die Balladendichtung, da Goethe in anderen Balladen andere Formen verwendet. Generell ist aber zu sagen, dass die lyrische Form der Ballade eine gewisse musikalische Qualität und einen fließenden Rhythmus erzeugen soll, der die Zuhörer in den Bann zieht und auf die Singbarkeit ausgerichtet ist. Um das metrische Schema von *Der Erlkönig* zu illustrieren, betrachten wir die erste Strophe: »Wer reitet so spät durch Nacht und Wind? / Es ist der Vater mit seinem Kind; / Er hat den Knaben wohl in dem Arm, / Er fasst ihn sicher, er hält ihn warm.« Das Metrum ist unregelmäßig, denn es wechseln sich Jamben und unregelmäßige Anapäste ab. Während durch den Jambus in der Form unbetont – betont ein gleichmäßiger Rhythmus entsteht, folgt der Anapäst der Form unbetont – unbetont – betont, was eine besondere Lebhaftigkeit ausdrücken kann. Die Länge der Verszeilen variiert, was typisch für Goethes Balladen ist und zur Dynamik des Gedichts beiträgt. Es zeigt beispielhaft, wie in der Balladendichtung durch Metrik und Reimschema eine eindringliche, atmosphärische Wirkung erzielt wird. Diese Elemente tragen wesentlich dazu bei, die Spannung und das emotionale Gewicht der Erzählung zu verstärken.

Wir können auch bei Ludwig Uhland spüren, dass die Ballade eine besondere Verbindung von erzählerischer Spannung, lyrischer Schönheit und dramatischer Intensität ermöglicht. Zum einen äußert sich dies in der Vermischung von Volkstradition und Dichtkunst. Uhland ist tief beeinflusst von der volkstümlichen Tradition und integriert diese Elemente in seine Balladen. Sein Werk zeichnet sich durch eine enge Verbindung von volksliedhaften Elementen und kunstvoller Poesie aus, ein typischer Ansatz für die Rückbesinnung auf das Mittelalter und volkstümliche Traditionen der Romantik. Viele seiner Balladen befassen sich mit historischen oder legendären Themen, oft mit einem Bezug zur deutschen Geschichte und Mythologie. Uhlands Balladen wie *Des Sängers Fluch* und *Schwäbische Kunde* sind dafür bekannte Beispiele. Sie zeichnen sich durch eine Mischung aus Realismus und Romantik aus, was ihnen eine besondere Tiefe und emotionale Resonanz verleiht. Zugleich sind Uhlands Balladen bekannt für ihre Klarheit und Einfachheit in Sprache und Versform. Er bevorzugt eine klare, verständliche Sprache, die breite Bevölkerungsschichten anspricht. Dies macht seine Werke besonders populär und trug dazu bei, die Ballade als literarische Form im Bewusstsein der breiten Öffentlichkeit zu verankern. Dabei werden Gefühl und Gewissen angesprochen. Viele seiner Balladen weisen eine starke emotionale Tiefe auf und sind oft mit einer moralischen oder philosophischen Botschaft verbunden. Uhlands Werke reflektieren häufig die zeitgenössischen sozialen und politischen Verhältnisse und stellen Fragen nach Gerechtigkeit, Ehre und menschlichen Werten, die in der Balladendichtung besonders gut beantwortet werden können.

Um einen weiteren kleinen Schwenk einzulegen: Das Volksliedhafte der Ballade wird insbesondere in der Romantik stark akzentuiert, wie sich beispielsweise anhand der bekannten Sammlung *Des Knaben Wunderhorn* herausstellen lässt. In *Des Knaben Wunderhorn* haben Achim von Arnim und Clemens Brentano Anfang des 19. Jahrhunderts in drei Bänden eine bedeutende Sammlung deutscher Volkslieder und Gedichte mit einer breiten Palette an Themen und Motiven, die tief in der deutschen Volkskultur verwurzelt sind, zusammengestellt. Die Gedichte der Sammlung spiegeln eine Vielfalt an menschlichen Erfahrungen und Emotionen wider und beinhalten Themen wie Liebe, Krieg, Tod, Gerechtigkeit, und Spiritualität. Die Sammlung ist bekannt für ihre lyrische Schönheit und ihren kulturellen Reichtum. Sie bietet einen Einblick in die Lebensweise, den Glauben und die Hoffnungen der Menschen jener Zeit. Die Bedeutung von *Des Knaben Wunderhorn* liegt nicht nur in der Bewahrung der

Volkskultur, sondern auch im späteren Einfluss auf die deutsche Literatur und Musik. Die Sammlung gilt daher als ein Meisterwerk der deutschen Romantik und ist ein unverzichtbarer Bestandteil der deutschen Literaturgeschichte. Sie zeigt, wie Volksdichtung und künstlerische Schöpfung miteinander verwoben werden können, um ein reiches kulturelles Erbe zu schaffen, das bis heute Bestand hat. Oder wie es in der Forschung heißt: *Des Knaben Wunderhorn* »ist das reichste Geschenk, das den Deutschen durch die Besinnung auf eigene Tradition unter dem Begriff des Romantischen zuteil wurde. Vielfältig waren die Wirkungen des Werkes auf Literatur, Malerei und Musik, noch vielfältiger aber wurde sein mittelbarer Einfluß auf Leser, Hörende und Singende. Vielen Deutschen ist Sprachkunst zum erstenmal in ihrem Leben mit den Kinderreimen oder Liedern aus diesem Buch entgegengekommen, und für manche ist es wohl gar die eindringlichste Begegnung mit Lyrik überhaupt geworden, ohne daß sie sich dessen immer bewußt wurden.« (Schulz 1989, S. 698)

Gerhard Schulz weist auch auf die Sammlung der historischen Ballade und des Bänkelsangs hin, die *Des Knaben Wunderhorn* präsentiert (Schulz 1989, S. 705):

»Hier wird Volkstradition mit einer ganz deutlichen Tendenz gesammelt, denn es sind Freiheitshelden, tapfere Selbstbehaupter und Bürger oder auch sympathische Räuber, die darin gefeiert werden [...]. In den eigentlichen geschichtlichen Balladen werden Schlachten besungen [...], in denen Fürsten oder militärische Führer mit den Soldaten für eine gute Sache zusammengehen. [...] In den historischen Balladen und Gedichten vermittelte das *Wunderhorn* das geschichtliche Bewußtsein von einer Tradition freier Einzelner und zugleich das Bewußtsein vom Vorrang staatsbürgerlicher Pflichten vor den Privilegien des Standes. Solche Themen häuften sich zwar im Hinblick auf die Besetzung Preußens durch französische Truppen im zweiten und dritten Band, aber sie ergänzten dort nur, was schon im ersten Band hinsichtlich eines sozialen und nationalen Selbstverständnisses der Deutschen im Spiegel ihrer alten Poesie angelegt war.«

Die Ballade zielt in diesem Zusammenhang also auch (oder vielleicht besonders) auf die Förderung der patriotischen Erziehung und Gesinnung ab, um deutliche Botschaften an die Gegenwart zu formulieren, wie es gerade die Lyrik in der Zeit der napoleonischen Kriege vielfach getan hat. Und somit wollen wir nun in die Balladendichtung Ludwig Uhlands einsteigen. 1814 entsteht *Des Sängers Fluch*, die zumindest dem Titel nach den Allermeisten bekannt sein dürfte, zumal verschiedene Bands (Reifrock, Falkenstein, Equilibrium, In Extremo) die Ballade rockmusikalisch verwendet haben. Robert Schumann hat sie 1852 als op. 139 für Soli, Chor und Orchester vertont, der Komponist Martin Plüddemann hat sich *Des Sängers Fluch* 1885 angenommen (Uhland 1983a, S. 220 ff.):

Des Sängers Fluch

Es stand in alten Zeiten ein Schloß, so hoch und hehr,
Weit glänzt' es über die Lande bis an das blaue Meer,
Und rings von duft'gen Gärten ein blütenreicher Kranz,
Drin sprangen frische Brunnen in Regenbogenglanz.

Dort saß ein stolzer König, an Land und Siegen reich,
Er saß auf seinem Throne so finster und so bleich;
Denn was er sinnt, ist Schrecken, und was er blickt, ist Wut,
Und was er spricht, ist Geißel, und was er schreibt, ist Blut.

Einst zog nach diesem Schlosse ein edles Sängerpaar,
Der ein' in goldnen Locken, der andre grau von Haar;
Der Alte mit der Harfe, der saß auf schmuckem Roß,
Es schritt ihm frisch zur Seite der blühende Genoß.

Der Alte sprach zum Jungen: »Nun sei bereit, mein Sohn!
Denk unsrer tiefsten Lieder, stimm an den vollsten Ton!
Nimm alle Kraft zusammen, die Lust und auch den Schmerz!
Es gilt uns heut, zu rühren des Königs steinern Herz.«

Schon stehn die beiden Sänger im hohen Säulensaal,
Und auf dem Throne sitzen der König und sein Gemahl;
Der König furchtbar prächtig wie blut'ger Nordlichtschein,
Die Königin süß und milde, als blickte Vollmond drein.

Da schlug der Greis die Saiten, er schlug sie wundervoll,
Daß reicher, immer reicher der Klang zum Ohre schwoll,

Dann strömte himmlisch helle des Jünglings Stimme vor,
Des Alten Sang dazwischen, wie dumpfer Geisterchor.

Sie singen von Lenz und Liebe, von sel'ger goldner Zeit
Von Freiheit, Männerwürde, von Treu' und Heiligkeit,
Sie singen von allem Süßen, was Menschenbrust durchbebt,
Sie singen von allem Hohen, was Menschenherz erhebt.

Die Höflingsschar im Kreise verlernet jeden Spott,
Des Königs trotz'ge Krieger, sie beugen sich vor Gott,
Die Königin, zerflossen in Wehmut und in Lust,
Sie wirft den Sängern nieder die Rose von ihrer Brust.

»Ihr habt mein Volk verführet; verlockt ihr nun mein Weib?«
Der König schreit es wütend, er bebt am ganzen Leib,
Er wirft sein Schwert, das blitzend des Jünglings Brust durchdringt,
Draus, statt der goldnen Lieder, ein Blutstrahl hochauf springt.

Und wie vom Sturm zerstoben ist all der Hörer Schwarm.
Der Jüngling hat verröchelt in seines Meisters Arm,
Der schlägt um ihn den Mantel und setzt ihn auf das Roß,
Er bind't ihn aufrecht feste, verlässt mit ihm das Schloß.

Doch vor dem hohen Tore, da hält der Sängergreis,
Da faßt er seine Harfe, sie, aller Harfen Preis,
An einer Marmorsäule, da hat er sie zerschellt,
Dann ruft er, daß es schaurig durch Schloss und Gärten gellt:

»Weh euch, ihr stolzen Hallen! nie töne süßer Klang
Durch eure Räume wieder, nie Saite noch Gesang,
Nein, Seufzer nur und Stöhnen und scheuer Sklavenschritt,
Bis euch zu Schutt und Moder der Rachegeist zertritt!

Weh euch, ihr duft'gen Gärten im holden Maienlicht!
Euch zeig' ich dieses Toten entstelltes Angesicht,
Daß ihr darob verdorret, daß jeder Quell versiegt,
Daß ihr in künft'gen Tagen versteint, verödet liegt.

Weh dir, verruchter Mörder! Du Fluch des Sängertums!
Umsonst sei all dein Ringen nach Kränzen blut'gen Ruhms!

Dein Name sei vergessen, in ew'ge Nacht getaucht,
Sei wie ein letztes Röcheln in leere Luft verhaucht!«

Der Alte hat's gerufen, der Himmel hat's gehört,
Die Mauern liegen nieder, die Hallen sind zerstört,
Noch eine hohe Säule zeugt von verschwundner Pracht,
Auch diese, schon geborsten, kann stürzen über Nacht.

Und rings statt duft'ger Gärten ein ödes Heideland,
Kein Baum verstreuet Schatten, kein Quell durchdringt den Sand,
Des Königs Namen meldet kein Lied, kein Heldenbuch;
Versunken und vergessen! das ist des Sängers Fluch.

Die Ballade erzählt in alten Zeiten von einem stolzen und tyrannischen König, dessen Schloss von blühenden Gärten und sprudelnden Brunnen umgeben ist. Trotz seines Reichtums und seiner Macht ist der König finster und grausam. Ein Sängerpaar, vielleicht Vater und Sohn, aber zumindest Meister und Schüler, reist zum Schloss, um für den König zu singen. Der Ältere, der eine Harfe trägt, ermutigt den Jüngeren, sein Bestes zu geben, um das steinerne Herz des Königs zu rühren. Im Thronsaal beginnen sie zu singen, begleitet von der Harfe. Ihre Lieder sind gefüllt mit Themen von Liebe, Freiheit und Heiligkeit, was die Herzen der Zuhörer berührt, darunter auch das der Königin, die ihnen eine Rose schenkt. Der König jedoch, wütend über die emotionale Wirkung der Lieder auf sein Volk und seine Frau, beschuldigt die Sänger der Verführung und tötet den jungen Sänger mit seinem Schwert. Der Alte, tief getroffen von diesem Akt der Grausamkeit, verlässt das Schloss, nachdem er den toten Jüngling auf ein Pferd gebunden hat. Vor dem Schloss zerstört der alte Sänger seine Harfe und verflucht das Schloss, die Gärten und den König. Er prophezeit, dass das Schloss in Trümmer fallen und der Name des Königs vergessen werden wird. Die Prophezeiung erfüllt sich: Das Schloss liegt in Ruinen, die Gärten sind verwüstet, und der König ist in Vergessenheit geraten. Nur eine geborstene Säule bleibt als Zeuge der einstigen Pracht zurück. Das ist die Macht des Fluchs des Sängers. Hermann August Korff schreibt zur Ballade (1953, S. 255):

»Uhland hat aus dieser letzten seiner märchenhaften Balladen – sie ist im Jahre 1814 entstanden, als er längst den Schritt zur historischen Ballade getan hatte – mit größter Meisterschaft alles das herausgeholt, was ihr glücklicher Stoff herzugeben vermochte. Und die Kraft seiner sprachlichen Formulierung zeigt sich in ihr ebenso eindrucksvoll wie seine sichere Kunst der Handhabung des großen Balladenstils, der ebensosehr auf dem ruhigen Verweilen beruht [...], wie auf einem blitzschnellen Umschlagen in dramatische Handlung [...]. Diese Ballade hat Zeit und ‚Tempo' zugleich, in klassischer Ausgewogenheit, und nichts scheint in ihr verbesserungsfähig zu sein. In ihrer Art kann es nichts darüber geben.«

Georg Braungart erweitert diese Gedanken (2021, S. 58):

»Goethes Ur-Ei-Theorie, 1821 formuliert, ist in dieser Ballade durchaus verwirklicht – avant la lettre sozusagen: lyrische Passagen finden sich vor allem am Anfang und am Schluss, in der Schilderung des Gartens, epische im Einsatz der Erzählung, im Neu-Einsatz des eigentlichen Geschehens um die beiden Sänger (Strophe 3) und in der gesamten Durchführung, dramatische Elemente mit direkter Rede schließlich im eindrucksvollen Mittelteil, der Mordszene und in der darauf folgenden Verfluchung.«

Diese Ballade verwebt Themen der Macht, der Kunst und der moralischen Gerechtigkeit. Der tyrannische König symbolisiert die Korruption und Grausamkeit der Macht, die blind für Schönheit und Menschlichkeit ist, obwohl die Beschreibung seines Königreichs gerade auf Schönheit abstellt; der Kontrast zwischen Innen und Außen war damit allzu deutlich. Seine dunkle Präsenz steht ebenfalls im starken Kontrast zu der lebensbejahenden und emotionalen Kraft der Musik und der Poesie, repräsentiert durch die Sänger. Die Musik in der Ballade ist nicht nur ein Mittel der Unterhaltung, sondern auch ein Symbol für Freiheit, Liebe und menschliche Würde. Sie hat die Macht, Herzen zu erweichen und Menschen zu vereinen, wie es bei der Königin und den Höflingen geschieht. Doch die gleiche Musik, die Trost und Freude bringt, wird vom König als Bedrohung seiner Autorität wahrgenommen. Der gewaltsame Tod des jungen Sängers durch den König ist ein dramatischer Höhepunkt, der die Unvereinbarkeit von Tyrannei und Kunst unterstreicht. Der König kann die Schönheit der Musik nicht ertragen, weil sie eine Welt repräsentiert, die jenseits seiner Kontrolle liegt. Der Fluch des alten Sängers ist ein mächtiger Akt des Widerstands, eine Verurteilung der Tyrannei durch die Kraft der Kunst. Der Fluch bewirkt nicht nur die physische Zerstörung des Schlosses und der Gärten, sondern auch das Auslöschen des Namens und Erbes des Königs. Dies zeigt, dass, obwohl die Kunst physisch zerstörbar ist, ihre moralische und emotionale Kraft über die Zeit hinaus bestehen bleibt. Die Ballade endet mit der düsteren Mahnung, dass Macht vergänglich ist. Sie zeigt, dass die wahre Kraft nicht in der Herrschaft durch Furcht und Gewalt liegt, sondern in der Fähigkeit, das Herz und den Geist der Menschen zu berühren und zu inspirieren. Uhland kombiniert hier also ein historisierendes mit einem übersinnlichen Thema. Ein echter Held existiert nicht, dafür aber eine Strukturdifferenz zwischen den beiden Personen König und Sänger. Während der Adlige bösartig, willkürlich, roh und unberechenbar ist, ist der Fahrende zurückhaltend, künstlerischfeingliedrig und seinem Schüler treu auch über den Tod hinaus. Die Rache des Sängers erfolgt nicht aus einer Laune heraus, sondern ist nur finale Reaktion auf die größtmögliche Ungerechtigkeit, größtmögliche Brutalität, die der König an den Tag legt. Und der Sänger tut dem König auch nicht direkt Gewalt an, sondern weitet die Schmach über die Person des Königs hinaus aus: Durch den Fluch zerfällt das gesamte Königreich, aus dem prächtigen Land wird ödes Heideland und das Schloss eine unwirtliche Ruine. Das hängt mit der Idee des *Damnatio Memoriae* zusammen. Das ist ein lateinischer Ausdruck, der »Verdammung des Gedächtnisses« bedeutet. Dieses Konzept wurde im antiken Rom verwendet, um das Andenken einer Person zu verfluchen und zu löschen, oft nach ihrem Tod. Zum *Damnatio Memoriae* gehörte unter anderem das Entfernen von Bildern, Statuen und Namensnennungen, das Auskratzen von Namen auf Inschriften und Münzen und das Umschreiben von historischen Aufzeichnungen. Das gleiche vollzieht der Sänger: Es bleibt im wahrsten Sinne des Wortes nicht viel vom König übrig, und selbst die Natur will sich in dem alten Reich nicht mehr ausbreiten.

Eine formale Besonderheit ist die Verwendung der sogenannten Nibelungenstrophe. Die Nibelungenstrophe ist die Form des metrischen und melodischen Baus der Verse im mittelhochdeutschen *Nibelungenlied*. Sie besteht aus vier paarweise gereimten Langzeilen, jeweils mit Anvers (drei Takte) und Abvers (in den ersten drei Versen drei Takte, im vierten Vers vier Takte). Die beiden Kurzverse, die zusammen den Langvers bilden, werden durch eine Zäsur getrennt und in Textausgaben des *Nibelungenlieds* durch die Verwendung mehrerer Leerzeichen verdeutlicht. In Uhlands Ballade kann man die Zäsur an der Betonung der Verse hören bzw. auch anhand der Satzzeichen ablesen. Die Nutzung der mittelhochdeutschen Nibelungenstrophe ist ein schönes formales Zeichen für die Rückbesinnung Uhlands und seine enge Verbindung zur Literatur des Mittelalters als Symbol für eine als spezifisch deutsch empfundenen Vergangenheit. Das Volksliedhafte der Ballade wird damit nochmals akzentuiert.

Ein ebenfalls hochberühmter Text aus dem Jahr 1814 ist *Schwäbische Kunde* (Uhland 1983a, S. 224 ff.):

Schwäbische Kunde

Als Kaiser Rotbart lobesam
Zum Heil'gen Land gezogen kam,
Da mußt' er mit dem frommen Heer
Durch ein Gebirge, wüst und leer.

Daselbst erhub sich große Not,
Viel Steine gab's und wenig Brot,
Und mancher deutsche Reitersmann
Hat dort den Trunk sich abgetan.

Den Pferden war's so schwach im Magen,
Fast mußte der Reiter die Mähre tragen.

Nun war ein Herr aus Schwabenland,
Von hohem Wuchs und starker Hand,
Des Rößlein war so krank und schwach,
Er zog es nur am Zaume nach.

Er hätt' es nimmer aufgegeben
Und kostet's ihn das eigne Leben.

So blieb er bald ein gutes Stück
Hinter dem Heereszug zurück;

Da sprengten plötzlich in die Quer'
Fünfzig türkische Reiter daher,
Die huben an, auf ihn zu schießen,
Nach ihm zu werfen mit den Spießen.

Der wackre Schwabe forcht sich nit,
Ging seines Weges Schritt vor Schritt,
Ließ sich den Schild mit Pfeilen spicken
Und tät nur spöttlich um sich blicken,

Bis einer, dem die Zeit zu lang,
Auf ihn den krummen Säbel schwang.

Da wallt dem Deutschen auch sein Blut,
Er trifft des Türken Pferd so gut,
Er haut ihm ab mit *einem* Streich
Die beiden Vorderfüß' zugleich.

Als er das Tier zu Fall gebracht,
Da faßt er erst sein Schwert mit Macht,
Er schwingt es auf des Reiters Kopf,
Haut durch bis auf den Sattelknopf,

Haut auch den Sattel noch zu Stücken
Und tief noch in des Pferdes Rücken;
Zur Rechten sieht man, wie zur Linken,
Einen halben Türken heruntersinken.

Da packt die andern kalter Graus,
Sie fliehen in alle Welt hinaus,
Und jedem ist's, als würd' ihm mitten
Durch Kopf und Leib hindurchgeschnitten.

Drauf kam des Wegs 'ne Christenschar,
Die auch zurückgeblieben war,
Die sahen nun mit gutem Bedacht,
Was Arbeit unser Held gemacht.

> Von denen hat's der Kaiser vernommen,
> Der ließ den Schwaben vor sich kommen,
> Er sprach: »Sag an, mein Ritter wert!
> Wer hat dich solche Streich' gelehrt?«
>
> Der Held bedacht sich nicht zu lang:
> »Die Streiche sind bei uns im Schwang,
> Sie sind bekannt im ganzen Reiche,
> Man nennt sie halt nur Schwabenstreiche.«

Diese Ballade erzählt die Geschichte eines tapferen schwäbischen Ritters im Heer Kaiser Rotbarts (Friedrich Barbarossa), während des Dritten Kreuzzuges ins Heilige Land. Auf dem Marsch durch eine karge und unwirtliche Gebirgslandschaft leidet das Heer unter Hunger und Durst, und die Pferde sind schwach und erschöpft. Der schwäbische Ritter, gekennzeichnet durch seine Körpergröße und Kraft, zeigt besondere Treue zu seinem kranken Pferd, welches er nicht aufgeben will, selbst wenn es sein Leben kosten würde. Als er hinter dem Heer zurückbleibt, wird er plötzlich von 50 türkischen Reitern angegriffen. Trotz ihrer Überzahl und der anfänglichen Verteidigungshaltung des Ritters, verschärft sich der Kampf, als einer der Türken ihn mit einem Säbel angreift. In diesem Moment zeigt der Schwabe seinen wahren Kampfgeist. Er schlägt das Pferd des Türken nieder und tötet den Reiter mit einem kraftvollen Schwertstreich, der durch den Reiter und tief in das Pferd hineinreicht, sodass der Türke in zwei Hälften geteilt wird. Dieser gewaltige Akt der Stärke verursacht bei den übrigen türkischen Reitern große Furcht, und sie fliehen. Eine Gruppe von Christen, die ebenfalls zurückgeblieben war, wird Zeuge dieser Tat und berichtet Kaiser Rotbart davon. Der Kaiser lässt den Schwaben zu sich bringen und fragt ihn, wo er solche beeindruckenden Schläge gelernt habe. Der Ritter antwortet, dass solche Streiche in Schwaben üblich sind und im ganzen Reich als »Schwabenstreiche« bekannt sind. Diese Ballade feiert also den Mut und die Kampfkunst des schwäbischen Ritters und stellt ihn als Symbol der Stärke und des Heldentums dar, mit einem besonderen Fokus auf seine Loyalität und sein Geschick im Kampf.

Diese Ballade, eingebettet in den historischen Kontext des Dritten Kreuzzuges, ist nicht nur eine Erzählung von Tapferkeit und Kampfkunst, sondern spiegelt auch kulturelle, soziale und moralische Aspekte ihrer Zeit wider. Zum einen finden wir die Symbolik in der Figur des schwäbischen Ritters. Der Schwabe in der Ballade könnte als Symbol für die idealen Tugenden des mittelalterlichen Rittertums stehen: Mut, Treue, Stärke und Geschick im Kampf. Seine Weigerung, sein krankes Pferd aufzugeben, und seine Standhaftigkeit im Angesicht der Übermacht demonstrieren eine tiefe Loyalität und ein starkes moralisches Rückgrat, beides bewunderte Eigenschaften in der mittelalterlichen Kultur. Die Konfrontation zwischen dem schwäbischen Ritter und den türkischen Angreifern spiegelt die damaligen Konflikte zwischen Christen und Muslimen wider, insbesondere im Kontext der Kreuzzüge. Die Ballade könnte in diesem Sinne eine Art propagandistische Funktion gehabt haben, indem sie das christliche Heer heroisiert und die muslimischen Gegner als besiegbare Feinde darstellt. Auch die Rolle des Einzelnen im Lauf der Geschichte ist wichtig. Der Schwabe, als Einzelperson, beeinflusst durch seine Taten den Ausgang der Schlacht und hinterlässt einen bleibenden Eindruck bei Kaiser Rotbart. Dies könnte als Metapher für das Potenzial des Individuums gesehen werden, bedeutsame Veränderungen herbeizuführen. Der brutale Kampfstil des Ritters und seine Fähigkeit, seine Angreifer zu besiegen und in die Flucht zu schlagen, könnten auch als Demonstration von Macht und als Abschreckung interpretiert werden. Die Ballade betont die Stärke und Furchtlosigkeit des schwäbischen Kriegers, was wiederum die Überlegenheit seiner Gruppe unterstreichen soll. Die Bezeichnung »Schwabenstreiche« kann zudem als eine Art der Mythosbildung angesehen werden, die den regionalen Stolz und die kulturelle Identität Schwabens hervorhebt. Solche Erzählungen tragen dazu bei, ein kollektives Gedächtnis und eine gemeinsame Identität innerhalb einer Region oder Gruppe zu schaffen. Und nicht zuletzt wirft die Ballade auch Fragen nach der Moral und Ethik im Krieg auf. Während der Ritter für seine Tapferkeit gefeiert wird, zeigt die Geschichte auch die Grausamkeit und Brutalität des Kampfes. Dies könnte als Reflexion über die Natur des Krieges und die moralischen Dilemmata, die er mit sich bringt, interpretiert werden (Peters 2020, S. 110):

> »Ludwig Uhland glorifiziert die Kampfeskraft des schwäbischen, also aus des Dichters Heimat stammenden Ritters und macht auch keinen Hehl daraus, dass er die Kreuzzüge ins Heilige Land zur Befreiung des Heiligen Grabes nicht als problematisch empfindet [...]. Der Heereszug von Kaiser Friedrich I. wird als löblich apostrophiert, das Heer als fromm – also zwei Charakteristika, die fern aller Kritik sind. Die Kampfeskraft als Ausweis einer mittelalterlichen Männlichkeit und das daraus folgende Ergebnis sprechen ebenfalls für eine sehr positive Wahrnehmung des Kreuzzugs und der Anerkennung der Ziele der Soldaten, ihr Leben im Sinne der mittelalterlichen Frömmigkeit für die Befreiung des Heiligen Landes und vor allem Jerusalems zu geben.«

Der Dritte Kreuzzug (1189 bis 1192), auch bekannt als »Kreuzzug der Könige«, war eine der bedeutendsten militärischen Unternehmungen des Mittelalters, die von christlichen Mächten Europas gegen das muslimisch kontrollierte Heilige Land initiiert wurde. Der Dritte Kreuzzug wurde größtenteils durch die Eroberung Jerusalems im Jahr 1187 durch den muslimischen Führer Saladin ausgelöst. Dieser Sieg führte zu einem Aufschrei in der christlichen Welt und motivierte die europäischen Herrscher, eine neue Kreuzzugsexpedition zu organisieren. Der Kreuzzug wurde von mehreren bedeutenden Monarchen angeführt: Kaiser Friedrich I. Barbarossa aus dem Heiligen Römischen Reich, König Richard I. Löwenherz von England und König Philipp II. August von Frankreich. Jeder dieser Herrscher brachte seine eigenen Truppen und Ressourcen in die Kampagne ein. Es gab mehrere Schlachten zwischen den Kreuzfahrern und Saladins Streitkräften, aber keine Seite konnte einen entscheidenden Sieg erringen. 1192 wurde ein Waffenstillstand zwischen Richard Löwenherz und Saladin geschlossen, der den Christen den Zugang zu Jerusalem für Pilgerfahrten erlaubte, aber die Stadt blieb unter muslimischer Kontrolle. Richard kehrte nach England zurück, und der Kreuzzug hinterließ ein gemischtes Erbe aus militärischem Heldentum und verpassten Gelegenheiten. Besonders tragisch ist der Dritte Kreuzzug mit Friedrich Barbarossa verbunden. Er war einer der mächtigsten Herrscher seiner Zeit und regierte von 1152 bis 1190. Barbarossa war bekannt für seine militärischen Fähigkeiten und seine Bemühungen, die Autorität des Reiches innerhalb Europas zu stärken. Friedrich Barbarossa ertrank 1190 beim Überqueren eines Flusses in Kleinasien. Es gibt verschiedene Theorien über die genauen Umstände seines Todes, aber die meisten Quellen stimmen darin überein, dass es ein Unfall war. Sein Tod führte zum weitgehenden Zerfall des deutschen Kreuzzugskontingents. In Ludwig Uhlands Ballade erhält der Herrscher eine poetisch herausgehobene Stellung in der Erinnerung an den Dritten Kreuzzug, auch wenn er selbst nicht viel davon erlebt hat. Damit ist auch diese Ballade historisierend-erinnernd angelegt, um die große deutsche Vergangenheit herauszustellen, hier verbunden mit deutlichem Regionalstolz und echter Heimatverbundenheit aufgrund der Kampfkraft des schwäbischen Ritters.

Exkurs: Das Schloss am Meere und Freie Kunst

An dieser Stelle ist es Zeit für einen Exkurs, für den wir hier einmal von der recht starren Entstehungschronologie abweichen. Schon 1807 entsteht Uhlands große Ballade *Das Schloß am Meere*. Man erkennt daran bereits beim ersten Lesen den stilistischen Unterschied zu den beiden vorher genannten Balladen (Uhland 1983a, S. 138 f.):

Das Schloß am Meere

> Hast du das Schloß gesehen,
> Das hohe Schloß am Meer?
> Golden und rosig wehen
> Die Wolken drüber her.
>
> Es möchte sich niederneigen
> In die spiegelklare Flut;
> Es möchte streben und steigen
> In der Abendwolken Glut.

»Wohl hab' ich es gesehen,
Das hohe Schloß am Meer,
Und den Mond darüber stehen,
Und Nebel weit umher.«

Der Wind und des Meeres Wallen
Gaben sie frischen Klang?
Vernahmst du aus hohen Hallen
Saiten und Festgesang?

»Die Winde, die Wogen alle
Lagen in tiefer Ruh,
Einem Klagelied aus der Halle
Hört' ich mit Thränen zu.«

Sahest du oben gehen
Den König und sein Gemahl?
Der rothen Mäntel Wehen?
Der goldnen Kronen Strahl?

Führten sie nicht mit Wonne
Eine schöne Jungfrau dar,
Herrlich wie eine Sonne,
Strahlend im goldnen Haar?

»Wohl sah ich die Eltern beide,
Ohne der Kronen Licht,
Im schwarzen Trauerkleide;
Die Jungfrau sah ich nicht.«

Diese Ballade, die weniger stark die verschiedenen literarischen Formen akzentuiert als die beiden später entstandenen und auch weniger stark die Rolle eines einzelnen Helden in den Mittelpunkt stellt, beschreibt eine faszinierende und emotionale Szene rund um ein prachtvolles Schloss am Meer. Die lyrische Erzählung ist geprägt von starken Bildern und Kontrasten zwischen Schönheit und Traurigkeit. Die Ballade beginnt mit einer Beschreibung eines hohen Schlosses am Meer, umgeben von golden und rosig leuchtenden Wolken. Das Schloss erscheint so majestätisch, dass es sich fast in die spiegelklare Flut zu neigen scheint und gleichzeitig nach den leuchtenden Abendwolken zu streben scheint. Ein Sprecher erwähnt, das Schloss gesehen zu haben, umgeben von Mondlicht und Nebel. Die Stimmung ist ruhig und nachdenklich. Trotz der Frage nach Wind, Meereswellen und Festgesang aus den Hallen des Schlosses beschreibt der Beobachter eine tiefe Stille. Er hört nur ein Klagelied, das ihn zu Tränen rührt. Die letzte Strophe fragt nach dem König, der Königin und einer strahlenden Jungfrau, die in der Vorstellung als leuchtende und freudige Erscheinungen dargestellt werden. Der Beobachter sieht jedoch die Königseltern in schwarzen Trauerkleidern und erwähnt, dass er die Jungfrau nicht gesehen habe. Auffallend sind der Kontrast zwischen Realität und Wunsch und die Darstellung von Melancholie und Trauer. Das Schloss scheint sich in die Flut neigen zu wollen oder in die Glut der Abendwolken aufsteigen zu wollen, was ein Verlangen nach Transformation oder Flucht andeutet. Und im Dialog zwischen den Sprechern wird ein Bild der Trauer und des Verlusts enthüllt. Der zweite Sprecher hat das Schloss unter traurigen Umständen gesehen, mit Klageliedern aus der Halle und einem Trauerzug statt eines festlichen Ereignisses.

Das Schloss am Meer symbolisiert Majestät und Schönheit, aber auch Isolation und Unnahbarkeit. Es steht an der Grenze zwischen Land und Meer, was auf eine Schwelle zwischen zwei Welten hindeuten könnte – der Realität und einer anderen, vielleicht spirituellen Ebene. Die goldenen und rosigen Wolken wiederum verleihen dem Schloss einen fast unwirklichen, traumhaften Charakter. Sie könnten für die Vergänglichkeit des Glücks und die Unbeständigkeit des Lebens stehen. Der Kontrast zwischen der Schönheit der Natur und der späteren Traurigkeit unterstreicht die Dualität von Freude und Leid. Im Kontext der Stille und des Klagelieds könnte das Fehlen von Wind und Wellen, also die Abwesenheit von Bewegung in der Natur auf eine erdrückende Stille hindeuten, die oft mit Trauer und Verlust assoziiert wird. Es ist, als ob die Natur selbst in Trauer erstarrt wäre. Das Klagelied, das der Beobachter hört, verstärkt das Thema der Trauer. Es könnte ein Ausdruck kollektiver oder individueller Trauer sein, möglicherweise ein Nachhall eines tragischen Ereignisses, das sich im Schloss ereignet hat.

Auch die königlichen Figuren und die abwesende Jungfrau sind einer näheren Betrachtung wert. Die Darstellung des Königspaares in Trauerkleidung, ohne die leuchtenden Kronen, symbolisiert einen Verlust ihres früheren Glanzes und Glücks. Ihre Trauer ist so tief, dass sie ihre königliche Pracht verloren haben, was auf einen tiefgreifenden emotionalen oder familiären Verlust hindeutet. Die Erwähnung der Jungfrau, die nicht gesehen wurde, lässt viel Raum für Interpretation. Sie könnte ein verlorenes Familienmitglied, vielleicht eine Tochter des Königspaars, symbolisieren. Ihre Abwesenheit könnte auf ihren Tod oder ein anderes tragisches Schicksal hinweisen, das die tiefe Trauer der Eltern erklärt. Erwartung und Realität stimmen nicht überein. Die Strophe, die von der Pracht und Freude spricht, die man erwarten könnte (rote Mäntel, goldene Kronen, eine strahlende Jungfrau), steht im starken Kontrast zu dem, was tatsächlich gesehen wird – Trauer und Verlust. Dies unterstreicht die Zerbrechlichkeit des Glücks und die Unvorhersehbarkeit des Lebens. Das majestätische Schloss, das in den ersten Strophen in seiner Pracht beschrieben wird, steht im wahrgenommenen Kontrast zu der Trauer und Stille und dient als Symbol für eine Welt, die sowohl schön als auch von tiefer Traurigkeit gezeichnet ist. Die Atmosphäre wechselt von einer fast märchenhaften Beschreibung zu einer tiefen Traurigkeit und Melancholie, verstärkt durch die Naturbilder und die Stille. Die Ballade lädt dazu ein, über die Vergänglichkeit des Glücks und die unvermeidliche Präsenz von Trauer im Leben nachzudenken. Sie zeigt, wie äußere Schönheit und inneres Leid nebeneinander existieren können, und reflektiert die tiefe menschliche Erfahrung von Verlust und Erinnerung. Gerade die Naturdarstellung verstärkt die emotionale Komponente der Ballade, da keine Bindung an einen herausragenden Protagonisten stattfindet.

Ein weiteres sehr bekanntes Gedicht ist *Freie Kunst* aus dem Jahr 1813 (Uhland 1983a, S. 37 f.):

Freie Kunst

Singe, wem Gesang gegeben,
In dem deutschen Dichterwald!
Das ist Freude, das ist Leben,
Wenn's von allen Zweigen schallt.

Nicht an wenig stolze Namen
Ist die Liederkunst gebannt;
Ausgestreuet ist der Samen
Über alles deutsche Land.

Deines vollen Herzens Triebe,
Gieb sie keck im Klange frei!
Säuselnd wandle deine Liebe,
Donnernd uns dein Zorn vorbei!

Singst du nicht dein ganzes Leben,
Sing doch in der Jugend Drang;
Nur im Blütenmond erheben
Nachtigallen ihren Sang.

Kann man's nicht in Bücher binden,
was die Stunden dir verleihn,
Gieb ein fliegend Blatt den Winden!
Muntre Jugend hascht es ein.

Fahret wohl, geheime Kunden
Nekromantik, Alchimie!
Formel hält uns nicht gebunden,
Unsre Kunst heißt Poesie.

Heilig achten wir die Geister
aber Namen sind uns Dunst;
Würdig ehren wir die Meister,
aber frei ist uns die Kunst!

Nicht in kalten Marmorsteinen,
nicht in Tempeln dumpf und tot,

> In den frischen Eichenhainen
> Webt und rauscht der deutsche Gott.

Das Gedicht preist die Freiheit und Natürlichkeit der Poesie und ermutigt zum spontanen, leidenschaftlichen Ausdruck von Gefühlen und Gedanken. Es betont den Wert der Poesie, die aus dem Herzen kommt und das Leben in all seinen Facetten widerspiegelt. Der Auftakt ist eine Aufforderung zum Gesang in dem metaphorischen »deutschen Dichterwald«, symbolisch für die Vielfalt und Reichweite der deutschen Poesie. Die Kunst des Liedes ist nicht nur einigen wenigen vorbehalten, sondern ist überall in Deutschland verbreitet. Diese Strophen feiert die Universalität der Poesie. Uhland ermutigt jeden, der die Gabe des Gesangs hat, in dem »deutschen Dichterwald« zu singen. Die Freude und das Leben, die durch den Gesang entstehen, werden hervorgehoben, und es wird betont, dass die Poesie nicht auf einige wenige große Namen beschränkt ist, sondern überall in Deutschland zu finden ist. Die Dicht- und Gesangskunst wird somit als besondere Begabung der Deutschen betrachtet, und diese Begabung liegt insbesondere im freien, emotional motivierten Dichten.

Danach geht es um die Authentizität des Ausdrucks. Der Dichter ermutigt dazu, Emotionen wie Liebe und Zorn offen auszudrücken. Er betont die Wichtigkeit, in der Jugend zu singen, ähnlich wie Nachtigallen nur im Frühlingsmonat (Blütenmond) singen. Die Vergänglichkeit und Schönheit des Lebens wird durch die nur im Frühling singenden Nachtigallen symbolisiert. Diese frühlingshafte Freiheit ist programmatisch für die deutsche Romantik, für die Naturverbundenheit und die Ungebundenheit des Herzens und der Dichtung, die sich keinen Konventionen unterwirft. In der romantischen Dichtung wird die Natur bekanntlich oft als ein Spiegel oder Symbol für menschliche Gefühle und Seelenzustände verwendet. Die Naturerscheinungen – wie Flüsse, Wälder, Berge, der Himmel – werden personifiziert und spiegeln die inneren Zustände des Menschen wider. In Uhlands Gedicht dient der »deutsche Dichterwald« als Metapher für eine vielfältige und lebendige poetische Landschaft, die die Freiheit und Emotionalität der Poesie symbolisiert. Romantische

Dichter sehen in der Natur eine unerschöpfliche Quelle der Inspiration. Die unberührte, wilde Natur steht im Gegensatz zur zivilisierten Gesellschaft und ihren Konventionen. In Uhlands Gedicht wird die Natur als Ort der Freiheit und Kreativität dargestellt, wo der »deutsche Gott« webt und rauscht – ein Symbol für die natürliche und göttliche Inspiration der Poesie. Die Romantik neigt auch dazu, der Natur eine fast mystische Qualität zuzuschreiben. Die Natur wird als lebendig und beseelt angesehen, oft verbunden mit pantheistischen oder spirituellen Ideen. Uhlands Gedicht spiegelt diese Einstellung wider, indem es die Natur nicht nur als Kulisse, sondern als aktiven, lebensspendenden und göttlichen Teil der poetischen Erfahrung darstellt.

In der fünften und sechsten Strophe werden die starren Konventionen und traditionellen Wissenschaften wie Nekromantik und Alchemie abgelehnt. Uhland schlägt vor, spontan zu sein und Gedanken wie fliegende Blätter in den Wind zu geben. Poesie wird als frei und ungebunden dargestellt. Diese Strophen sprechen auch die Flüchtigkeit und Unmittelbarkeit der Inspiration an. Was nicht in Büchern festgehalten werden kann, soll wie ein fliegendes Blatt in den Wind gegeben werden, ein Symbol für die Freiheit und Spontaneität der Dichtung. Und ebenso wird der Abschied von traditionellen, starren Wissenschaften und abergläubischen Praktiken wie Nekromantik und Alchemie verkündet. Die Poesie wird als eine Kunstform dargestellt, die sich nicht an Formeln und Regeln bindet. Bekanntlich stellen sich die Romantiker gegen die Aufklärung, die stark auf Vernunft, Rationalität und wissenschaftlichen Fortschritt fokussiert war, und kritisieren oft die mechanistische Weltsicht und die Entfremdung des Menschen von der Natur, die sie als Folge des wissenschaftlichen Rationalismus sehen. Sie betonen stattdessen Emotion, Intuition und die spirituelle Verbindung zur Natur. Der Vers »Formel hält uns nicht gebunden« positioniert sich deutlich gegen die rationalistischen Wissenschaftsideale der Aufklärung, denn: »Unsre Kunst heißt Poesie.« Damit wird postuliert, dass die freie und unverfälschte Poesie des Herzens das einzig Wahre ist und sich darin die echte deutsche Größe zeigt.

Die beiden Schlussstrophen betonen die heilige Achtung vor den Geistern der Poesie, während sie gleichzeitig die Bedeutungslosigkeit von Namen und die Begrenztheit der Würdigung von Meistern hervorhebt. Die Kunst wird als frei und nicht an materielle oder konventionelle Grenzen gebunden beschrieben. Der »deutsche Gott« wird nicht in Tempeln, sondern in der Natur, speziell in den Eichenhainen, verortet, was die Natürlichkeit und Lebendigkeit der deutschen Poesie unterstreicht. Ludwig Uhland lässt seine Anspielungen auf verschiedene Epochen der deutschen Dichtung deutlich anklingen. Insbesondere sehr regelhafte Literatursysteme werden dabei in Frage gestellt, vorrangig die Epoche der Meistersinger und die deutsche Klassik.

Der deutsche Meistersang ist eine bedeutende literarische und musikalische Tradition, die sich im 14. Jahrhundert entwickelte und bis ins 16. Jahrhundert in den deutschsprachigen Ländern Europas verbreitet war. Diese Tradition hat ihre Wurzeln im Minnesang des Hochmittelalters und wurde von sogenannten Meistersängern praktiziert, die häufig Handwerker und Bürger der Städte waren. Meistersänger waren oft Handwerker oder Bürger, die in ihrer Freizeit Gedichte schrieben und sangen. Sie organisierten sich in Zünften, die als Meistersinger-Schulen bekannt waren. Diese Schulen hatten strenge Regeln für das Verfassen und Vortragen von Liedern. Die bekannteste dieser Schulen war die Nürnberger Meistersingerschule. Der bekannteste Meistersänger war Hans Sachs (1494 bis 1576), ein Schuhmacher aus Nürnberg, der über 6000 Werke schrieb. Sein Schaffen und Leben wurde später von Richard Wagner in der Oper *Die Meistersinger von Nürnberg* verewigt. Die Themen des Meistersangs waren vielfältig und umfassten religiöse und moralische Themen, Legenden, historische Ereignisse und alltägliches Leben. Im Gegensatz zum Minnesang, der sich hauptsächlich auf höfische Liebe konzentrierte, waren die Themen des Meistersangs oft pragmatischer und volksnäher. Der Meistersang war durch ein strenges Regelwerk gekennzeichnet, das die Form, den Inhalt und die Melodie der Lieder bestimmte. Diese Regeln wurden in sogenannten »Tabulaturen« festgehalten. Ein wichtiges Element war die »Bar«, eine Stropheneinheit, die nach bestimmten rhythmischen und melodischen Mustern gestaltet wurde.

Die Weimarer Klassik wiederum ist eng mit den Lebens- und Schaffensperioden von Johann Wolfgang von Goethe und Friedrich Schiller verbunden, die in Weimar wirkten und deren Werke die Grundpfeiler der Bewegung darstellen. Die Weimarer Klassik wird oft als Reaktion auf und Weiterentwicklung von Idealen der Aufklärung und der Sturm-und-Drang-Periode verstanden. Die Weimarer Klassik strebte nach einer Harmonie zwischen Vernunft und Gefühl, Individuum und Gesellschaft. Humanistische Ideale, basierend auf der Antike, prägten die Werke dieser Zeit. Die antike Kunst und Literatur, besonders die griechische, diente als Ideal und Vorbild. Die Werke der Weimarer Klassik zeichnen sich durch eine Orientierung an der Formenstrenge, Klarheit und ästhetischen Ausgewogenheit der antiken Kunst aus. Die Weimarer Klassik betrachtete eine Dichtung nicht nur als literarisches Werk, sondern als eine ganzheitliche Kunstform, die sowohl emotionale als auch intellektuelle Aspekte des Menschen anspricht. In der Weimarer Klassik wurde großer Wert auf die Regelhaftigkeit und Formstrenge in der Dichtung gelegt: Die Dichter der Weimarer Klassik orientierten sich an festen metrischen und stilistischen Regeln. Sie bevorzugten klassische Versformen und Strophenstrukturen und legten Wert auf sprachliche Präzision und Klarheit. Die Werke strebten nach einer Balance und Symmetrie in Form und Inhalt. Dies manifestierte sich in einer ausgewogenen Struktur, in der jedes Element seinen Platz hatte und zum Gesamtbild beitrug.

Insgesamt plädiert Uhland damit für eine Dichtung ohne Aberglaube, rationalistische Wissenschaftsgläubigkeit und rigide Formelhaftigkeit. Es geht um eine freie, emotional bestimmte Kunst, die sich im deutschen Dichterwald, im »frischen Eichenhaine« der Romantik am besten äußern kann, nicht in den »Tempeln dumpf und tot« der Klassik. Das hängt auch mit Uhlands Heimatverbundenheit zusammen, mit dem »romantischen Verständnis und Traum vom Süden als dem Land der Unversehrtheit, als der Heimat der Ur- und Volkspoesie, als dem Land der ritterlichen Schlösser und Burgen« (Storz

1967, S. 32). Die Eiche und der Eichenhain haben in der deutschen Literatur und Kultur eine tiefgreifende symbolische Bedeutung, die historische, mythologische und literarische Aspekte umfasst. In der germanischen Mythologie wurden Eichen oft als heilig angesehen. Sie waren Symbole der Stärke, Beständigkeit und Langlebigkeit. Heilige Haine, insbesondere Eichenhaine, waren Orte der Verehrung und der Gerichtsbarkeit. Die Eiche war dem Donnergott Thor (oder Donar) geweiht, was ihre Assoziation mit Stärke und Schutz unterstreicht. Auch in der keltischen Kultur waren Eichen symbolträchtig und wurden mit spiritueller Weisheit und Langlebigkeit in Verbindung gebracht. In der Romantik wiederum erlangt die Eiche als Symbol der Natur und der deutschen Identität besondere Bedeutung. Sie wird oft als Metapher für Standhaftigkeit, Zuverlässigkeit und nationale Identität verwendet. In deutschen Märchen und Volkserzählungen symbolisiert die Eiche oft Kraft, Weisheit und Alter. Sie ist ein häufiges Motiv, das als Treffpunkt für Charaktere oder als magischer Ort dient. Im Laufe der Geschichte wird die Eiche zu einem Symbol nationaler Identität und Stärke in Deutschland. Sie wird oft in der deutschen Heraldik verwendet und findet sich in vielen Wappen und Emblemen.

Die Gedichte nehmen in Uhlands Werk einen besonderen Stellenwert ein und verweisen deutlich auf die Kunstauffassung des Dichters: Die Ballade, die sich so anders ausnimmt als die übrigen Balladen, und das romantische Programmgedicht von der Dicht- und Gesangskunst der Deutschen zeigen Uhlands großes lyrisches Repertoire und Verständnis und seinen Ansatz, immer wieder Neues mit Wert und Bezug zu Nation und Vergangenheit zu schaffen.

Exkurs: Uhlands Dramen und *Fortunatus*-Fragment

Ludwig Uhland hat in der Phase seines literarischen Schaffens auch die Dramen *Ernst, Herzog von Schwaben* (1817) und *Ludwig der Baier*

(1819) sowie das versepische Fragment *Fortunat und seine Söhne* (1815/16) verfasst. Das sind keine Werke, die in den literarischen Kanon eingegangen sind oder sonstige Berühmtheit erlangt haben. Daher wollen wir auch nur einen kurzen Blick auf die Texte werfen, um die literarische Produktion Uhlands aus den verschiedenen Perspektiven zu betrachten und einen echten Überblick über das Schaffen herzustellen.

Das Drama *Ernst, Herzog von Schwaben* ist ein historisches Trauerspiel, das sich mit den Ereignissen um Ernst II., Herzog von Schwaben, während des frühen 11. Jahrhunderts befasst. Ludwig Uhland verwebt in diesem Werk historische Fakten mit romantischen und tragischen Elementen. Die Handlung des Dramas konzentriert sich auf den Konflikt zwischen Herzog Ernst II. und dem römisch-deutschen Kaiser Konrad II., dem zweiten Mann seiner Mutter Gisela von Schwaben und damit seinem Stiefvater. Ernst wird in dem Trauerspiel als rebellischer junger Adliger dargestellt, der sich gegen die autoritäre Herrschaft des Königs auflehnt. Dieser Konflikt führt zu einer Reihe von tragischen Ereignissen, die Uhland nutzt, um Themen wie Loyalität, Ehre, Verrat und die Tragik des politischen Machtkampfs zu erforschen. Das Drama ist in fünf Akte gegliedert und folgt der klassischen Struktur eines Trauerspiels. Es enthält intensive Dialoge und leidenschaftliche Monologe, die Uhlands Fähigkeiten als Dramatiker und Lyriker widerspiegeln. Die Sprache ist geprägt von poetischen und bildhaften Ausdrücken und damit typisch für die Romantik, genau wie das postulierte Interesse an der deutschen Geschichte und an nationalen Identitätsfragen. Uhland nutzt historische Themen und Figuren, um zeitgenössische Anliegen und das romantische Ideal des heldenhaften Individuums zu reflektieren. Der historische Ernst II. (um 1010 bis 1030) aus dem Adelsgeschlecht der Babenberger war von 1015 bis 1030 Herzog von Schwaben. Dabei stand er allerdings zunächst unter der Vormundschaft seiner Mutter und später seines Onkels Poppo von Babenberg, des Erzbischofs von Trier. Die erste Opposition gegen Kaiser Konrad II. schlug fehl, und auf die Versöhnung zwischen Stiefvater und Stiefsohn folgte eine weitere Rebellion Ernst II., woraufhin er als Herzog von Schwaben abgesetzt und auf der Burg Giebichenstein inhaftiert wurde. Doch auch nach seiner weiteren Begnadigung gab Ernst II. keine Ruhe und wurde schließlich am 17. August 1030 bei der Burg Falkenstein im Schwarzwald in einem Kampf gegen Soldaten des Bischofs von Konstanz erschlagen. Im Frühjahr des gleichen Jahres hatte Konrad II. ihn zum Volksfeind, »hostis publicus imperatoris«, erklärt und als Herzog endgültig absetzen lassen.

Das Drama *Ludwig der Baier* ist ebenfalls ein historisches Stück, das sich mit dem Leben und der Herrschaft von Ludwig dem Bayern, einem deutschen Kaiser des Heiligen Römischen Reiches, befasst. Es ist ein weiteres Beispiel für Uhlands Interesse an der deutschen Geschichte und seine Fähigkeit, historische Ereignisse mit poetischer Freiheit zu dramatisieren. Das Drama untersucht die politischen und persönlichen Konflikte Ludwigs, insbesondere seine Auseinandersetzungen mit der römisch-katholischen Kirche und anderen europäischen Monarchen. Uhland stellt Ludwig als einen starken und entschlossenen Herrscher dar, der sich den Herausforderungen seiner Zeit stellt. Das Stück ist auch ein Spiegelbild der romantischen Ideale von Nationalismus und Individualismus, die zu Uhlands Zeit vorherrschend waren. Es betont die Bedeutung von Unabhängigkeit und Selbstbestimmung in der politischen Landschaft des Mittelalters. Durch seine Darstellung von Ludwig dem Bayern hebt Uhland die Spannungen zwischen weltlicher und kirchlicher Macht hervor und reflektiert über die Komplexität und die Herausforderungen der Herrschaft in dieser Epoche. Der historische Ludwig IV., bekannt als Ludwig der Bayer (vermutlich 1282 bis 1347), war ab 1314 römisch-deutscher König und ab 1328 Kaiser des Heiligen Römischen Reiches. Er entstammte dem Haus Wittelsbach und war auch Herzog von Bayern. Seine Wahl zum König fiel mit dem sogenannten Thronstreit zusammen, den Ludwig IV. besonders mit Friedrich dem Schönen von Österreich führte, der ebenfalls Anspruch auf den Thron erhob. Ebenfalls konfliktreich war das Verhältnis zu Papst Johannes XXII. in Avignon, der gegen Ludwig agierte und ihn 1324 exkommunizierte. Diese ultimative Strafe erging wegen Ludwigs Weigerung, die päpstliche Autorität anzuerkennen und seine Krönung zum Kaiser zu verschieben, bis der Papst sie billigen konnte. Trotz der Exkommunikation ließ sich Ludwig 1328 in Rom zum Kaiser krönen. Er verfolgte eine Politik, die die kaiserliche Macht gegenüber der päpstlichen Autorität stärkte und suchte Allianzen mit anderen europäischen Herrschern. Heute ist Ludwig IV. auch wegen der Gründung des Klosters Ettal bei Oberammergau bekannt.

Das versepische Fragment *Fortunat und seine Söhne* greift eine große literarische Tradition auf. Der *Fortunatus* ist ein Abenteuerroman, der erstmals um 1500 in Augsburg veröffentlicht wurde. Er gilt als eines der frühesten Werke der Prosaliteratur in deutscher Sprache. Der Roman erzählt die Geschichte von Fortunatus, einem jungen Mann aus Zypern, der durch eine Mischung aus Glück und Geschick zu Reichtum und Ansehen gelangt. Der mittellose Fortunatus erhält von einer geheimnisvollen Frau, die sich als Fortuna, die Göttin des Glücks, entpuppt, einen Wunsch frei. Fortunatus wählt einen unerschöpflichen Geldbeutel, der ihm unbegrenzten Reichtum sichert. Mit diesem Reichtum bereist Fortunatus die Welt und erlebt zahlreiche Abenteuer. Er dient Königen, trifft auf legendäre Gestalten und wird in verschiedene politische Intrigen verwickelt. Trotz seines Reichtums und seiner Erfahrungen bleibt Fortunatus jedoch ein Außenseiter, der die Konsequenzen seines Wunsches nach Reichtum ohne Mühe erfährt. Später stirbt er zufrieden in seiner Heimat. Der Roman thematisiert im zweiten Teil auch das Leben der Söhne von Fortunatus, Ampedo und Andolosia. Sie erben den magischen Geldbeutel und eine Wunschmütze, die die Fähigkeit hat, ihren Träger überallhin zu transportieren. Die Brüder haben unterschiedliche Ansichten darüber, wie sie mit ihrem Erbe umgehen sollen, was zu Konflikten und zur finalen Tragödie führt, in der die Brüder sterben. Der *Fortunatus* ist ein Werk, das Themen wie das menschliche Streben nach Reichtum, die Moralität des Reichtums und die Vergänglichkeit des Glücks untersucht. Es reflektiert die Übergänge und Unsicherheiten der frühen Neuzeit, einer Zeit, in der traditionelle soziale Ordnungen und Wertesysteme in Frage gestellt wurden. Insgesamt ist der Prosaroman ein durchaus faszinierendes Werk, das sowohl als Unterhaltungsliteratur als auch als moralische Allegorie gelesen werden kann. Es bietet Einblicke in die Weltanschauung der frühen Neuzeit und hat aufgrund seiner Thematik und seines Erzählstils einen festen Platz in der Geschichte der europäischen Literatur.

Uhland befasst sich in seinem Fragment gebliebenen versepisches Gedicht mit dem Stoff des *Fortunatus*. Uhlands Ansatz unterscheidet sich jedoch wesentlich von dem ursprünglichen Roman. Er nutzt die Grundstruktur der Geschichte, um seine eigenen poetischen und thematischen Akzente zu setzen, und konzentriert sich stärker auf die moralischen und ethischen Aspekte der Geschichte. Dabei zeichnet Uhland über eine reine Nachdichtung hinaus ein großes Bild der Reisen und des Lebens des Fortunatus mit dem Fokus auf bestimmte Ereignisse, die nicht immer getreu der literarischen Vorgabe wiedergegeben werden. Ein interessanter Kniff Uhlands ist die Tatsache, dass der unbenannte Sprecher des Gedichts sich in die Erzählung einmischt und mittels spezifischer Kommentare Sympathie für Fortunatus erzeugt. Das Schicksal des Fortunatus, etwa bei der Intrige des Gesindes des Grafen von Flandern gegen Fortunatus, wird sichtbar betrauert, und generell übernimmt der Sprecher die Rolle des Moderators im Gedicht, der auch die nächsten lyrischen Schritte ankündigt. Im zweiten Teil wird dann die Londoner Episode des Fortunatus geschildert, die besonders vom Mord an einem Kaufmann aus Gier geprägt ist. Erst am Ende der Episode, mit der das Fragment endet, taucht Fortunatus wieder auf: Er wird als »Musterbild der Frömmigkeit und Tugend« (Uhland 1983a, S. 437) beschrieben und schafft es, durch seine herausragenden Charaktereigenschaften mittels einer Heirat in höhere Kreise aufzusteigen und direkt vom König geehrt zu werden. Damit bricht das Fragment gebliebene versepische Gedicht ab, sodass wir nicht wissen, wie Uhland die Geschichte weiter ausrollen wollte. Uhland beleuchtet nicht unbedingt das Verhältnis von Reichtum, Moral und menschlichem Glück, da die eigentliche Reichtums- und Familiengeschichte des Fortunatus noch gar nicht zur Sprache gekommen ist. Auf der anderen Seite erkennt man, dass der Mord am Ritter Edmund aus Habgier erfolgt und dafür die falsche Person hingerichtet wird. Die Intrigen greifen um sich, aber letztlich profitiert Fortunatus, ohne Teil der Kabale zu sein, von der falschen

Verurteilung des Florentiner Kaufmanns Roberto. Für den Sprecher ist am Schluss klar: Alles hängt von der Glücks- und Schicksalsgöttin Fortuna ab, die »ein neues Spiel erhoben« hat, selbst wenn man dieses Spiel »tadeln oder loben« mag und es sich um »ein versöhnend Ziel« handelt (Uhland 1983a, S. 437). Leider wissen wir nicht, welche Haltung Uhland späterhin zu Fortunatus' Geldsäckel und den Verwicklungen seiner Söhne eingenommen hätte. Diese Söhne, Ampedo und Andolosia, existieren im Fragment noch nicht. Es ist bedauerlich, dass wir die Haltung Uhlands zum weiteren Verlauf der Geschichte nicht mehr erfahren können. Das Versepos ist glänzend geschrieben, Uhland erweist damit seine poetische Kompetenz genauso wie sein Wissen über die mittelalterliche und frühneuzeitliche Dichtung, zumal John C. Ransmeier nachgewiesen hat, dass sich Uhland für seine *Fortunatus*-Neudichtung unter anderem auf englische, niederländische und französische Quellen des Stoffes bezogen hat (vgl. Ransmeier 1910). Heute ist der *Fortunatus* ebenso vergessen wie viele andere Werke Uhlands. Und die oben genannten Dramen werden erst recht nicht mehr rezipiert, selbst in größeren Literaturgeschichten wenn überhaupt nur beiläufig. Uhland mühte sich »in mehr als zwei Dutzend Anläufen mit Hartnäckigkeit um das Gelingen der Großform des Dramas. [...] Allerdings brachte er nur das Allerwenigste zum Abschluß. Meist stockte die Arbeit schon nach kurzer Zeit.« (Uhland 1983a, S. 478) Dass Uhland *Ernst, Herzog von Schwaben* und *Ludwig der Baier* beendet hat, ist kaum gewürdigt worden, selbst bei seinen Zeitgenossen und im Verlaufe des 19. Jahrhunderts stehen die Dramen hinter seinen Gedichten zurück. Das liegt vielleicht auch daran, dass Uhland in »beiden Dramen der historischen Überlieferung oft bis ins unbedeutende Detail relativ genau« folgt (Uhland 1983a, S. 478); das macht die Lektüre bisweilen etwas sperrig.

Gedichte 1830 bis 1862

Wir wollen uns nun der letzten Etappe des poetischen Schaffens von Ludwig Uhland zuwenden und die Phase von 1830, also der Rückkehr nach Tübingen, bis zum Lebensende in den Blick nehmen. Auch wenn die Periode lang erscheint, ist die Einteilung doch bedacht: Er ist in der Zeit Professor, Landtagsabgeordneter und Abgeordneter im deutschen Nationalparlament, aber in Tübingen zuhause und im Alter als Privatgelehrter tätig, bis er am 13. November 1862 mit 75 Jahren stirbt und auf dem Tübinger Stadtfriedhof beigesetzt wird. Die Zeit ist von intensiver politischer und wissenschaftlicher Tätigkeit geprägt, was wiederum die Klammer für diese Epoche bildet; zugleich nimmt die literarische Produktion ab, was die eingeschränkte Auswahl an Gedichten erklären soll.

Wir wollen mit der Ballade *Das Glück von Edenhall* von 1834 beginnen (Uhland 1983a, S. 268 ff.):

Das Glück von Edenhall

Von Edenhall der junge Lord
Läßt schmettern Festtrommetenschall,
Er hebt sich an des Tisches Bord
Und ruft in trunkner Gäste Schwall:
»Nun her mit dem Glücke von Edenhall!«

Der Schenk vernimmt ungern den Spruch,
Des Hauses ältester Vasall,
Nimmt zögernd aus dem seidnen Tuch
Das hohe Trinkglas von Kristall,
Sie nennen's: *das Glück von Edenhall.*

Darauf der Lord: »Dem Glas zum Preis
Schenk Roten ein aus Portugal!«
Mit Händezittern gießt der Greis,
Und purpurn Licht wird überall,
Es strahlt aus dem Glücke von Edenhall.

Da spricht der Lord und schwingt's dabei:
»Dies Glas von leuchtendem Kristall
Gab meinem Ahn am Quell die Fei,
Drein schrieb sie: ›Kommt dies Glas zu Fall,
Fahr wohl dann, o Glück von Edenhall!‹

Ein Kelchglas ward zum Los mit Fug
Dem freud'gen Stamm von Edenhall;
Wir schlürfen gern in vollem Zug,
Wir läuten gern mit lautem Schall;
Stoßt an mit dem Glücke von Edenhall!«

Erst klingt es milde, tief und voll,
Gleich dem Gesang der Nachtigall,
Dann wie des Waldstroms laut Geroll,
Zuletzt erdröhnt wie Donnerhall
Das herrliche Glück von Edenhall.

»Zum Horte nimmt ein kühn Geschlecht
Sich den zerbrechlichen Kristall;
Er dauert länger schon als recht,
Stoßt an! mit diesem kräft'gen Prall
Versuch' ich das Glück von Edenhall.«

Und als das Trinkglas gellend springt,
Springt das Gewölb' mit jähem Knall,
Und aus dem Riß die Flamme dringt;
Die Gäste sind zerstoben all
Mit dem brechenden Glücke von Edenhall.

Ein stürmt der Feind, mit Brand und Mord,
Der in der Nacht erstieg den Wall,
Vom Schwerte fällt der junge Lord,
Hält in der Hand noch den Kristall,
Das zersprungene Glück von Edenhall.

Am Morgen irrt der Schenk allein,
Der Greis, in der zerstörten Hall',
Er sucht des Herrn verbrannt Gebein,

Er sucht im grausen Trümmerfall
Die Scherben des Glücks von Edenhall.

»Die Steinwand« – spricht er – »springt zu Stück,
Die hohe Säule muß zu Fall,
Glas ist der Erde Stolz und Glück,
In Splitter fällt der Erdenball
Einst gleich dem Glücke von Edenhall.«

Die Ballade *Das Glück von Edenhall* erzählt die Geschichte des jungen Lords von Edenhall, der während eines Festes ein altes, mit einem Fluch belegtes Kristallglas, das sogenannte Glück von Edenhall, hervorholen lässt. Dieses Glas, ein Familienheiligtum, wurde einst von einer Fei an den Ahnen des Lords übergeben mit der Warnung, dass das Schicksal der Familie an das Glas gebunden sei. Sollte es zerbrechen, würde auch das Glück der Familie Edenhall enden. Im Verlauf des Festes lobt der Lord das Glas und fordert, dass es mit Wein aus Portugal gefüllt werde. Das Glas, das in wunderschönen Farben leuchtet, wird zum Mittelpunkt des Gelages. Der Lord erzählt die Legende des Glases, wonach es als Los für das Schicksal der Familie dient. Die Stimmung ist ausgelassen, und das Glas klingt harmonisch, zuerst sanft wie der Gesang einer Nachtigall, dann lauter wie das Rauschen eines Waldstroms und schließlich dröhnend wie Donner. In einem Moment der Übermut beschließt der Lord, das Schicksal herauszufordern, indem er das Glas gegen die Wand wirft, um seine Stärke zu beweisen. Das Glas zerspringt, und zeitgleich erschüttert ein lauter Knall das Gebäude. Feuer bricht aus, die Gäste fliehen, und das Schloss Edenhall wird zerstört. In derselben Nacht greifen Feinde das Schloss an. Der junge Lord stirbt im Kampf, wobei er die Scherben des Glases in der Hand hält. Am nächsten Morgen durchsucht der alte Schenk, ein treuer Diener des Hauses, die Trümmer. Er findet die Überreste seines Herrn und die Scherben des Glases. Betrübt reflektiert er über die Vergänglichkeit des Glücks und den unvermeidlichen Untergang, der alles Irdische erwartet, symbolisiert durch das zerbrochene Glas. Er erkennt, dass sowohl Glück als auch Stolz und Macht der Erde vergänglich sind, genau wie das Glück von Edenhall.

Die metrische Struktur des Gedichts ist geprägt durch eine Kombination aus verschiedenen Versmaßen, die zusammen eine rhythmisch lebendige und abwechslungsreiche Struktur erzeugen. Das Gedicht besteht aus Strophen unterschiedlicher Länge, wobei jede Strophe eine eigene metrische Form hat, die zur Darstellung der jeweiligen Stimmung und Handlung beiträgt. Das vorherrschende Versmaß ist der Jambus, bei dem unbetonte Silben mit betonten Silben abwechseln, was dem Gedicht einen fließenden und natürlichen Rhythmus verleiht. Dieses Muster vermittelt die feierliche und zugleich gespannte Atmosphäre des Festes sowie die ernste und düstere Wendung der Ereignisse. Innerhalb der Strophen finden sich Variationen in der Anzahl der Hebungen, was für ein dynamisches Lesetempo sorgt. Einige Verse sind kürzer und prägnanter, was Momente der Spannung und Dramatik hervorhebt, während längere Verse die erzählerischen und beschreibenden Passagen tragen und somit zur atmosphärischen Dichte des Gedichts beitragen. Zudem ist das Reimschema variabel und passt sich der Struktur der Strophen an. Der Wechsel zwischen Paarreimen, Kreuzreimen und umarmenden Reimen unterstützt die emotionale Dynamik und den narrativen Fluss des Gedichts. Diese Varianz im Reimschema (nach dem Muster ababb) spiegelt die unterschiedlichen Facetten der Geschichte wider – von der anfänglichen Ausgelassenheit des Festes bis hin zum tragischen Untergang der Familie Edenhall. Insgesamt schafft die metrische Gestaltung des Gedichts eine lebendige und eindringliche Erzählstruktur, die den Leser durch die Geschichte des Glücks von Edenhall führt und sowohl die Freude als auch die Tragödie der Familie Edenhall eindrucksvoll zum Ausdruck bringt.

Das *Glück von Edenhall* ist eine Ballade, die tief in der Symbolik und Metaphorik verwurzelt ist und sowohl die Flüchtigkeit des Glücks als auch die Vergänglichkeit von Macht und Wohlstand thematisiert. Die zentrale Metapher des Gedichts, das zerbrechliche Kristallglas, steht als Symbol für das fragile Glück und den unsicheren Wohlstand der Familie Edenhall. Der Beginn des Gedichts stellt uns in eine festliche, ausgelassene Szene, die jedoch von Anfang an von einer untergründigen Spannung durchzogen ist. Diese Spannung rührt von der Legende um das Glück von Edenhall her, die besagt, dass das Schicksal der Familie eng mit dem unversehrten Zustand des Glases verbunden ist. Der junge Lord, dessen Charakter durch Übermut und Sorglosigkeit geprägt ist, ignoriert die Warnungen und die Geschichte, die mit dem Glas verbunden sind. Sein Verhalten spiegelt eine allgemeine menschliche Tendenz wider, die eigene Sterblichkeit und Verletzlichkeit zu ignorieren und im Moment des Überflusses die möglichen Konsequenzen des Handelns zu vergessen.

Die Zerstörung des Glases markiert einen abrupten Wendepunkt in der Erzählung. Sie ist nicht nur ein physischer Akt, sondern symbolisiert auch den Bruch des Schicksals und den Beginn des Niedergangs der Familie Edenhall. Der Moment, in dem das Glas zerspringt, ist dramatisch und unheilvoll, begleitet von der Zerstörung des Schlosses und einem Angriff von Feinden. Diese Ereignisse deuten auf eine tiefere Wahrheit hin: Glück und Wohlstand sind vergänglich, und der menschliche Übermut kann katastrophale Folgen haben. Die tragische Gestalt des jungen Lords, der im Kampf stirbt, während er die Scherben des Glases hält, unterstreicht das Motiv der Unausweichlichkeit des Schicksals. Sein Tod symbolisiert den endgültigen Verlust des Glücks und den Zusammenbruch der einst mächtigen Familie. Der alte Schenk, der am nächsten Morgen durch die Trümmer irrt, repräsentiert die Bewertung der Katastrophe und die Trauer um den Verlust. Seine Reflexion über die Vergänglichkeit des Glücks und der materiellen Welt bietet eine moralische Lektion: Sowohl der menschliche Stolz als auch die Schönheit und Macht der Erde sind vergänglich. Insgesamt ist *Das Glück von Edenhall* eine mahnende Geschichte über die Gefahren des Hochmuts und die Unbeständigkeit des Glücks. Es erinnert uns, dass materieller Reichtum und sozialer Status zerbrechlich sind und dass menschliches Handeln oft unerwartete und unumkehrbare Folgen hat. Die Ballade wirft ein Licht auf die menschliche Natur, ihre Stärken und Schwächen, und lädt den Leser dazu ein, über die Bedeutung von Glück und die Verantwortung im Umgang mit unserem eigenen Schicksal nachzudenken.

Das Gedicht *Die Drossel* von 1834 gehört zu den Texten Uhlands, die späterhin vertont worden sind, in diesem Falle immerhin von Richard

Strauss (1864 bis 1949) im Jahr 1877; das Lied trägt im Verzeichnis nach Franz Trenner die Nummer 49 und ist der Verwandten Johanna Pschorr gewidmet (Uhland 1983a, S. 273):

Die Drossel

»Ich will ja nicht zum Garten gehn,
Will liegen sommerlang,
Hört' ich die lust'ge Drossel nur,
Die in dem Busche sang.«

Man fängt dem Kind die Drossel ein,
Im Käfig sitzt sie dort,
Doch singen will sie nicht und hängt
Ihr Köpfchen immerfort.

Noch einmal blickt das Kind nach ihr
Mit bittendem Gesicht,
Da schlägt die Drossel schön und hell,
Da glänzt sein Aug' und bricht.

Metrisch ist das Gedicht durch einen einfachen, fließenden Rhythmus mit einem jambischen Versmaß gekennzeichnet, der die kindliche Perspektive und die emotionale Einfachheit der Geschichte unterstreicht. Die Reimstruktur verleiht dem Gedicht eine gewisse Musikalität, die zum Thema des Vogelgesangs passt. In der ersten Strophe wird der Wunsch eines Kindes eingeführt, das nicht in den Garten gehen möchte, sondern lieber den Sommer über liegen und dem Gesang einer lustigen Drossel lauschen will. Diese Zeilen vermitteln ein tiefes Verlangen nach Einfachheit und Natürlichkeit, wobei das Singen der Drossel als Symbol der Freude und der Unbeschwertheit dient. Die zweite Strophe bringt eine dramatische Wendung: Die Drossel wird eingefangen und in einen Käfig gesetzt. Hier ändert sich der Ton des Gedichts deutlich. Die gefangene Drossel, die nicht mehr singt und ihr Köpfchen hängen lässt, symbolisiert den Verlust der Freiheit und die Traurigkeit des Eingesperrtseins. Das Bild des im Käfig sitzenden Vogels, der nicht singt, spiegelt tiefe Melancholie und einen Verlust der Lebensfreude wider. In der dritten Strophe erfolgt eine weitere Wendung. Das Kind blickt die Drossel mit einem bittenden Gesicht an, woraufhin der Vogel »schön und hell« zu singen beginnt. Dieser Moment, in dem das Auge des Kindes glänzt und bricht, ist mehrdeutig. Es könnte das Brechen des Herzens des Kindes symbolisieren, das den emotionalen Schmerz des eingesperrten Vogels erkennt, oder es könnte auf einen Moment der Verbindung oder des Verständnisses zwischen dem Kind und der Drossel hinweisen.

Inhaltlich lässt sich das Gedicht damit als eine Reflexion über Freiheit und Einschränkung interpretieren, wobei die Drossel sowohl die Freude an der Freiheit als auch die Traurigkeit der Gefangenschaft symbolisiert. Das Verhalten des Kindes – von einem Wunsch nach Freude und Schönheit bis hin zum schmerzhaften Erkennen der Konsequenzen der Gefangenschaft für den Vogel – zeigt eine Entwicklung des Verständnisses und vielleicht sogar eine Art von Reue oder Empathie. Dass Uhland das Gedicht unter die Sammlungsüberschrift *Sterbeklänge* gestellt hat, sagt bereits einiges über die trübe Stimmung aus. Mag der Natureingang noch ein frisches Gefühl vermitteln, dreht sich die Stimmung spätestens im zweiten Teil der zweiten Strophe. Die Gefangenschaft ist für die Drossel der erste Schritt zum eigenen Ende: Der natürliche Impuls des Singens stirbt, und damit endet auch die Lebensfreude, die das Gedicht zunächst aufgebracht hat. Das schöne, helle Singen kann als das letzte Aufbäumen der Drossel, das brechende Auge des Kindes kann als Zeichen für den Tod des Vogels verstanden werden. Mit dem schönen, hellen Singen endet der Gesang, was dem Kind ultimativ klar wird; die Gefangenschaft endet das Leben des Vogels und führt zur emotionalen Katastrophe für das Kind.

Sehr bekannt ist aus dieser Phase auch das 1859 entstandene Gedicht *Auf den Tod eines Kindes*, das beispielsweise im Evangelischen Gesangbuch Württemberg unter dem Titel *Du kamst, du gingst mit leiser Spur* verzeichnet ist (Uhland 1983a, S. 103):

Auf den Tod eines Kindes

Du kamst, du gingst mit leiser Spur,
Ein flücht'ger Gast im Erdenland;

Woher? wohin? Wir wissen nur:
Aus Gottes Hand in Gottes Hand.

Zu stehn in frommer Eltern Pflege,
Welch schöner Segen für ein Kind!
Ihm sind gebahnt die rechten Wege,
Die vielen schwer zu finden sind.

Schon die von Uhland gewählte Überschrift macht den Inhalt des kurzen Textes klar. Es wird der Tod eines Kindes betrauert, das aufgrund der Kürze des Lebens nur eine »leise[.] Spur« hinterlassen konnte. Das Kommen und Gehen geschieht, gemessen an einer üblichen Lebenserwartung, in einem Atemzug und findet deshalb auch Platz in dem einen Vers. Es liegt kaum etwas zwischen dem Kommen und Gehen, das eine Spur des Kindes hätte hinterlassen können. Metrisch lässt sich das Gedicht als regelmäßig strukturiert beschreiben, wobei die einzelnen Verse in einem gleichmäßigen, von einem Jambus getragenen Rhythmus fließen, was der Reflexion über Leben und Tod sowie der Rolle der elterlichen Fürsorge eine besondere Tiefe verleiht. Die Reimschemata tragen ebenfalls zur Harmonie des Gedichts bei und spiegeln die Idee eines zyklischen, geordneten Universums wider. Das Gedicht zeichnet sich durch seine tiefgründige, nachdenkliche Qualität aus und wirft grundlegende Fragen über die menschliche Existenz und unsere Beziehung zum Göttlichen auf. Es beginnt mit einer Reflexion über die vergängliche und leise Natur der menschlichen Existenz. Die Worte »Du kamst, du gingst mit leiser Spur« deuten auf die flüchtige, kaum wahrnehmbare Präsenz eines Menschen hin, der nur für eine kurze Zeit auf der Erde verweilt. Die Beschreibung als »flücht'ger Gast im Erdenland« verstärkt dieses Gefühl der Vergänglichkeit und der vorübergehenden Natur unserer Existenz. Die Fragen »Woher? wohin?« sind rhetorisch und betonen das Mysterium des Lebens und des Todes. Diese Zeilen weisen auf eine zentrale menschliche Neugier hin, die sich mit der Herkunft und dem Bestimmungsort unseres Seins beschäftigt. Die Antwort, »Aus Gottes Hand in Gottes Hand«, bietet eine spirituelle Perspektive an, die das menschliche Leben in einen göttlichen Kontext stellt. Diese Antwort deutet darauf hin, dass wir aus einer göttlichen Quelle kommen und zu dieser zurückkehren, was eine Art spirituellen Kreislauf bildet.

Im zweiten Abschnitt des Gedichts verlagert sich der Fokus auf die Bedeutung der Erziehung und die Rolle der Eltern. Die Zeilen »Zu stehn in frommer Eltern Pflege« heben die Wichtigkeit der Fürsorge und Erziehung durch die Eltern hervor. Das Gedicht suggeriert, dass Kinder, die in einem solchen Umfeld aufwachsen, einen »schöne[n] Segen« erleben. Dieser Segen besteht in der Hinführung zu »den rechten Wegen«, was vermutlich bedeutet, dass Kinder, die in einem liebevollen, frommen Haushalt aufwachsen, moralische und ethische Werte vermittelt bekommen, die ihnen dabei helfen, im Leben den richtigen Weg zu finden. Während die erste Strophe impliziert, dass unser Leben von einer höheren Macht gelenkt wird und dass der Tod nicht das Ende, sondern eine Rückkehr zu dieser göttlichen Quelle bedeutet, wird in der zweiten Strophe diese Idee des Lebens als einer göttlich gelenkten Reise weiter ausgearbeitet, indem die Rolle der Eltern und ihre Bedeutung für die Lebensreise eines Kindes betont wird, auf der es durch die Werte und Lehren seiner Eltern geleitet wird. Dies deutet darauf hin, dass der Weg, den das Kind im Leben einschlägt, entscheidend von seiner Erziehung beeinflusst wird.

Die Verknüpfung von Tod und Leben in Bezug auf das Kind wird durch diese beiden Strophen subtil, aber wirkungsvoll hergestellt. Während die erste Strophe die Flüchtigkeit des Lebens und den unausweichlichen Tod betont, bietet die zweite Strophe eine Perspektive darauf, wie das Leben – trotz seiner Kürze – durch die elterliche Führung und göttliche Fürsorge einen sinnvollen und richtungsweisenden Verlauf nehmen kann. In diesem Sinne stellt das Gedicht das Leben als eine Reise dar, die zwar kurz und flüchtig ist, aber durch elterliche Liebe und spirituelle Ausrichtung mit Sinn und Zweck erfüllt wird. Der Tod wird dabei nicht – trotz aller gebotener Trauer über den Verlust eines jungen Lebens – als Endpunkt, sondern als Übergang in eine andere, göttliche Existenzform verstanden, wobei die im Leben erlernten Werte und Erfahrungen Bedeutung haben.

Uhland und der Schwäbische Dichterbund

Dass Ludwig Uhland in seiner Zeit tief vernetzt war, haben wir bereits herausgestellt; und auch, dass er bereits während seiner Studienzeit literarische Kontakte knüpfte, die viele Jahre und Jahrzehnte halten sollten, ist im Rahmen des biographischen Aufrisses deutlich geworden. Diese frühen Netzwerke sind ein großes Glück für die Literaturgeschichte, denn ihnen haben wir die sogenannte Schwäbische Dichterschule, auch Schwäbischer Dichterbund genannt, zu verdanken! Der Schwäbische Dichterbund war eine literarische Gruppierung des 19. Jahrhunderts, die, allein dem Namen nach, maßgeblich in Schwaben aktiv war und tief in der Romantik und dem sich anschließenden Biedermeier verankert war. Im Zentrum des Schwäbischen Dichterbunds stehen neben Ludwig Uhland vor allem Dichter wie Justinus Kerner, Gustav Schwab, Eduard Mörike und Wilhelm Hauff; das sind allesamt große Namen und nicht nur in literaturwissenschaftlichen Kreisen hochangesehene Dichter deutscher Zunge. Diese Schriftsteller teilen eine tiefe Verbundenheit mit ihrer Heimatregion Schwaben und ziehen ihre Inspiration unter anderem aus der lokalen Geschichte, den Landschaften und dem Volksleben. Ihre Werke zeichnen sich durch eine romantische Verklärung der Vergangenheit, eine starke Naturverbundenheit und eine ausgeprägte Volkstümlichkeit aus.

Die Herausbildung dieser Gruppe hängt eng mit der sogenannten Schwäbischen Romantik zusammen, die mit Beginn von Ludwig Uhlands Freundschaft zu Justinus Kerner ab 1804 aufkommt. Kerner und Uhland trafen sich als siebzehnjährige Studenten in Tübingen (Schulz 1989, S. 783 f.):

> »Kerner war für die Medizin und Uhland für die Rechtswissenschaften eingeschrieben, aber was sie beide mit größtem Enthusiasmus beschäftigte, war die Literatur. Freunde versammelten sich um sie, so daß in der Tat ein kleiner Kreis entstand, der freilich erst langsam den Weg an die Öffentlichkeit fand; ihr erstes gemeinsames ›Organ‹ war ein handgeschriebenes *Sonntags-Blatt für gebildete Stände*, das sie Anfang 1807 für ein paar Wochen als Gegenzeitung

gegen Cottas einflußreiches, literarisch konservatives *Morgenblatt für gebildete Stände* gemeinsam verfaßten und zirkulieren ließen.«

Die Schwäbische Romantik ist Teil der größeren romantischen Bewegung, die sich in ganz Europa ausbreitete, hat aber ihre eigenen charakteristischen Merkmale und Themen, die sie von anderen romantischen Strömungen unterschied. Im Gegensatz zur eher universal ausgerichteten Romantik konzentriert sich die Schwäbische Romantik stark auf regionale und lokale Elemente. Dies äußert sich beispielsweise in der Verwendung schwäbischer Dialekte, der Darstellung lokaler Landschaften und der Beschäftigung mit der regionalen Geschichte und Folklore. Die Schwäbische Romantik legt damit auch großen Wert auf die Volkskultur und -dichtung. Die Dichter sammeln und veröffentlichen Volkslieder, Märchen und Sagen, wodurch sie zur Bewahrung und Wertschätzung des kulturellen Erbes beitragen. Wie in anderen romantischen Bewegungen spielt die Natur auch in der Schwäbischen Romantik eine zentrale Rolle. Die schwäbischen Dichter und Künstler verherrlichen die Natur als Quelle der Inspiration und des Trostes und stellen sie oft als Gegenpol zur zunehmenden Industrialisierung und Urbanisierung dar. Ein weiteres Merkmal der Schwäbischen Romantik ist das starke Interesse an der Geschichte, insbesondere am Mittelalter. Dies manifestiert sich in der Verwendung historischer Themen und Motive in der Literatur und Kunst, sowie in der Bewahrung und Pflege mittelalterlicher Traditionen und Bräuche.

Gerhard Schulz hat diese Tendenzen mit der politischen Entwicklung im süddeutschen Raum zusammengebracht (Schulz 1989, S. 784):

»Über Dialekt und lokale Literaturtraditionen hinaus beruhte ein regionales Identitätsbewußtsein der süddeutschen Staaten, also Württembergs, Badens, und Bayerns, vor allem auf der politischen Eigenentwicklung nach der Auflösung des Heiligen Römischen Reiches. Denn hier im Süden Deutschlands entstanden die ersten funktionierenden konstitutionellen Regierungssysteme, so weit sie auch noch von allem Republikanismus entfernt waren, hier entwickelte sich regionaler Parlamentarismus und mit ihm ein ebensolcher Patriotismus.«

Doch zurück zu Uhlands und Kerners frühen publizistischen Versuchen mit dem *Sonntags-Blatt für gebildete Stände:* Dafür haben sie auch andere Tübinger Studenten als Beiträger gewinnen können, beispielsweise »Karl Mayer, Christoph Friedrich Kölle, August Köstlin« (Schulz 1989, S. 784). Diese Namen sagen heute den wenigsten etwas, aber sie alle eint eine große Zukunft unter den »schwäbische[n] Honoratioren als Ärzte, Schriftsteller, Wissenschaftler und Staatsbeamte. Mit diesem intellektuellen Schwabentum hatte es in der Tat seine besondere Bewandtnis« (Schulz 1989, S. 784), denn die Beiträger zu diesem Kreis stehen für die Förderung eines »alemannische[n] Kulturbewußtsein[s] [...] durch dialektische Gemeinsamkeiten« (Schulz 1989, S. 784). Diese Intellektualität muss sich indes erst herausbilden, denn es ist kein akademisches oder didaktisches Programm, dass die Beiträger für das *Sonntags-Blatt für gebildete Stände* zusammenführt. Es ist mehr »die Gemeinsamkeit des literarischen Interesses« (Storz 1967, S. 24), denn die durchweg »jugendlichen Initiatoren des Tübinger Unternehmens [...] waren von grundsätzlicher, zielklarer Literaturkritik weit entfernt; gegen das, was sie als Geist der Cottaschen Zeitung mehr vermuten, als klar fassen, setzen sie den eigenen Unmut, ja das Eigene schlechthin, also Gedichte, Meditationen neben jenen satirischen Invektiven, die vom Gegentitel der Tübinger Studentenzeitung gefordert wurden« (Storz 1967, S. 23). Das resultiert denn auch in der allgemeinen Struktur des *Sonntags-Blatts für gebildete Stände* als »Spiel jugendlicher Kräfte [und] Punkt offenherziger Mitteilung« (zit. nach Storz 1967, S. 24), wie man Ludwig Uhlands Zeilen im *Sonntags-Blatt* entnehmen kann: »So fest, so innig schlingt sich Poesie um uns, wir fühlen ihr klopfendes Herz an unserem Busen, heiß atmet sie uns an, und doch was ist sie? Die Meisten fühlen sie, ohne sie zu schauen, wie Psyche den nächtlichen Amor.« (zit. nach Storz 1967, S. 24)

Ein kleiner Exkurs dazu, um den klassischen Bezug zu verstehen: Die Geschichte von Amor und Psyche ist eine der bekanntesten Erzählungen aus der römischen Mythologie und wurde vor allem durch die Darstellung des römischen Schriftstellers Apuleius in seinem Werk »Der Goldene Esel« bekannt. Psyche ist eine sterbliche Prinzessin von so außerordentlicher Schönheit, dass sie sogar die Göttin Venus in den Schatten stellte. Amor wiederum ist der Gott der Liebe und Sohn der Venus und wird von seiner Mutter ausgesandt, um Psyche zu bestrafen, indem er sie in einen Menschen verliebt macht, der ihrer unwürdig ist. Das Problem: Amor verliebt sich selbst in Psyche, bringt sie in sein Märchenschloss und besucht sie jede Nacht, warnt sie jedoch, dass sie ihn niemals sehen dürfe. Die Geschichte nimmt eine dramatische Wendung: Neugierig will Psyche Amor während seines Schlafes betrachten; dabei tropft Öl aus der Lampe, die sie trägt, und verbrennt Amor, der daraufhin Psyche verlässt. Verzweifelt sucht Psyche nach Amor und unterwirft sich schließlich Venus, die ihr eine Reihe scheinbar unmöglicher Aufgaben stellt. Psyche überwindet alle Hindernisse mit Hilfe verschiedener göttlicher und natürlicher Kräfte. Das glückliche Ende: Psyche wird in den Olymp aufgenommen, und ihre Hochzeit mit Amor wird mit großer Freude gefeiert. Sie gebären eine Tochter, die als Voluptas (Hedone in der griechischen Mythologie) bekannt ist, die Göttin der sinnlichen Freuden. Überträgt man dies auf Uhlands Verständnis von Poesie, wie er sie *Sonntags-Blatt für gebildete Stände* ausführt, kann man wohl folgern, dass Dichtkunst eine Sache des Gefühls ist und man gar nicht versuchen sollte, sie zu schauen; die gefühlsmäßige Erfahrung reicht aus, sonst wird sie flüchtig wie der Gott Amor.

Justinus Kerner: Programmdichter der schwäbischen Dichterschule

Justinus Kerner, genauer: Justinus Andreas Christian Kerner, ab 1850 von Kerner, ist ein deutscher Arzt, medizinischer Schriftsteller und Dichter. Der am 18. September 1786 in eine Beamtenfamilie geborene Kerner stirbt am 21. Februar 1862, also etwa neun Monate vor seinem Studienfreund Ludwig Uhland. Kerner hat auch im Jahr 1839 das

Justinus Kerner: Programmdichter der schwäbischen Dichterschule

Programmgedicht der schwäbischen Dichterschule mit dem Titel *Die schwäbische Dichterschule* verfasst (Kerner 1914):

Die schwäbische Dichterschule

»Wohin soll den Fuß ich lenken, ich, ein fremder Wandersmann,
Daß ich eure Dichterschule, gute Schwaben, finden kann?«

Fremder Wanderer! o gerne will ich solches sagen dir:
Geh durch diese lichte Matten in das dunkle Waldrevier,
Wo die Tanne steht, die hohe, die als Mast einst schifft durchs Meer;
Wo von Zweig zu Zweig sich schwinget singend lust'ger Vögel Heer;
Wo das Reh mit klaren Augen aus dem dunkeln Dickicht sieht
Und der Hirsch, der schlanke, setzet über Felsen von Granit;
Trete dann aus Waldes Dunkel, wo im goldnen Sonnenstrahl
Grüßen Berge dich voll Reben, Neckars Blau im tiefen Tal;
Wo ein goldnes Meer von Ähren durch die Ebnen wogt und wallt,
Drüber in den blauen Lüften Jubelruf der Lerche schallt;
Wo der Winzer, wo der Schnitter singt ein Lied durch Berg und Flur:
Da ist schwäb'scher Dichter Schule, und ihr Meister heißt – Natur!

Insgesamt vermittelt das Gedicht durch seine bildreiche Sprache und fließenden Rhythmen ein Gefühl der Bewegung und des Eintauchens in die natürliche Welt. Es lädt den Leser ein, sich auf eine Reise zu begeben, auf der die Natur selbst der größte Lehrer der Dichtkunst ist. Das Gedicht beginnt mit der Selbstvorstellung des Sprechers als »fremder Wandersmann«, der auf der Suche nach der »Dichterschule« in Schwaben ist. Diese Anfangszeilen stellen eine metaphorische Suche nach Inspiration oder Erleuchtung in der Dichtkunst dar. Die anschließende Beschreibung der Landschaft – von lichten Matten über das dunkle Waldrevier bis hin zu hohen Tannen, die einst als Mast dienen werden – malt ein Bild der Vielfalt und Schönheit der Natur. Die Tiere des Waldes, wie das Reh und der Hirsch, werden detailreich beschrieben, was die enge Verbundenheit des Menschen mit der Natur unterstreicht. Die Reise führt dann aus dem Wald hinaus zu einer offenen Landschaft, geprägt von Bergen, Reben, dem blauen Neckar und goldenen Ährenfeldern. Der Gesang des Winzers und des Schnitters, die ihre Arbeit verrichten, wird als eine Form der Poesie dargestellt. Das Gedicht endet mit der Enthüllung, dass die Natur selbst der Meister der schwäbischen Dichterschule ist. Diese Schlusszeile betont die Bedeutung der Natur als Inspirationsquelle und Lehrmeisterin für Dichter und Künstler. Das Gedicht ist in einem traditionellen, rhythmischen Versmaß verfasst, wobei die genaue metrische Form nur vordergründig von der genauen Betonung der Worte abhängt. Wer das Gedicht rhythmisch laut liest, stellt zwangsläufig fest, dass in allen Versen ein Trochäus vorliegt, das heißt, dass auf einen betonten Vers ein unbetonter folgt; das Gegenstück dazu ist der bereits erwähnte Jambus, der unbetont beginnt, also genau umgekehrt. Jede Zeile enthält eine wechselnde Anzahl von Silben, was auf einen freien Vers hinweist. Beim Reimschema bleibt Kerner mit den Paarreimen konventionell, wobei es ihm gelingt, durch das Spiel mit der Anzahl der Verse in Verbindung mit dem Trochäus immer die letzte Silbe zu betonen. Es sind damit häufig wesentliche Schlagworte, die durch die metrische Struktur herausgestellt werden, zum Beispiel Wandersmann zu Beginn und Natur zum Schluss.

In dem Gedicht wird also die Verfasstheit der schwäbischen Dichterschule exponiert. Diese ist unmittelbar mit der schwäbischen Landschaft verbunden und kann also nur im Schwabenland funktionieren mit allen seinen natürlichen Schätzen und Vorzügen. Denn das Bild, das der unbekannte Sprecher vom Schwabenland entwirft, ist eindrucksvoll und beneidenswert: Wer würde nicht über Berge »voll Reben« und an des »Neckars Blau im tiefen Tal« wandern und diese Aussichten und Naturdenkmäler genießen. Es drückt große Heimattreue und Heimatliebe aus und die feste Verbindung zwischen dem Dichter Kerner und seiner schwäbischen Heimat: Er ist ab 1810 als Arzt tätig, zunächst in Dürrmenz, von 1811 an als Badearzt in Wildbad und von 1812 an als praktischer Arzt in Welzheim. 1815 wird Kerner Oberamtsarzt in Gaildorf, 1819 in Weinsberg. Damit hat er seine Heimat nie wirklich verlassen, und in Weinsberg ist auch mit dem Kernerhaus ein Erinnerungsort geschaffen worden (Stadtverwaltung Weinsberg o. J.):

»1907 wurde das Kernerhaus vom Justinus-Kerner-Verein aus dem Nachlass des Sohnes Theobald gekauft und 1908 der Öffentlichkeit zugänglich gemacht. Seit der Renovierung des Hauses 1985/86 beherbergt es im Erdgeschoss eine Dokumentation über Kerners Leben, seinen Freundeskreis sowie Kerner als Arzt und Dichter. Im Obergeschoss befinden sich die original ausgestatteten Wohnräume der Familie Kerner, die die Wohnatmosphäre des 19. Jahrhunderts widerspiegeln. Im Dachgeschoss befindet sich das sogenannte ›Sargzimmer‹. Verstärkt wird der Charme des Dichterhauses durch den Geisterturm im Kernergarten. Im Kernerhaus empfing der Dichter zahlreiche herausragende Persönlichkeiten seiner Zeit. Es wurde so zu einer Art Pilgerstätte der schwäbischen Romantik.«

Justinus Kerner ist bis heute mit der Kultur Baden-Württembergs und der Identität Südwestdeutschlands verbunden. Die im Jahr 1818 geschaffene Ballade *Der reichste Fürst* gilt als die inoffizielle Hymne des Landes Baden-Württemberg. Justinus Kerner ehrt damit Eberhard im Bart, Graf von Württemberg-Urach und ersten Herzog von Württemberg. Herzog Eberhard I. von Württemberg, oft auch als Eberhard im Bart bekannt, ist eine herausragende Persönlichkeit in der Geschichte des Herzogtums Württemberg. Geboren 1445, regierte er von 1459 bis zu seinem Tod im Jahr 1496, seit 1495 unter dem Namen Eberhard I. als der erste regierende Herzog von Württemberg und Teck. Sein Beiname »im Bart« rührt von seinem markanten Vollbart her, eine Seltenheit in einer Zeit, in der viele Adlige glattrasiert waren. Dieses äußere Merkmal wurde zu einem Symbol seiner Individualität und Standhaftigkeit. Ein besonderes Merkmal seiner Herrschaft war sein Verhältnis zu den Untertanen. Eberhard I. genoss weithin Respekt und die Loyalität seiner Bevölkerung, was in der oben erwähnten Ballade symbolisch dargestellt wird. Seine Nähe zum Volk und sein Interesse an dessen Wohlergehen waren für einen Herrscher seiner Zeit nicht selbstverständlich und trugen wesentlich zu seinem positiven Nachruhm bei. Nach seinem Tod im Jahr 1496 ging Eberhard I. als einer der bedeutendsten Herrscher Württembergs in die Geschichte ein. Seine Reformen und sein Regierungsstil hatten nachhaltige Auswirkungen auf die Entwicklung des Herzogtums und beeinflussten die politische Landschaft Süddeutschlands langfristig. Sein Erbe und seine Persönlichkeit werden noch heute in Württemberg und darüber hinaus als Beispiel für eine kluge und volksnahe Herrschaft gewürdigt.

Kerner »schrieb seinen Text zu einer Melodie, die nicht lange zuvor anonym entstanden war und zum ersten Mal 1801 in einem Liederbuch aufgezeichnet wurde. Auffallend sind die musikalischen Parallelen zur Marseillaise. Der früheste gemeinsame Abdruck von Text und Musik in dieser Form stammt aus dem Jahr 1823. Auch später hatte diese Hymne für die Württemberger noch eine große Bedeutung.« (Landeszentrale für politische Bildung Baden-Württemberg o. J.):

Der reichste Fürst

Preisend mit viel schönen Reden
Ihrer Länder Wert und Zahl,
Saßen viele deutsche Fürsten
Einst zu Worms im Kaisersaal.

»Herrlich«, sprach der Fürst von Sachsen,
»Ist mein Land und seine Macht,
Silber hegen seine Berge
Wohl in manchem tiefen Schacht.« –

»Seht mein Land in üpp'ger Fülle,«
Sprach der Kurfürst von dem Rhein,
»Goldne Saaten in den Tälern,
Auf den Bergen edlen Wein!« –

»Große Städte, reiche Klöster!«
Ludwig, Herr zu Bayern, sprach,
»Schaffen, daß mein Land dem euren
Wohl nicht steht an Schätzen nach.«

Eberhard, der mit dem Barte,
Württembergs geliebter Herr,
Sprach: »Mein Land hat kleine Städte,
Trägt nicht Berge silberschwer;

Doch ein Kleinod hält's verborgen:
Daß in Wäldern, noch so groß,
Ich mein Haupt kann kühnlich legen
Jedem Untertan in Schoß.«

Und es rief der Herr von Sachsen,
Der von Bayern, der vom Rhein:
»Graf im Bart! Ihr seid der reichste,
Euer Land trägt Edelstein!«

In der Ballade (Kerner 1914) versammeln sich deutsche Fürsten in Worms im Kaisersaal, um die Vorzüge ihrer jeweiligen Länder zu preisen. Jeder Fürst hebt unterschiedliche Aspekte seines Landes hervor: der Fürst von Sachsen betont den Silberreichtum seiner Berge, der Kurfürst vom Rhein lobt die fruchtbaren Täler und den Weinanbau, und Ludwig von Bayern spricht von großen Städten und reichen Klöstern. Der Höhepunkt der Ballade wird erreicht, als Eberhard, der mit dem Barte, spricht.

»Drei Besonderheiten fallen auf: Zunächst einmal, dass auch das neue, napoleonisch vergrößerte Württemberg von seinen Traditionen und seiner politischen Kultur sowie seinen moralischen Ansprüchen her als Verlängerung von Altwürttemberg, also des Herzogtums Wirtemberg gesehen wird. Die ganz anders strukturierten Neuerwerbungen mit ihrer spezifischen Agrar- und Sozialstruktur und größtenteils anderer, katholischer Konfession sind im Lied faktisch ausgeblendet.« (Landeszentrale für politische Bildung Baden-Württemberg o. J.)

Der Herr Eberhard gibt zu, dass sein Land weder über reiche Städte noch über silberbeladene Berge verfügt. Stattdessen hebt er ein besonderes Kleinod hervor: das tiefe Vertrauen und die enge Verbundenheit zwischen ihm und seinen Untertanen, symbolisiert durch die Möglichkeit, seinen Kopf ohne Furcht in den Schoß eines jeden Untertanen legen zu können. Die anderen Fürsten erkennen an, dass dieser immaterielle Wert – das Vertrauen und die Loyalität der Untertanen – wertvoller ist als materieller Reichtum, und erklären Eberhard zum »reichsten« unter ihnen, da sein »Land Edelstein trägt«. Die Ballade thematisiert materiellen Reichtum und immateriellen Reichtum wie Vertrauen und Loyalität, der in der Beziehung zwischen Herrschern und Untertanen zum Ausdruck kommt, gleichermaßen. Eberhard von Württemberg, obwohl sein Land materiell weniger prächtig ist, wird als der reichste Herrscher dargestellt, da er das Vertrauen und die Liebe seiner Untertanen besitzt – wie es der überlieferten historischen Realität entspricht. Diese Botschaft unterstreicht die Bedeutung menschlicher Werte gegenüber materiellem Reichtum.

> »Württemberg erscheint so als ein Land der Harmonie, was in der Tat ein deutliches Merkmal der württembergischen politischen Kultur ist, ein Zug, um den die anderen Potentaten Württemberg nur beneiden konnten: ›Graf im Bart, Ihr seid der reichste.‹ Das schwäbische Understatement kann hier in Worms im Kreise der Reichen und Mächtigen am Ende auftrumpfen. Man kann vielleicht die Geste noch weiter deuten – in Richtung Volkssouveränität, wenn der Herrscher sich so wörtlich in die Hand der Untertanen begibt. Ein Stück weit kündigt sich hier schon die Weiterentwicklung Württembergs zur konstitutionellen Monarchie an.« (Landeszentrale für politische Bildung Baden-Württemberg o. J.)

Ein weiterer Aspekt sind die Menschen des Landes, die besonders hervorgehoben werden. Wie es in der Interpretation der Landeszentrale für politische Bildung Baden-Württemberg (o. J.) heißt: »Der eigentliche Reichtum waren – und sind auch heute noch – seine Menschen, fromm, fleißig, die die Not auch erfinderisch gemacht hatte: Humankapital als der eigentliche Standortfaktor.« Hinzu komme die »besondere Beziehung von Obrigkeit und Untertanen, von Herrschaft und ›Landschaft‹ (wie man die korporativ organisierte Gesamtheit der Untertanen nannte). Ein Adel als Zwischenschicht existierte im Herzogtum nicht, Herrschaft und Untertanen begegneten sich unmittelbar, wie im Lied. Institutionell war damit ein Ausgleich zwischen Herrscherhaus und Untertanenschaft erforderlich und in der Realität gegeben, der konfliktmoderierend wirken konnte und sollte.« (Landeszentrale für politische Bildung Baden-Württemberg o. J.) Die Ballade folgt übrigens einem regelmäßigen Versmaß und Reimschema. Jeder Vers besteht aus vier Hebungen, wobei das Metrum durchgängig ein trochäischer Tetrameter ist. Das bedeutet, dass jede Zeile aus vier trochäischen Metren besteht – eine betonte Silbe gefolgt von einer unbetonten. Das Reimschema ist nicht durchgängig zu standardisieren, wobei zumeist Kreuzreime vorliegen.

Wilhelm Hauff: Klassiker der märchenhaften Dichtung

Ebenfalls Teil der schwäbischen Dichterschule ist der 1802 geborene Stuttgarter Wilhelm Hauff, ebenfalls Schüler der Schola Anatolica, Stipendiat des Evangelischen Stifts Tübingen und (promovierter) Theologe der Universität Tübingen. Wilhelm Hauff verstirbt bereits 1827. Trotz seiner kurzen Lebensspanne prägt Hauff die literarische Welt nachhaltig, insbesondere durch sein facettenreiches Werk, das von lyrischer Poesie über satirische Texte bis hin zu märchenhaften Erzählungen reicht. Hauffs literarischer Durchbruch gelingt ihm mit seinen Märchen, die bis heute zu den Klassikern der deutschen Literatur zählen. Werke wie *Die Geschichte von Kalif Storch*, *Das kalte Herz* und *Die Geschichte vom kleinen Muck* zeichnen sich durch eine lebhafte und bildhafte Sprache aus, die sowohl Kinder als auch Erwachsene anspricht. Diese Märchen, oft eingebettet in Rahmenerzählungen, zeigen Hauffs Fähigkeit, traditionelle Erzählelemente mit zeitgenössischen Themen und moralischen Fragestellungen zu verknüpfen. Neben den Märchen schrieb Hauff auch Novellen und Romane, in denen er sich kritisch mit seiner Zeit auseinandersetzte. Werke wie *Lichtenstein* – eine romantische Rittergeschichte, die zur Wiederbelebung des Interesses an der schwäbischen Geschichte beitrug – und *Der Mann im Mond* – eine Satire auf die zeitgenössischen politischen und gesellschaftlichen Zustände – zeigen sein breites Spektrum als Schriftsteller.

Besonders bekannt ist Wilhelm Hauff für *Das Wirtshaus im Spessart*, die Rahmenerzählung des dritten Bandes seines Märchenalmanachs, zuerst veröffentlicht als *Mærchenalmanach für Söhne und Töchter gebildeter Stände* für das Jahr 1828. Die Veröffentlichung hat Hauff nicht mehr erlebt. Die Geschichte ist in der Form einer Rahmenerzählung gestaltet und spielt in der rauen und unheimlichen Landschaft des Spessarts. Der Kern der Erzählung dreht sich um eine Gruppe von Reisenden, die in einem abgelegenen Wirtshaus Zuflucht suchen. Unter ihnen befinden sich unterschiedlichste Charaktere: ein Handelsreisender, ein Jäger, ein Franziskaner, zwei Damen adeliger Herkunft und ihre Dienerinnen. Diese heterogene Gruppe sieht sich bald mit der Bedrohung durch Räuber konfrontiert, die in dieser Region ihr Unwesen treiben. Hauff nutzt diese Konstellation, um eine Vielzahl von Geschichten zu entfalten, die von den einzelnen Charakteren erzählt werden. Diese Binnenerzählungen variieren in ihrem Charakter, enthalten romantische, gruselige, humorvolle Elemente und bieten einen reichen Einblick in die Erzählkunst des Autors. Besonders bemerkenswert ist dabei, wie Hauff die Grenzen zwischen Realität und Fiktion verschwimmen lässt, was die Spannung und die atmosphärische Dichte der Erzählung erhöht. *Das Wirtshaus im Spessart* ist mehr als nur eine Ansammlung von Geschichten; es ist auch ein Werk, das gesellschaftliche und moralische Themen seiner Zeit aufgreift. Hauff kritisiert in subtiler Weise soziale Ungerechtigkeiten und die Ständegesellschaft. Ebenso werden Themen wie Mut, Treue und Täuschung behandelt, wobei Hauff oft die Perspektive der Unterprivilegierten einnimmt und gegen soziale Missstände anschreibt. Darüber hinaus zeichnet sich das Werk durch seinen lebendigen und bildhaften Erzählstil aus. Hauff vermag es, die düstere und geheimnisvolle Atmosphäre des Spessarts lebendig werden zu lassen, was dem Leser das Gefühl gibt, selbst Teil der Geschichte zu sein. Die Verwendung von Dialekten und regionalen Ausdrücken trägt zusätzlich zur Authentizität und zum Lokalkolorit der Erzählung bei.

Unter anderem ist darin das Märchen *Das kalte Herz* enthalten, eines der berühmtesten Märchen von Wilhelm Hauff. Die Geschichte spielt im Schwarzwald und erzählt das Schicksal von Peter Munk, einem einfachen Köhler, der nach Reichtum und Ansehen strebt. Unzufrieden mit seinem bescheidenen Leben, wendet sich Peter an zwei mysteriöse Waldgeister: den guten Geist des Glasmännleins und den bösen Holländer-Michel. Während das Glasmännlein ihn mit Vorsicht zu Wohlstand führt, bietet der Holländer-Michel ihm Reichtum im Austausch für sein Herz, welches durch ein Herz aus Stein ersetzt wird. Dieser Handel führt zu einer dramatischen Veränderung in Peters Charakter. Der einst herzliche und gutmütige Mann wird kalt, gefühllos und gierig. Trotz seines neu gewonnenen Reichtums findet er keine Zufriedenheit. Die Geschichte nimmt eine dramatische Wende, als Peter erkennt, dass wahres Glück nicht durch materiellen Reichtum, sondern durch Liebe, Mitgefühl und Zufriedenheit mit dem eigenen Leben erreicht wird. *Das kalte Herz* ist eine tiefgründige Auseinandersetzung mit Themen wie Materialismus, Moral und Menschlichkeit. Hauff kritisiert Industrialisierung und Kapitalismus und den damit verbundenen Verlust von traditionellen Werten. Er zeigt auf, wie der Wunsch nach schnellem Reichtum und gesellschaftlichem Aufstieg einen Menschen entfremden und seiner menschlichen Qualitäten berauben kann. Die Darstellung der Natur und der übernatürlichen Elemente spielt in *Das kalte Herz* eine zentrale Rolle. Hauff nutzt den Schwarzwald nicht nur als Kulisse, sondern auch als Symbol für die Mysterien und Kräfte der Natur. Die Charakterisierung der beiden Geister – das Glasmännlein als Verkörperung des Guten und der Holländer-Michel als Repräsentation des Bösen – unterstreicht die Dualität menschlicher Natur und die Konsequenzen moralischer Entscheidungen. Stilistisch ist das Märchen geprägt von einer lebhaften und anschaulichen Erzählweise, die die Leser in die magische Welt des Schwarzwalds eintauchen lässt. Hauff versteht es meisterhaft, Spannung aufzubauen und die Leser mit unerwarteten Wendungen zu überraschen.

Hauffs literarische Bedeutung liegt nicht nur in der Vielfalt seiner Werke, sondern auch in der Art und Weise, wie er diese gestaltete. Er verstand es meisterhaft, romantische, volkstümliche und realistische Elemente zu vereinen, was seinen Texten eine besondere Tiefe und Lebendigkeit verleiht. Seine Märchen, obwohl oft fantastisch und weit entfernt von der Realität, spiegeln doch die gesellschaftlichen und moralischen Fragen seiner Zeit wider und regen zum Nachdenken an. In der kurzen Zeitspanne seines Schaffens gelang es Hauff, ein Werk zu hinterlassen, das in seiner Vielseitigkeit und Tiefe bis heute fasziniert. Seine Texte sind nicht nur unterhaltend, sondern auch lehrreich und geben Einblick in die sozialen und politischen Verhältnisse seiner Zeit. Hauffs Fähigkeit, komplexe Themen auf zugängliche Weise zu behandeln, macht ihn zu einem wichtigen Vertreter der deutschen Literatur des 19. Jahrhunderts. Ältlich-anbiedernd klingt es in der Forschung so (Hauff o. J., S. 260 f.):

> »Man hat sich oft Gedanken darüber gemacht, zu welchen dichterischen Leistungen Hauffs reiche Gaben gelangt wären, wenn ihm das Schicksal ein längeres Schaffen erlaubt hätte. Er gehört nicht zu den ganz Großen der deutschen Literatur, aber seine Phantasie, seine Erzählergabe, seine reine Gesinnung und sein Humor sichern ihm einen ehrenvollen Platz. Und sein ›Wirtshaus im Spessart‹ wird noch lange Leser begeistern, die Sinn für Märchenhaftes haben, die Schönheit und Eigenart der deutschen Landschaft aus den Zeilen verspüren und sich an einer spannenden Handlung, ausgeprägten Charakteren und der Harmonie einer gerechten und glücklichen Lösung freuen.«

Eduard Mörike: Das blaue Band des Frühlings

In dem Jahr, in dem sich Uhland und Kerner an der Universität Tübingen kennenlernen, kommt am 8. September in Ludwigsburg Eduard Mörike zur Welt. Auch er besucht das Tübinger Stift und nimmt später eine Pfarrstelle an. Zum schwäbischer Dichterbund kommt Eduard Mörike über seine Freundschaft zu Wilhelm Waiblinger, der von Ludwig Uhland protegiert wird. Mörike verbringt einen Großteil seines Lebens als Pfarrer in verschiedenen Gemeinden Württembergs. Diese pastoralen Erfahrungen bieten ihm nicht nur tiefe Einblicke in das menschliche Wesen, sondern inspirieren auch viele seiner Dichtungen. Er ist oft von gesundheitlichen und psychischen Problemen geplagt, die ihn in seiner Arbeit und seinem Schreiben beeinträchtigen. Sein lyrisches Werk ist vielfältig und umfasst Gedichte, die von feinsinnigen Naturbeschreibungen bis hin zu tiefgründigen existenziellen Betrachtungen reichen. Seine Gedichte wie *Er ist's* (»Frühling lässt sein blaues Band«), *Verborgenheit*, *An eine Äolsharfe* und *Auf eine Lampe* sind besonders hervorzuheben. Sie zeichnen sich durch eine präzise Sprache, musikalische Qualität und eine tief empfundene Innigkeit aus. Mörike versteht es, komplexe Gefühle und Stimmungen in einfache, aber kraftvolle Bilder zu übersetzen.

Das mit den berühmten Worten »Frühling lässt sein blaues Band« einsetzende Gedicht gehört wohl zu den Meisterwerken der deutschen Lyrik. Das Gedicht besteht aus vier Strophen und zeichnet sich durch seine Einfachheit und Klarheit aus. Die Eingangszeilen evozieren sofort ein Bild des erwachenden Frühlings, symbolisiert durch das »blaue Band«, das häufig als Metapher für den blauen Himmel oder die ersten Frühlingsblumen interpretiert wird und die Farbe der Romantik anspricht; die blaue Blume ist ein zentrales Symbol der Romantik, etwa bei Novalis, Joseph Freiherr von Eichendorff und Adelbert von Chamisso. Mörike beschreibt in seinem Gedicht die Wiederkehr des Frühlings und die damit verbundene Erneuerung der Natur. Die Sprache ist reich an sinnlichen Bildern und Metaphern, die die Schönheit und Lebendigkeit des Frühlings lebhaft vor Augen führen. Die Veilchen, die »schon träumen wollen«, oder der Kuckuck, der »sich hören lässt«, sind Beispiele für Mörikes Gabe, die Natur in ihrer ganzen lebendigen Vielfalt darzustellen. Das Gedicht spiegelt nicht nur die äußere Welt des Frühlings wider, sondern drückt auch eine innere Sehnsucht und Freude aus. Es ist ein Gedicht der Erneuerung und der Hoffnung, das den Leser in eine Welt voller Schönheit und neuer Möglichkeiten entführt.

Neben seiner Lyrik schrieb Mörike auch Prosa und Märchen. Sein bekanntestes Prosawerk ist der Roman *Maler Nolten*, der als einer der ersten psychologischen Romane in der deutschen Literatur gilt. Die Geschichte, die von tragischen Liebesleidenschaften und tiefgreifenden charakterlichen Entwicklungen handelt, zeugt von Mörikes Fähigkeit, psychologische Tiefen auszuloten und komplexe Charaktere zu schaffen. Ein weiteres bemerkenswertes Werk Mörikes ist die 1855 veröffentlichte Novelle *Mozart auf der Reise nach Prag*, die als literarische Hommage an den großen Komponisten gilt. In dieser Novelle verbindet Mörike fiktive und historische Elemente, um ein lebendiges Bild von Mozarts Persönlichkeit zu malen. Die Novelle ist zugleich eine Hommage an den großen Komponisten und eine feinsinnige Betrachtung der Künstlerexistenz. Die Handlung der Novelle setzt im Jahr 1787 ein, als Mozart gemeinsam mit seiner Frau Constanze auf dem Weg nach Prag ist, um dort die Premiere seiner Oper *Don Giovanni* zu überwachen. Auf ihrer Reise machen sie Halt bei einem böhmischen Grafen, wo sie unerwartet in eine Gartenparty geraten. Diese zufällige Begegnung führt zu einer Reihe von Gesprächen, Anekdoten und musikalischen Darbietungen, die Mozarts Charakter, seine künstlerische Vision und die gesellschaftlichen Verhältnisse seiner Zeit beleuchten. Mörikes Darstellung ist geprägt von einer tiefen Bewunderung und einem feinen Verständnis für die Komplexität des Komponisten. Er porträtiert Mozart als genialen, lebensfrohen und zugleich nachdenklichen Künstler, dessen Musik von universeller Schönheit und Ausdruckskraft ist. Die Interaktionen zwischen Mozart, den anderen Gästen und den Gastgebern zeigen verschiedene Facetten seiner Persönlichkeit und lassen den Leser in die Welt des späten 18. Jahrhunderts eintauchen. Die Novelle ist nicht nur eine Würdigung Mozarts, sondern auch eine Reflexion über das Wesen der Kunst und die Rolle des Künstlers in der Gesellschaft. Mörike stellt Fragen nach der Inspiration, der Vergänglichkeit und dem Wert künstlerischer Schöpfungen, die über die Zeit Mozarts hinausreichen.

Ein interessanter Aspekt bei Eduard Mörike ist die Tatsache, dass er nicht allein der literarischen Strömung der Romantik zuzurechnen ist, sondern in das Biedermeier hineinreicht. Die literarische Epoche des Biedermeier, die sich parallel zur Romantik entwickelt und ungefähr mit dem Beginn der Märzrevolution 1848 endet, ist geprägt durch eine spezifische kulturelle und gesellschaftliche Haltung, die sich in der Literatur, in der Kunst und im Alltagsleben widerspiegelte. Eine zentrale Eigenschaft des Biedermeiers ist der Rückzug ins Private und die Konzentration auf das familiäre und häusliche Leben. Dieser Rückzug ist teilweise eine Reaktion auf die politischen Umwälzungen und Unsicherheiten der napoleonischen Kriege und der Restaurationszeit. Die Literatur des Biedermeiers spiegelt diese Sehnsucht nach einer heilen, überschaubaren Welt wider. Biedermeier-Autoren stammen oft aus dem Bürgertum und sprechen in ihren Werken kleinbürgerliche Werte und Lebensweisen an. Ihre Texte reflektieren häufig eine Sehnsucht nach Stabilität und Ordnung. Die Natur wird ebenfalls idealisiert und als Gegenentwurf zur politisch unsicheren und komplexen Außenwelt gesehen. Die Literatur des Biedermeiers zeichnet sich durch eine detaillierte und liebevolle Darstellung des Alltagslebens und der Natur aus. Während die Romantik das Geheimnisvolle, Mystische und Übernatürliche betonte, neigte das Biedermeier zum Realistischen und Greifbaren, Romantiker streben nach dem Unendlichen und Unerreichbaren, während Biedermeier-Autoren sich mehr auf das Nahe und Bekannte konzentrieren. Zusammengefasst war das Biedermeier eine Zeit der inneren Einkehr und des Rückzugs ins Private, eine Reaktion auf die turbulenten politischen und sozialen Veränderungen. Somit fokussiert sich das Biedermeier auf das Naheliegende und Familiäre, auf die Schönheit des Alltäglichen und die Harmonie des häuslichen Lebens.

Eduard Mörike ist als »blumenhegende[r] Malerdichter auf der idyllischen Landpfarre« (Bahr 1998, S. 500) geprägt durch das »wachsende Bedürfnis nach unpolitischer und industrieferner Idylle« (Bahr 1998, S. 501), aber zugleich fällt er auf durch die Kultivierung der »Zwischenreiche seiner Seele und die gemischten Lagen seines Bewußtseins« (Sautermeister 1998, S. 481). Eduard Mörike ist eben nicht nur der betuliche biedermeierliche Onkel, der dem »von Carl Spitzweg zwischen dem *Kakteenfreund* und dem *Armen Poeten* (1839) mit liebevoller Ironie ausgemalten Genrebild so sehr« entspricht (Bahr 1998, S. 500), sondern seine »persönliche[.] Disposition [stellt] auch eine Antwort auf Zeitverhältnisse dar: das vor allem auf die zahlreichen sich verschärfenden Widersprüche, die für die Biedermeier-Epoche so charakteristisch sind. Politisch drängt sich der Widerspruch zwischen Restauration und Revolution auf, ökonomisch der zwischen Industrialisierung und zäher Bindung an hergebrachte Produktionsformen, sozial der zwischen Kapitalakkumulation und Pauperismus, kulturell der zwischen Reisefieber und Kult der Häuslichkeit, zwischen kosmopolitisch verstandener Welterschließung und Konzentration auf das Nächste und Kleinste.« (Sautermeister 1998, S. 481)

Exkurs: Die Zeit des Biedermeier

Apropos Biedermeier: An dieser Stelle ist es interessant, die Romantik breiter in den literar- und kulturhistorischen Kontext einzuordnen. Uhland verstummt zwar im Laufe der Jahre zusehends dichterisch in Folge seiner politischen Betätigung, aber genauso läuft sein dichterisches Schaffen aus, wie die Romantik selbst sich auf dem Rückzug befindet. Die Spätromantik in Deutschland wird in der Regel bis etwa zum Jahr 1848 datiert, dem Jahr der europäischen Revolutionen, das auch als Wendepunkt für viele kulturelle und politische Bewegungen des 19. Jahrhunderts gilt. Dieses Datum markiert jedoch nicht nur das Ende der Romantik, sondern auch den Beginn neuer literarischer Strömungen und politischer Ideen, die durch die revolutionären Ereignisse in Europa befeuert wurden. Die Romantik hat in ihrer Blütezeit eine Vielzahl von Ausdrucksformen und Themen hervorgebracht, die sich zunehmend ausdifferenzieren und spezialisieren. Gegen Mitte des 19. Jahrhunderts beginnen sich neue literarische Strömungen, vor allem der Realismus, herauszubilden, die sich von den idealistischen und oft eskapistischen Tendenzen der Romantik abwenden und stattdessen eine stärkere Hinwendung zur gesellschaftlichen Realität und zu konkreten sozialen Themen suchen. Schließlich spielt auch der kulturelle und wissenschaftliche Fortschritt eine Rolle. Die fortschreitende Industrialisierung, die Entwicklungen in den Naturwissenschaften und die zunehmende Säkularisierung der Gesellschaft stellen neue Fragen und fordern neue Antworten, die über die romantischen Ideen von Naturverklärung und individueller Freiheit hinausgehen.

Und schon parallel zur Romantik prägt sich, häufig zeitlich eingegrenzt ab dem Wiener Kongress 1815, das Literatur- und Kultursystem des Biedermeiers aus. Sein Ende wird häufig auch im Rahmen der Deutschen Revolution von 1848/1849 verortet. Diese Periode fällt also in eine Zeit des politischen Konservatismus und der Restauration, in der die nachnapoleonische Ordnung durch das Metternichsche System der Überwachung und Zensur geprägt war. Die Biedermeierzeit ist daher nicht nur eine literarische und künstlerische, sondern auch eine tiefgreifend politische Epoche, in der die Kunst oft als Zuflucht vor den politischen Unruhen diente. In der Literatur des Biedermeier konzentrieren sich die Themen vornehmlich auf das Einfache, das Häusliche und das Idyllische. Es ist eine Literatur des Rückzugs ins Private, der Besinnung auf das Naheliegende und Überschaubare. Die Autoren widmen sich vermehrt der Darstellung des bürgerlichen Lebens, der Natur und der persönlichen Gefühlswelt. Dabei werden häufig die Schönheiten des Alltags, die Harmonie in der Natur und in den zwischenmenschlichen Beziehungen betont. Diese Themenwahl spiegelt den Wunsch vieler Menschen jener Zeit wider, sich von der politischen Unterdrückung und den gesellschaftlichen Turbulenzen in eine Welt der Ruhe und Ordnung zurückzuziehen.

Der Biedermeier steht in einem direkten Bezug zur politischen Situation im 19. Jahrhundert. Nach den Freiheitskriegen gegen Napoleon sehnten sich viele Menschen nach Frieden und Stabilität. Diese Sehnsucht wurde jedoch durch die restriktive Politik der restaurativen Kräfte unter Kanzler Metternich enttäuscht. Die strenge Zensur und die politische Unterdrückung führten dazu, dass sich die Literatur und Kunst des Biedermeier oft in die unpolitische, private Sphäre zurückzogen. Dieser Rückzug ist jedoch nicht als reine Ignoranz gegenüber den politischen Zuständen zu verstehen, sondern vielmehr als subtile Kritik und als Suche nach einem Raum der

Freiheit innerhalb der gegebenen Grenzen. Im Vergleich zur Romantik, die sich durch eine starke Betonung des Emotionalen, des Mystischen und des Übersinnlichen auszeichnete, zeigte sich der Biedermeier von einer eher bodenständigen, realitätsnahen Seite. Während die Romantiker das Exotische, das Fernweh und die Flucht aus der Wirklichkeit suchten, fokussierte sich der Biedermeier auf das Zuhause, die Familie und die unmittelbare Umgebung. Die Romantik strebt nach dem Unendlichen und Unbekannten, der Biedermeier hingegen findet seine Erfüllung im Endlichen und Bekannten.

Der Geist des Biedermeier beschränkt sich nicht nur auf die Literatur, sondern findet auch in anderen Kunstformen seinen Ausdruck, insbesondere in der Malerei, der Musik und dem Möbeldesign. In der Malerei zeichnet sich der Biedermeier durch eine Vorliebe für detailreiche Darstellungen des bürgerlichen Lebens und der Landschaften aus. Komponisten wie Franz Schubert und Robert Schumann trugen mit ihren Werken zur musikalischen Untermalung des Biedermeier bei, indem sie die Gefühlswelten des Individuums in den Mittelpunkt rückten. Im Möbeldesign und in der Innenarchitektur manifestierte sich der Biedermeier durch eine Vorliebe für Einfachheit, Funktionalität und eine klare Formensprache, die bis heute als Ausdruck bürgerlicher Gemütlichkeit und Zurückhaltung geschätzt wird. Entsprechende Bilder kennen wir alle: *Der Sonntagsspaziergang* von Carl Spitzweg aus dem Jahr 1841 zeigt eine langweilig-spießige, mit sich selbst zufriedene Bürgerfamilie (mit den entsprechenden Insignien) in der sonnigen Natur, das *Zimmerbild* von Eduard Gaertner (1849) ist eine Darstellung biedermeierlicher Einrichtung in einer bürgerlichen Wohnung in Berlin, und *Die Heimkehr des Landmannes* von Ferdinand Georg Waldmüller (um 1833) zeigt als Beispiel biedermeierlicher Genremalerei den familiären Frieden einer glücklichen, auf sich selbst bezogenen und abseits der Öffentlichkeit stehenden ländlichen Gesellschaft. Häuslichkeit und Geselligkeit in Familie und Freundeskreis und ein idyllisches Bild der Heimat liefern den biedermeierlichen Malern die Motive und Themen. Gemalt wird, frei von jeglichem Pathos, überwiegend in warmen, dunklen Naturtönen, worin die bürgerlichen Tugenden wie Bescheidenheit, Ordnung, Sauberkeit dargestellt werden, manchmal überspitzt, manchmal aber eben auch mit einem kleinen ironischen Augenzwinkern. Diese, manche mögen sagen: piefige oder miefige Bürgerlichkeit beziehungsweise betuliche Zurückgezogenheit ist der augenscheinlichste Ausdruck des Biedermeier; Ludwig Uhland hätte sich darin vielleicht auch wohlgefühlt, meidet er doch den großen Auftritt und ist sehr häuslich. Dabei wird mit »Biedermeier zunächst der Spottname des in seiner Biederkeit selbstzufriedenen Kleinbürgers zum Ehrentitel einer bürgerlichen Epoche« (Bahr 1998, S. 437), aber die Wahrnehmung der Zeit ist nicht negativ (Bahr 1998, S. 436):

> »Der Biedermeier [...] war zu dieser Zeit schon der Inbegriff einer behaglich-stilvollen Bürgerkultur [...]. Die gute alte Zeit, da der Großvater die Großmutter nahm, hatte sich den von technischem Fortschritt, sozialen Konflikten und ideologischen Kämpfen bedrängten Enkeln so sehr verklärt, daß sie ihre eigene Sehnsucht nach häuslicher Idylle und harmonischem Gesellschaftsleben im Genrebild einer schöneren Vergangenheit erfüllt glaubten. Sie bewahrten sich in der Vorstellung von Ranftbechern, Schnupftabakdosen und blaß bemalten Teetassen, von Musenalmanachen, Stammbüchern und Glückwunschkarten, Tabakspfeifen, Medaillons und Amuletten eine ästhetische Requisitenkultur, die nicht selten in der musealen Glasvitrine auch ausgestellt wurde.«

Neben Eduard Mörike, der als einer der vielseitigsten Dichter des Biedermeier gilt und dessen Biographie von Ulrich Kittstein sehr lesenswert ist, wird die Epoche unter anderem von den Österreichern Adalbert Stifter (1805 bis 1868) und Franz Grillparzer (1791 bis 1872) geprägt; im Staate Metternichs ist der Biedermeier besonders prominent. Adalbert Stifter (dessen Biographie von Wolfgang Matz ebenso empfehlenswert ist) zählt zu den herausragenden Erzählern des Biedermeier. Sein literarisches Schaffen ist geprägt von einer tiefen Naturverbundenheit und einem ausgeprägten Sinn für das Detail, was in seinen sorgfältig komponierten Landschaftsbeschreibungen und der Darstellung des alltäglichen Lebens zum Ausdruck kommt. Stifters Werke, wie die Erzählsammlung *Bunte Steine* (1853) und der Roman *Der Nachsommer* (1857), zeugen von einer idealisierten, harmonischen Welt, in der Ordnung und Schönheit als Gegenentwurf zu den Unruhen seiner Zeit dienen. Seine Texte spiegeln das biedermeierliche Streben nach einem geordneten, überschaubaren Dasein wider, wobei Stifter allerdings auch die Abgründe unter der scheinbaren Idylle nicht ausblendet. Seine feinsinnige Beobachtung der Natur und der menschlichen Psyche macht ihn zu einem der bedeutendsten Autoren seiner Epoche. Franz Grillparzer, vornehmlich bekannt als Dramatiker, prägt wiederum das Theater des Biedermeier maßgeblich. Seine Dramen, wie *Das goldene Vlies* (1821), *König Ottokars Glück und Ende* (1825) und *Ein Bruderzwist in Habsburg* (1848) spiegeln die politischen und sozialen Spannungen seiner Zeit wider und thematisieren menschliche Konflikte vor dem Hintergrund historischer Ereignisse. Grillparzers Werke zeichnen sich durch eine komplexe Charakterzeichnung und eine meisterhafte Sprache aus. Sein Schaffen ist von einem tiefen Pessimismus geprägt, der sich in der Auseinandersetzung mit Macht, Schuld und dem tragischen Scheitern seiner Protagonisten äußert.

Ein Letztes: warum unbedingt Österreich? Auch diese Frage beantwortet die Forschung: »Der sentimentale Rückblick in eine vermeintlich heile Welt, die schon sich selbst als Refugium kultivierter Gemütlichkeit gegen den wachsenden Druck des frühindustriellen Zeitalters zu behaupten versucht, mußte sich vor allem Österreich zuwenden, weil hier die industrielle Entwicklung am langsamsten, das Metternichsche System am drückendsten und die Anmut, mit der man die Formen wenigstens ästhetischer Freiheit durchspielte, als Wiener Charme am gefälligsten war.« (Bahr 1998, S. 436) An anderem Ort wird die Querverbindung der Kaiserstadt zum Biedermeier wie folgt dargestellt (Czeike 2023):

> »Wenn die Merkmale des Biedermeier auch im gesamten mitteleuropäischen Raum nachzuweisen sind, so zeigen sie doch eine stark mit Wien verbundene typisch österreichische Prägung, weil die Entstehung des Biedermeier eine Reaktion auf den Metternichschen Polizeistaat mit seiner Zensur und der völligen Fernhaltung des Bürgertums von den Staats- und Kommunalangelegenheiten und von politisch-wirtschaftlichen Entscheidungen jeder Art darstellt; die erzwungene Abkehr vom öffentlichen Leben führte beim Bürgertum, das zu Geld und Ansehen gelangt und nicht selten nobilitiert worden

war, zu einer besonderen Wertschätzung der privaten Sphäre und zur Verfolgung persönlicher Interessen. Daraus resultierten behagliche Genussfreudigkeit (Vergnügungen, Theater, Ballsäle, Walzer, Volkssänger, Brigittakirtag) und Pflege des Gesellschaftslebens (in bürgerlichen [Karoline Pichler] und adeligen Salons [Fanny Arnstein, Geymüller und andere] ebenso wie in den Kaffeehäusern und bei Landpartien [Schubertiaden]), aber auch das Interesse an der Natur (Spaziergänge und Ausflüge auf das Glacis [Wasserglacis], in den Prater und den Wienerwald, Sommeraufenthalte in den Vororten und in der weiteren Umgebung, Aufblühen der Kurstadt Baden [Kornhäusel]), Liebe zur Kunst (die sich in der Freude an schönen Dingen, mit denen man sich umgab, ebenso zeigte wie in der Sammlung von Kunstgegenständen) und Verständnis für Dichtung (Dichterlesungen, Theater) und Musik (Hausmusik, Singakademien, Konzerte [Gesellschaft der Musikfreunde, gegründet 1812; Wiener Philharmoniker, gegründet 1842]); in manchen Bereichen (etwa in der Musik) ging die Rolle des interessierten und fördernden Publikums vom Adel auf das Bürgertum über. Die Wohnung (›Biedermeiermöbel‹) war der wichtigste Bereich der Biedermeierkultur.«

Dass der Biedermeier von der Revolution 1848/1849 verschluckt wird, kommt nicht von ungefähr, sondern liegt in seiner ureigenen Konstitution begründet; denn obgleich gerade Metternich in Österreich ein durch Zensur und Geheimdienste geprägtes, kaum angenehmes politisch-gesellschaftliches System schafft, ist die Gefahr einer Volkserhebung gering, beinahe im Gegenteil (Stein 1998, S. 30 f.):

»Die obrigkeitliche Verweigerung politischer Partizipation konnte sich auf traditional-beharrende Mentalitäten stützen und taugte für eine gewisse Zeit auch als ruheverbürgender Herrschaftshabitus, um gesellschaftliche Dynamik einzuschüchtern, zu mäßigen bzw. stillzustellen. Im problematischen Schutz dieser autoritären Ordnung gewann ein postrevolutionärer Konservativismus Kraft, dessen Spannweite ideologisch vom altständischen Klassenegoismus über die geistliche Orthodoxie bis zu einem romantischen Antikapitalismus reichte. Dabei erlangte er eine durchaus populäre Basis, indem er sich zugleich auf eine diffuse Weise mit den sozialen Ängsten depravierter Menschen vermischte. Ein Amalgam von Obrigkeitsergebenen und Kirchenfrommen, von Universalisten und Partikularisten, Romantikern und Krautjunkern, Biedermännern und Opportunisten trug und verteidigte das System von Tradition, Ordnung und Legitimität bis über die Revolution von 1848 hinaus.«

Man spürt: Ganz so einfach ist die Abgrenzung der zeitlich einigermaßen parallel verlaufenden Strömungen von Biedermeier und Romantik nicht. Beide ähneln sich in ihrer Zeitkritik und der ablehnenden Haltung dem Fortschritt gegenüber. Aber während die Romantik einen offenen Geist pflegt, sieht sich der Biedermeier vor allem an einem Ort: im gemütlichen Wohnzimmer. Und das lässt sich kaum mit Uhlands Sendungsbewusstsein und patriotischer Treue zusammenbringen, die ihn immer wieder aus der Ruhe seines Hauses hinausführen muss, um seinem Dienst nachzukommen. Auch wenn er sich nicht gerne in der Öffentlichkeit inszeniert, findet Uhlands Leben für die Öffentlichkeit sichtbar statt, gerade in seiner prominenten Rolle des Politikers und eben auch des Dichters, der das »literarische Leben der Zeit [durch] die Breitenwirkung der ›vaterländischen‹ Gelegenheitsgedichte [als] ein Medium regionaler Geselligkeit [und als] folgenreiche[s] Politikum« prägt. (Sautermeister 1998, S. 471 f.)

Fazit

Wir haben eine großangelegte Reise durch das literarische Schaffen Ludwig Uhlands unternommen; dass dies nicht erschöpfend sein kann, versteht sich von selbst. Festzustellen sind verschiedene Faktoren: Uhlands kreative Phase reicht im Schwerpunkt von 1804 bis ca. 1818 und nimmt danach, vermutlich getrieben durch die vielfältigen parlamentarischen und akademischen Verpflichtungen, immer mehr ab; im Alter verstummt Ludwig Uhland zusehends. Auf der anderen Seite war »Uhlands poetischer Ertrag [...] von außerordentlicher Durchschlagskraft« (Sautermeister 1998, S. 471), vor allem die Vaterländischen Gedichte waren im ganzen Land weit verbreitet: »Die aus geselligem Anlaß entstandenen politischen Lieder Uhlands wurden auf diese Weise zu Medien halböffentlicher Kommunikation. Die meisten von ihnen sind idealtypische Gelegenheitsgedichte, verfaßt für einen Fest- oder Gedenktag, und sprechen doch ein über den Tag hinaus ›allgemeineres Interesse‹ an – ganz so, wie Uhland das forderte.« (Sautermeister 1998, S. 471) Um eine Probe davon zu geben, folgt hier der *Neujahrswunsch* (1817), der mit nur knapper inhaltlicher Betrachtung für sich sprechen soll. Es ist eingebunden in die Sammlung *Vaterländische Gedichte*; der Zyklus besteht aus 15 Gedichten (Uhland 1983a, S. 78):

Neujahrswunsch

Wer redlich hält zu seinem Volke,
Der wünsch' ihm ein gesegnet Jahr!
Vor Mißwachs, Frost und Hagelwolke
Behüt' uns aller Engel Schar!
Und mit dem bang ersehnten Korne,
Und mit dem lang entbehrten Wein
Bring' uns dies Jahr in seinem Horne
Das alte, gute Recht herein!

Man kann in Wünschen sich vergessen,
Man wünschet leicht zum Überfluß,
Wir aber wünschen nicht vermessen,
Wir wünschen, was man wünschen muß.
Denn soll der Mensch im Leibe leben,
So brauchet er sein täglich Brot,
Und soll er sich zum Geist erheben,
So ist ihm seine Freiheit not.

Das Gedicht scheint eine Verbindung zwischen der materiellen und der spirituellen beziehungsweise ideellen Bedürftigkeit des Menschen herzustellen und dabei den Fokus auf die kollektive Hoffnung und die Wünsche eines Volkes zu legen. Es bietet eine tiefgreifende Reflexion über die Bedeutung von materiellem Wohlstand und geistiger Freiheit für das menschliche Dasein und verbindet die persönlichen und kollektiven Hoffnungen eines Volkes mit einem universellen Wunsch nach Gerechtigkeit, Wohlstand und Freiheit. Die erste Strophe beginnt mit einer solidarischen Bekundung, die die Aufrichtigkeit und Treue zu einem Volk unterstreicht. Der Sprecher wünscht sich für dieses Volk ein gesegnetes Jahr, frei von Missernten und Naturkatastrophen, symbolisiert durch »Mißwachs, Frost und Hagelwolke«. Die Bitte um Schutz durch »aller Engel Schar« verleiht dem Wunsch eine spirituelle Dimension, die über das Materielle hinausweist. Interessant ist hierbei die Erwähnung von »Korn« und »Wein« als Grundnahrungsmittel und als Symbol des Wohlstands und der Freude. Diese werden nicht nur als lebensnotwendige Güter, sondern auch als Träger des »alten, guten Rechts« gesehen – ein Ausdruck, der möglicherweise auf Gerechtigkeit, Freiheit oder traditionelle Werte und damit bereits auf die alte ständische Verfassung und Uhlands politisches Engagement anspielt, die das Gedicht für das Volk wiederhergestellt sehen möchte.

In der zweiten Strophe wird die Art der Wünsche thematisiert. Es wird eine Unterscheidung getroffen zwischen übermäßigen, unbedachten Wünschen (»Man kann in Wünschen sich vergessen, / Man wünschet leicht zum Überfluß«) und den grundlegenden, notwendigen Wünschen (»Wir wünschen, was man wünschen muß«). Diese notwendigen Wünsche werden konkretisiert als das Bedürfnis nach »täglich Brot« für das leibliche Wohl und »Freiheit« für das geistige und spirituelle Streben. Hier offenbart sich ein tieferes Verständnis der menschlichen Natur, das sowohl die physischen als auch die psychischen Bedürfnisse anerkennt. Die Freiheit wird dabei als essenziell für die menschliche Existenz und für die Möglichkeit, sich »zum Geist erheben« zu können, angesehen. Die Verwendung von Begriffen wie »Volk«, »täglich Brot« und »Freiheit« legt nahe, dass das Gedicht in einem politischen oder sozialen Kontext verstanden werden kann, in dem die Grundbedürfnisse und Grundrechte der Menschen im Vordergrund stehen. Es könnte eine Zeit der Unsicherheit oder Unterdrückung widerspiegeln, in der die Sehnsucht nach Stabilität, Gerechtigkeit und Selbstbestimmung besonders stark ist. Die Betonung der Gemeinschaft und der gemeinsamen Wünsche deutet auf die Bedeutung der Solidarität und des kollektiven Strebens nach einem besseren Leben hin.

Dabei ist mit Gerhard Schulz (2000, S. 789) zu konstatieren, dass Uhland »kein deutscher Nationalist« ist und dass in seiner poetischen Auseinandersetzung mit Geschichte nicht »Nationalgeschichte im engeren Sinne, sondern entweder die regionale, schwäbisch-württembergische oder aber die des europäischen Mittelalters, die auch das Objekt seiner philologisch-literaturhistorischen Studien bildete« im Fokus steht (Schulz 2000, S. 789). Daraus ergibt sich auch eine zumindest leichte Opposition zum theoretischen Grundverständnis der Romantik, die das Mittelalter als »auf die Zukunft gerichteten Geschichtsprozess« (Schulz 2000, S. 789) ansieht: Für Uhland hingegen existierte das Mittelalter »als Geschichte, und es bot als Archiv von Vergangenem Bilder und Ereignisse, die sich der Gegenwart zur Unterhaltung, aber auch Belehrung erzählen ließen. Auch das hat zur Beliebtheit der Uhlandschen Balladen beigetragen. [...] Das Ereignis aus der Vergangenheit gilt in der Gegenwart zur Warnung der einen und zur Ermutigung der anderen, zu denen sich Uhland zählte. Geschichte existiert bei ihm nur zu solchen Zwecken.« (Schulz 2000, S. 789)

Das ist auch aufschlussreich für Uhlands Positionierung im allgemeinen Sinne. Er war zuallererst Schwabe, dann Dichter und dann Romantiker, also ein schwäbischer Dichter (oder dichtender Schwabe?), der im zeitlichen Kontext der Romantik seine Pracht entfaltete und zu voller Blüte sich entwickelte. Aber diese Reihenfolge ist wichtig, folgt sie doch in gewisser Hinsicht Schulz' Bewertung des »intellektuellen Schwabentum[s]« (Schulz 2000, S. 784) als der tragenden Charakteristik der schwäbischen Romantik: Es ist das Schwabentum, das zuvorderst zählt, und dann kommt das, was die Romantik »und sein echtes Interesse« (Schulz 2000, S. 786) ausmacht, wie Uhland in seinem Aufsatz *Über die Romantik* darlegt (über den später noch zu sprechen sein wird): Es ist die »›historische Untersuchung‹ des ›Wunderbaren‹, der Literaturen aus alter Zeit, die mit ›ossianischen Nebelgebilden‹, Elfen, Meerfeyen [sic] und Zauberern, aber gleichermaßen mit mittelalterlicher Tapferkeit, Minne und christlicher Religiosität etwas von diesem ›Wunderbaren‹ und ›Romantischen‹ enthielten, von dem im übrigen stets und ständig die Natur sprach, wenn man nur Augen dafür besaß.« (Schulz 2000, S. 786)

Diese Wendung zur Geschichte, auch wenn die Wahrnehmung eine andere ist, betont auch Gerhard Storz (1967, S. 28): »Auch wenn man von Uhlands besonderem Werdegang absieht, der ihn immer entschiedener zur historischen Forschung hinleitete, so muß die Wendung zur Geschichte als ein Grundzug der schwäbischen Romantik gelten.« Das Geschichtliche kann damit als verbindendes Element der schwäbischen Dichterschule gelten, wie wir beispielsweise auch beim kurzen Abriss der Dichtung Justinus Kerners gesehen haben. Zugleich sieht Storz, durchaus geprägt von Liebhaberei, im Mittelalter einen bedeutenden Ankerpunkt für Uhland, von dem wir nicht wissen, was den »schwerblütigen Jüngling hinriß und zum Dichter machte« (Storz, 1967, S. 47):

> »Die Begegnung mit der, wie es ihm schien, reicheren, begnadeteren Welt des Mittelalters, ist uns in ihrer lösenden, einweihenden Kraft gar nicht mehr vorstellbar, jedenfalls nicht ohne weiteres: müssen wir uns doch erst die Stickluft einer schon überständig gewordenen Aufklärung im altwürttembergischen Kirchen- und Schulwesen vergegenwärtigen, ehe uns die Freude jener jungen Menschen in Tübingen an Volksdichtung und Dichtung versunkener Vorzeit begreiflich wird. Aber in der Begeisterung Uhlands für Rittertum und ritterliche Dichtung steckte ein fatales, fast tragisches Moment, nicht nur deshalb, weil sich jene geliebte Welt, sowohl dem Gang der Zeit zufolge als auch der eigenen, im Grunde nüchternen Natur entsprechend, aus einem dichterischen Gegenstand in ein Objekt für gelehrte Forschung verwandeln mußte.«

Nimmt man den Schwulst, die Emphase, die latent heimatselige Anbiederei des Autors aus dieser Passage heraus, bleibt im Kern doch eine interessante Erkenntnis stehen: dass Uhland sich aus der Dichtkunst heraus in die Wissenschaft hineinentwickelt. Und das nächste Kapitel wird zeigen, wie bedeutsam seine Forschungen für die Entwicklung der Germanistik gewesen sind, und wahrscheinlich wird sich daraus auch ablesen lassen, wieso er sich – nach seiner fast 15-jährigen kreativen Hochleistungsphase – immer weiter aus der Dichtung zurückzieht. Er war immerhin außerordentlicher Professor für deutsche Sprache und Literatur an der Universität in Tübingen mit zahlreichen Beiträgen auf dem damals noch jungen Gebiet der germanistischen Mediävistik; diesen Gegenstand wird das nächste Kapitel ausführlich verhandeln.

Uhland als Wissenschaftler: Beiträge zu Germanistik und Dichtungstheorie

Die Germanistik, auch bekannt als German Studies, ist ein vielseitiges und faszinierendes Feld, das sich mit der Erforschung der deutschen Sprache, Literatur, Kultur und Geschichte befasst. Sie ist eine Schlüsseldisziplin innerhalb der Geisteswissenschaften und spielt eine wichtige Rolle im Verständnis der kulturellen, sozialen und historischen Kontexte, die die deutschsprachigen Länder geformt haben. Die Bedeutung der Germanistik liegt in ihrem Beitrag zum Verständnis und zur Wertschätzung der deutschsprachigen Kultur und Geschichte. Sie ermöglicht tiefe Einblicke in die Denkweisen, Werte und Ästhetik der deutschsprachigen Völker und fördert dadurch das kulturelle Verständnis und den Austausch. Zudem trägt sie zur Erhaltung des kulturellen Erbes bei und leistet einen wichtigen Beitrag zur Sprachpflege und -entwicklung.

Die Ursprünge der Germanistik können bis in die Zeit der Aufklärung und Romantik zurückverfolgt werden. Im 18. Jahrhundert beginnt das Interesse an der eigenen Sprache und Literatur zu wachsen, was teilweise als Reaktion auf die Dominanz der französischen Kultur gesehen werden kann. Frühe Werke wie die Forschungen der Brüder Grimm (wichtig: die Brüder-Biographie von Steffen Martus!) tragen wesentlich zur Entwicklung der Germanistik bei. Im 19. Jahrhundert etabliert sich die Germanistik als eigenständige wissenschaftliche Disziplin an den Universitäten. In dieser Zeit wird sie stark von nationalen Ideen beeinflusst, was sich in einer intensiven Beschäftigung mit der mittelalterlichen Literatur und der Suche nach einer »deutschen Identität« widerspiegelt. Im 20. Jahrhundert, insbesondere nach dem Zweiten Weltkrieg, erfährt die Germanistik eine kritische Neuausrichtung. Sie wird internationaler und öffnete sich neuen theoretischen Ansätzen. Dies führte zu einer breiteren und kritischeren Auseinandersetzung mit der deutschen Sprache und Literatur. Zusammenfassend ist die Germanistik eine Disziplin, die durch ihre tiefgreifende Auseinandersetzung mit Sprache, Literatur und Kultur wesentliche Beiträge zum Verständnis der deutschsprachigen Welt leistet. Sie ist nicht nur für Akademiker von Bedeutung, sondern auch für alle, die sich für die deutsche Sprache und Kultur interessieren.

Ein Spezialgebiet ist die Mediävistik. Die Mediävistik, auch bekannt als mittelalterliche Studien oder Mittelalterforschung, ist ein faszinierender und vielschichtiger Teilbereich der Geisteswissenschaften, der sich auf das Studium des europäischen Mittelalters konzentriert. Dieser Zeitraum erstreckt sich grob von der Spätantike (fünftes Jahrhundert) bis zum Beginn der Neuzeit (15. Jahrhundert) und umfasst eine Vielzahl von Disziplinen, einschließlich Geschichte, Literatur, Kunst, Philosophie und Theologie. Die Mediävistik ist von großer Bedeutung, da sie ein tiefes Verständnis für die Wurzeln Europas und der modernen westlichen Zivilisation bietet. Sie hilft, die Komplexität und Vielfalt des Mittelalters zu verstehen und räumt mit vielen Mythen und Missverständnissen auf, die im Laufe der Zeit entstanden sind.

Die historische Forschung innerhalb der Mediävistik deckt ein breites Spektrum an Themen ab, darunter die Feudalgesellschaft, die Kirche, Kriege, das Rittertum, die Pest und die Kreuzzüge. Besondere Aufmerksamkeit wird der Entstehung von Nationalstaaten und der Entwicklung politischer Systeme gewidmet. Die mittelalterliche Kunst und Architektur, einschließlich der berühmten gotischen Kathedralen, sind ebenfalls zentrale Studienobjekte. Die Analyse der Kunstwerke umfasst sowohl die technischen Aspekte ihrer Herstellung als auch ihre symbolische und kulturelle Bedeutung. In der mittelalterlichen Literaturforschung wiederum stehen Texte in verschiedenen Sprachen wie Latein, Alt- und Mittelhochdeutsch, Altfranzösisch und Mittelenglisch im Mittelpunkt. Wichtige literarische Werke wie Dantes *Göttliche Komödie*, das *Nibelungenlied* und die Artus-Literatur werden im Kontext ihrer Zeit untersucht.

Die Mediävistik als akademisches Feld beginnt sich parallel zur Germanistik im 19. Jahrhundert zu entwickeln, vor allem im Kontext der Romantik, die ein verstärktes Interesse am Mittelalter und seinen künstlerischen und literarischen Errungenschaften weckte. Im 20. Jahrhundert erfährt das Feld durch die Einführung neuer Methoden und Theorien aus benachbarten Disziplinen wie der Soziologie und Anthropologie eine bedeutende Erweiterung. In den letzten Jahrzehnten hat sich die Mediävistik weiterentwickelt, um eine breitere Palette von Perspektiven und Themen einzubeziehen, darunter Geschlechterstudien, multikulturelle Einflüsse im mittelalterlichen Europa und interdisziplinäre Ansätze, die Kunst, Musik und Literatur verbinden. Zusammenfassend stellt die Mediävistik einen unverzichtbaren Bereich der Geisteswissenschaften dar, der es ermöglicht, die Komplexität und Diversität des Mittelalters zu verstehen und seine anhaltende Bedeutung in der heutigen Welt zu erkennen. Sie ist nicht nur für Historiker und Literaturwissenschaftler relevant, sondern für jeden, der sich für die Wurzeln der modernen Gesellschaft und Kultur interessiert.

Die germanistische Mediävistik befasst sich mit der Erforschung der deutschen Sprache und Literatur des Mittelalters. Dabei liegt der Schwerpunkt auf Texten, die in verschiedenen altgermanischen Sprachen, insbesondere in Alt- und Mittelhochdeutsch, verfasst wurden. Die germanistische Mediävistik ist von großer Bedeutung, da sie Einblicke in die Anfänge und die Entwicklung der deutschen Kultur und Identität bietet. Sie leistet einen wesentlichen Beitrag zum Verständnis der historischen Wurzeln der deutschen Sprache und Literatur und trägt zum kulturellen Erbe bei. Im sprachwissenschaftlichen Bereich umfasst die germanistische Mediävistik die Untersuchung der historischen Entwicklung der deutschen Sprache. Dies beinhaltet die Erforschung von Phonologie, Morphologie, Syntax und Lexik des Alt- und Mittelhochdeutschen. Ein besonderer Fokus liegt auf der Entstehung und Entwicklung der Schriftsprache, den Dialekten und der Sprachkontaktforschung. In der Literaturwissenschaft konzentriert sich dieses Fach auf die Analyse und Interpretation mittelalterlicher deutscher Texte. Zu den Kernthemen gehören berühmte Werke wie das *Nibelungenlied*, der *Parzival* Wolframs von Eschenbach, die Minnesang-Dichtung und die geistliche Literatur des Mittelalters. Die Untersuchung dieser Werke beinhaltet die Analyse ihrer Themen, Strukturen, Stilmerkmale sowie ihrer historischen und kulturellen Kontexte.

Die germanistische Mediävistik entwickelt sich im 19. Jahrhundert parallel zur allgemeinen Mediävistik und Germanistik. Ihre Anfänge sind eng mit dem aufkommenden Nationalbewusstsein und dem Interesse an den historischen Wurzeln der deutschen Nation verbunden. Wichtige Impulse für das Fach kommen wiederum von Gelehrten wie den Brüdern Grimm, die sich sowohl mit der Sprache als auch mit der Literatur des deutschen Mittelalters beschäftigen. Im 20. Jahrhundert erlebt die germanistische Mediävistik, ähnlich wie andere geisteswissenschaftliche Disziplinen, eine Phase der Neubewertung und methodischen Erweiterung. Moderne theoretische Ansätze, beispielsweise die strukturalistische und poststrukturalistische Theorie, werden integriert, um mittelalterliche Texte in einem neuen Licht zu sehen. Zusammenfassend lässt sich sagen, dass die germanistische Mediävistik ein zentraler und dynamischer Bereich innerhalb der Germanistik ist, der für das Verständnis der deutschen Sprache, Literatur und Kultur unerlässlich ist. Sie bleibt ein lebendiges und sich ständig weiterentwickelndes Feld der Geisteswissenschaften.

Im frühen 19. Jahrhundert, also in den Gründerjahren der wissenschaftlichen Germanistik in Deutschland, positioniert sich Ludwig Uhland schon früh als literaturwissenschaftlicher Forscher; auch wenn sein erstes Interesse eher der romanistischen Mediävistik gilt, wie sein Pariser Aufenthalt zeigt (Fischer 1895, S. 149):

>U[hland] traf in Paris mit dem von Tübingen her bekannten Varnhagen zusammen; er lernte Chamisso kennen, der ihm das Original der ›Königstochter‹ vermittelte; noch werthvoller war die Bekanntschaft mit Immanuel Bekker, der ihn in die spanische und portugiesische Litteratur einführte. U[hland] hat in den ¾ Jahren seines Pariser Aufenthalts die eindringlichsten Studien altfranzösischer Litteratur gemacht, daneben sich auch mit altdeut-

scher Literatur beschäftigt. Die Frucht davon war Uhland's erste gelehrte Arbeit, ›Ueber das altfranzösische Epos‹, welche 1812 erschien[.]«

Der im Zitat erwähnte Immanuel Bekker ist ein deutscher Altphilologe und heute noch bekannt für die Edition der ersten modernen Aristoteles-Gesamtausgabe. Viel herausgestellt wird die »Stellung, die er in der Geschichte der classischen Philologie einnimmt. Er war der erste, der in umfassender Weise correcte griechische Texte auf diplomatischer Grundlage hergestellt hat; von den Schriftstellern, die er nach Handschriften bearbeitet, sind die Texte aller früheren Arbeiten unbrauchbar geworden. Erst durch seine verlässigen Ausgaben hat das Studium der griechischen Grammatik und Lexikographie sichern und festen Boden gewonnen. [...] Aber er kannte nicht blos das Maß, das man bei Benutzung von Handschriften zu beobachten hat; er zeigte auch die richtige Methode, wie ein kritischer Apparat mitzutheilen ist; sein Verfahren wurde das Vorbild für alle Arbeiten gleicher Gattung.« (Halm 1875, S. 302)

Uhland kommt also schon früh in Kontakt mit bedeutenden Philologen, die sein Interesse an literaturwissenschaftlicher Forschung sicherlich zusätzlich motiviert haben. Wir dürfen an dieser Stelle aber nicht vergessen, dass Ludwig Uhland germanistischer Autodidakt ist. Er hat niemals Philologie studiert, auch nicht Sprachen und Geschichte oder zumindest Philosophie; er ist Jurist, wie wir gesehen haben. Und dennoch verfasst er mit *Ueber das altfranzösische Epos* eine beeindruckende Studie mit philologischer Tiefe:

»Mit Scharfsinn und methodischer Sicherheit, wie sie bei einem Erstlingswerk doppelt zu bewundern sind, hat U. die Grundzüge der Geschichte des afr. Epos gezogen zu einer Zeit, als die Kenntniß desselben fast ganz aus den alten Handschriften selbst geschöpft werden mußte.« (Fischer 1895, S. 149)

Uhlands wissenschaftlicher Ansatz ähnelt sehr stark seinem Verständnis von der Bedeutung des Mittelalters, wie Storz (a. a. O.) sie herausgestellt hat. Das zeigt sich bereits an der Einleitung zu genannter Untersuchung (Holland 1869, S. 329):

»Daß in der alten nordfranzösischen Sprache ein Cyklus wahrhaft epischer Gedichte sich gebildet habe, dieses auszuführen und zu belegen, ist der Gegenstand des folgenden Versuches. Ohne mich über den Begriff des Epos, welcher dabei zum Grunde gelegt ist, mit Mehrerem zu verbreiten, bemerke ich so viel, daß ich zu zeigen suchen werde, wie jene Gedichte durch Darstellung einer mächtigen Heldenzeit, durch Bildung eines umfassenden Kreises vaterländischer Kunden, durch Objektivität und ruhige Entfaltung, so wie durch angemessene Haltung des Stils und Beständigkeit der Versweise, endlich durch Bestimmung für den Gesang sich als ein Analogon der homerischen Gesänge und des Nibelungenkreises bewähren.«

Damit wird Uhland zum Mitbegründer der Romanistik in Deutschland. Das ist kaum bekannt, und nicht einmal im Artikel Entwicklungstendenz der Fachgenese im 19. und frühen 20. Jahrhundert des Deutschen Romanistikverbands wird auf Uhland Bezug genommen (Kalkhoff 2010):

»Die Romanistik respektive Romanische Philologie – wie sie in der historisch-philologischen Tradition des 19. Jahrhunderts stehend bisweilen auch heute noch genannt wird – entwickelte sich ab ca. 1820 konzeptuell und institutionell an den deutschen Universitäten zu einem eigenständigen Universitätsfach. Vor allem in der ideengeschichtlich ausgerichteten Fachgeschichtsschreibung werden das Erscheinen der dreibändigen Grammatik der romanischen Sprachen (1836, 1838, 1844) und des Etymologischen Wörterbuchs der romanischen Sprachen (1853) des Bonner Romanisten Friedrich Diez zu den Geburtsstunden unseres Faches stilisiert.«

Und weiter (Kalkhoff 2010):

»Die maßgebenden ideologischen Projekte, die die Herausbildung einer romanischen Fachwissenschaft im frühen 19. Jahrhundert begleiteten und beförderten, sind die deutsche Romantik und der philosophische Idealismus. Mittels vergleichender Literaturbetrachtung und Editionen früher volkssprachlicher Texte glaubte man, zum Ursprung des menschlichen Geistes bzw. später zum Volksgeist der jeweiligen Nationen vorzudringen. So sind u. a. Friedrich und August Wilhelm Schlegel, Jacob Grimm sowie August Immanuel Bekker aufgrund ihrer romanisch-philologischen Forschungen und Editionsprojekte durchaus als Romanisten avant la lettre zu bezeichnen. Erste zaghafte Versuche der Institutionalisierung der romantischen Idee einer vergleichenden Literaturgeschichte, in der romanische Literaturen eine Schlüsselrolle einnehmen

(Dante, Cervantes, Camões), lassen sich an den Universitäten Berlin (1810) und München (1826) beobachten.«

Der Weg von der altfranzösischen Philologie zur alt- und mittelhochdeutschen Philologie ist damit gar nicht allzu lang. Zwar dauert es einige Jahre, bis die erste bedeutsame germanistische Abhandlung erscheint; aber als 1822 Uhlands Monographie *Walther von der Vogelweide, ein deutscher Dichter* erscheint, ist dies ein substanzieller Beitrag zur erwachenden Germanistik. Walther von der Vogelweide wurde um 1170, wahrscheinlich in Südtirol, geboren und verstarb um 1230 (Bahr 1999, S. 137):

»Um 1190 scheint Walther seine Laufbahn am Wiener Hof des Babenberger Herzogs Leopold V. angetreten zu haben, doch schon kurz nach dem Tode Friedrichs, des Sohnes Leopolds, im Jahre 1198 und nach dem Regierungsantritt von Friedrichs Bruder Leopold VI. mag er Wien verlassen haben, um sich sogleich in staufischen Diensten als Dichter, vielleicht auch als Ritter hervorzutun. 1203 war er vielleicht wieder kurz in Wien, nach dem Tode Philipps von Schwaben im Jahre 1208 mag er im Dienste Ottos IV., dann Friedrichs II. gestanden haben. 1220 erhielt er scheinbar ein Lehen von Friedrich II.; um 1230 ist er gestorben.«

Um den Begriff »staufisch« kurz zu erklären: Das Stauferzeitalter erstreckte sich vom späten 11. bis zum Ende des 13. Jahrhunderts und wurde von dem Adelsgeschlecht der Staufer dominiert. Die politische Landschaft dieser Epoche wurde maßgeblich durch die Ambitionen und Konflikte der Staufer geformt. Mit Konrad III., der 1138 zum König gewählt wurde, begann die Herrschaft der Staufer. Ihr Einfluss erreichte unter den Kaisern Friedrich I. Barbarossa und Friedrich II. seinen Höhepunkt. Diese Herrscher bemühten sich um die Stärkung der kaiserlichen Macht, stießen dabei jedoch auf heftigen Widerstand, sowohl vom Papsttum als auch von verschiedenen europäischen Monarchen. Besonders Friedrich II., bekannt für sein intellektuelles Interesse und seine Förderung der Künste, hinterließ ein bedeutendes Erbe in Bezug auf die Verwaltung und Kultur des Reiches. Das Ende der Stauferdynastie kam mit dem Tod von Konradin im Jahr 1268, der nicht nur das Ende eines Herrschergeschlechts, sondern auch das Ende einer Epoche markierte. Die Staufer hinterließen ein reiches kulturelles und politisches Erbe, das die Entwicklung des europäischen Staatswesens und der europäischen Kultur maßgeblich beeinflusste. Kulturell war das Stauferzeitalter eine Blütezeit. Die höfische Kultur und der Minnesang, der sich durch lyrische Dichtung über die höfische Liebe auszeichnete, erreichten einen Höhepunkt. Die Kunst und Architektur erlebten eine bemerkenswerte Entwicklung, wobei der Übergang von der Romanik zur Gotik in eindrucksvollen Kathedralen und Burgen sichtbar wurde. Die Stauferkaiser förderten aktiv die Wissenschaften, was in der Gründung von Bildungseinrichtungen wie der Universität Neapel deutlich wird. Wirtschaftlich und gesellschaftlich brachte das Stauferzeitalter ebenfalls bedeutende Veränderungen. Der Handel erlebte einen Aufschwung, Städte wurden gegründet, und das städtische Bürgertum gewann an Bedeutung. Diese Entwicklungen führten zu einer komplexeren Gesellschaftsstruktur und brachten neue soziale Spannungen und Konflikte mit sich.

Walthers Leben und Werk fallen in eine Zeit des Umbruchs und der Entwicklung in Europa, gekennzeichnet durch den Übergang vom Hochmittelalter zur Spätphase des Mittelalters. Walther war nicht nur ein Meister des Minnesangs, einer Form der Liebeslyrik, sondern auch ein scharfsinniger Beobachter seiner Zeit, was sich in seinen politischen und moralischen Liedern widerspiegelt. Sein Werk umfasst Minnelieder, Sangsprüche und Reichston-Strophen. »Immer wieder kommt Walther auf das Reich zu sprechen und ist bemüht, denjenigen Potentaten sängerisch zu unterstützen, der der Sache des Reiches am besten dient. Das sind in erster Linie natürlich König und Kaiser.« (Bein 1997, S. 213) Walther war bekannt für seine Fähigkeit, komplexe Gedanken und Emotionen mit einer beeindruckenden sprachlichen Präzision auszudrücken. Sein Lebensweg als Fahrender – ein Berufssänger und Dichter, der von Hof zu Hof zog – spiegelt die sozialen und politischen Verhältnisse seiner Zeit wider. Walther nutzte seine Lieder, um Kritik an gesellschaftlichen Missständen zu üben, was ihm sowohl Bewunderung als auch Gegnerschaft einbrachte. Besonders bemerkenswert bei Walther ist seine Entwicklung vom traditionellen Minnesänger, der die unerreichbare Dame verehrt, hin zu einem Dichter, der persönliche Gefühle und soziale Anliegen in seinen Werken verarbeitet. Dies zeigt sich beispielsweise in seinem berühmten Lied *Under der Linden*, das eine deutlich sinnlichere und irdischere Liebe thematisiert als üblich in der Minnelyrik jener Zeit. Walther stand auch in engem Kontakt mit den politischen Geschehnissen seiner Zeit. Er kommentierte und kritisierte die Machtkämpfe zwischen dem Kaiser und dem Papst, wie in seinen Reichstonen ersichtlich ist, und ergriff oft Partei für den deutschen Kaiser. Dies verdeutlicht seine tiefere Einbindung in die politischen Angelegenheiten seiner Epoche. Walther von der Vogelweide war nicht nur ein Dichter von großer Bedeutung für die mittelhochdeutsche Literatur, sondern auch ein scharfer Beobachter und Kommentator seiner Zeit. Sein Erbe ist bis heute in der deutschen Literatur spürbar und seine Werke sind ein unersetzlicher Teil des kulturellen Gedächtnisses.

Der Minnesang ist bekanntlich eine der wichtigsten literarischen und musikalischen Formen des Mittelalters im deutschsprachigen Raum. Der Minnesang entstand im 12. Jahrhundert und erlebte seine Blütezeit im 13. Jahrhundert. Er bietet Einblicke in die höfische Liebe, die sozialen Strukturen und die künstlerischen Ausdrucksformen jener Zeit. Seine Texte und Melodien sind ein unverzichtbarer Bestandteil des kulturellen Erbes und ein Schlüssel zum Verständnis der mittelalterlichen Welt. Zu den bekanntesten Minnesängern gehören neben Walther von der Vogelweide auch Heinrich von Morungen, Reinmar von Zweter und Wolfram von Eschenbach, der auch als Autor des Epos' *Parzival* berühmt ist. Mit dem Ende des Mittelalters und dem Aufkommen neuer literarischer Formen und Ästhetiken begann der Niedergang des Minnesangs. Die Ideale und die Sprache des Minnesangs wirkten jedoch in späteren literarischen Werken nach und beeinflussten die Entwicklung der deutschen Literatur nachhaltig.

Eine weitere wichtige Komponente des Minnesangs war die Musik. Die Melodien, zu denen die Lieder gesungen wurden, waren ebenso bedeutend wie die Texte. Leider sind viele dieser Melodien verloren gegangen, da die musikalische Notation damals noch in den Kinderschuhen steckte. Die wenigen erhaltenen Melodien zeigen jedoch eine bemerkenswerte Vielfalt und Komplexität. Im Laufe der Zeit entwickelte sich der Minnesang weiter. Während er anfangs von der Nachahmung der okzitanischen Troubadour-Kunst geprägt war, entwickelten die Minnesänger allmählich einen eigenständigen Stil. Diese Entwicklung mündete in unterschiedlichen regionalen Stilen und Variationen innerhalb des deutschsprachigen Raums.

»Das lyrische Gedicht war immer ein Lied, das zum Singen bestimmt war. Text und Musik gehörten zusammen. Während ein Epos zunächst als Schriftwerk geschaffen wurde und dann zum Vortrag gelangte, war es beim Lied umgekehrt: es wurde primär gesungen und außerdem vielleicht noch aufgeschrieben. Dieser unterschiedliche Ausgangspunkt hat die ganze Überlieferung geprägt.« (Bumke 2002, S. 751 f.)

In der älteren Literaturgeschichtsschreibung heißt es beispielsweise zusammenfassend:

»Minnesang ist die erste Dichtung in deutscher Sprache, in der das Individuum seine eigensten, innersten Anliegen ausspricht; er ist die erste wirkliche volkssprachige Ich-Dichtung in Deutschland und im mittelalterlichen Europa überhaupt. Wo das Individuum bisher als Ich gesprochen hatte, in Gebet, Beichte und Sündenklage, waren es Worte, die dem Laien von der Kirche in den Mund gelegt worden waren.« (de Boor 1974, S. 216)

Vor allem die Liebe als das »innigste und bedrängendste innerweltliche Gefühlserlebnis« (de Boor 1974, S. 217) ist der Treiber des Minnesangs. Der »Minnesang vermag es sofort, den seelischen Wurzeln der Liebe bis in ihre feinen Verästelungen nachzugehen und sie zu analysieren. Es ist von vornherein eine sehr bewußte Kunst, der sogleich auch der Schatz an Worten und Bildern zur Verfügung steht, um die neuen seelischen Erfahrungen angemessen auszudrücken.« (de Boor 1974, S. 217)

Dass Uhland sich in seiner germanistischen Motivation vor allem mit der mittelalterlichen Literatur auseinandersetzt, kommt nicht von ungefähr: Die Beschäftigung mit dem Minnesang ist konstitutiv für das 18. und frühe 19. Jahrhundert. Bernd Weil bezeichnet diese

Renaissance des Mittelhochdeutschen als zweite nach der des Humanismus (Weil 1991, S. 71):

> »Die sogenannte zweite Wiederentdeckung des deutschen Minnesangs setzte Mitte des 18. Jahrhunderts ein, als sich – vor allem während und nach dem Siebenjährigen Krieg (1756–1763) zwischen Preußen, Österreich und Sachsen – in Deutschland allmählich ein erwachendes Nationalgefühl abzeichnete. Die aufkommende patriotische Stimmung begünstigte das geistige Zusammengehörigkeitsgefühl, das sich unter anderem in einer Hinwendung zu einer gemeinsamen Vergangenheit ausdrückte. Philosophie und Geschichtsschreibung, aber auch die Dichtkunst blieben davon nicht unbeeinflusst. Obwohl man sich zunächst mehr dem ›germanischen Erbe‹ zuwandte, da das (katholische) Mittelalter in der nach-reformatorischen Zeit als »finster« galt, begann man in der zweiten Hälfte des 18. Jahrhunderts, die Lieder der Minnesänger in grundlegenden Sammlungen erstmals einer breiten Öffentlichkeit zugänglich zu machen.«

Die Schweizer Forscher Johann Jakob Bodmer und Johann Jakob Breitinger haben sich schon ab 1743 mit dem Minnesang und dem *Nibelungenlied* befasst und die älteste aller ›Gesamtausgaben‹ auf die Beine gestellt, in welcher erstmals alle Texte der sogenannten Großen Heidelberger Liederhandschrift versammelt sind. Die Große Heidelberger Liederhandschrift ist auch als Codex Manesse bekannt und gilt als die umfangreichste und berühmteste deutsche Liederhandschrift des Mittelalters. Die Manessische Liederhandschrift enthält dichterische Werke in mittelhochdeutscher Sprache, etwa 6000 Strophen von rund 140 Autoren. Eine der herausragenden Eigenschaften des Codex Manesse ist seine reiche Illustration. Jeder Dichter wird mit einer Miniatur porträtiert, die Szenen aus seinem Leben oder seiner Poesie darstellt. Diese Illustrationen sind nicht nur künstlerisch wertvoll, sondern bieten auch wichtige Einblicke in die mittelalterliche Gesellschaft, Mode, Rituale und das höfische Leben. Die Handschrift selbst ist ein Meisterwerk der Buchkunst. Sie zeichnet sich durch ihre Größe, den Reichtum ihrer Ausstattung und die Qualität ihrer Ausführung aus. Der Codex ist in Pergament geschrieben und war ursprünglich mit kostbaren Einbänden versehen. Seine Miniaturen sind in leuchtenden Farben gehalten und mit Gold verziert, was auf den hohen Stellenwert hinweist, den diese Sammlung bei ihren Auftraggebern und Besitzern genoss. Inhaltlich repräsentiert der Codex Manesse das gesamte Spektrum des Minnesangs, von frühen Formen bis hin zu Entwicklungen des späten 13. Jahrhunderts. Er umfasst sowohl weltliche als auch geistliche Lieder und spiegelt damit die Breite und Tiefe mittelhochdeutscher lyrischer Traditionen wider. Heute wird der Codex Manesse in der Universitätsbibliothek Heidelberg aufbewahrt und ist ein wertvoller Schatz für Historiker, Literaturwissenschaftler und alle, die sich für die mittelalterliche Kultur interessieren. Seine Bedeutung liegt nicht nur in seinem Beitrag zur mittelhochdeutschen Literatur, sondern auch in seinem Einblick in die kulturellen, sozialen und historischen Kontexte des Mittelalters.

Der Romantiker Ludwig Tieck beispielsweise hat sich intensiv dem Minnesang und dabei vor allem dem ›Schwäbischen Zeitalter‹ zugewendet. Dazu hat er auch einen umfangreichen theoretischen Text verfasst, der allein schon in der Vorrede seine volle Pracht entfaltet. Im Folgenden sollen einige Teile der Vorrede zitiert werden, um einen Eindruck davon zu erhalten (Uerlings 2000, S. 147 f.):

> »Ich will es mir vorbehalten, bei einer schicklichern Gelegenheit weitläufiger von diesen Gedichten und ihrem historischen Zusammenhange zu sprechen. In einem Zeitraume von hundert Jahren waren alle diese verschiedenartigen Werke zu gleicher Zeit bei den Deutschen geliebt und geschätzt [...] Wir müssen annehmen, daß der Sinn für die Poesie in jener Zeit eben so innig, als empfänglich und viel umfassend war, jeder dieser Gegenstände bildete eine eigene poetische Welt um sich, ohne eine andere stören zu wollen, und alte Tradition, Liebe und Religion vereinigten die verschiedensten Gemüter zu einem Interesse. [...] Gläubige sangen vom Glauben und seinen Wundern, Liebende von der Liebe, Ritter beschrieben ritterliche Thaten und Kämpfe, und liebende, gläubige Ritter waren ihre vorzüglichsten Zuhörer. Der Frühling, die Schönheit, die Sehnsucht, die Fröhlichkeit, waren die Gegenstände, welche nie ermüden konnten, große Waffentaten und Zweikämpfe mußten alle Hörer hinreißen [...] Die Dichtkunst war kein Kampf gegen etwas, kein Beweis, kein Streit für etwas, sie setzte in schöner Unschuld den Glauben an das voraus, was sie besingen wollte, daher ihre ungesuchte, einfältige Sprache in dieser Zeit, dieses reizende Tändeln, diese ewige Lust am Frühling, seinen

Blumen und seinem Glanz, das Lob der schönen Frauen und die Klagen über ihre Härte, oder die Freude über vergoltene Liebe.«

Die umfangreiche Vorrede zeichnet das ideale (oder idealistische?) Bild einer Epoche. Aus dem Text Tiecks spricht weitreichende Begeisterung für das feudale Mittelalter mit seiner höfischen und ritterlichen Kultur, in der Religiosität, Kämpfe und Dichtung eine wesentliche Rolle spielten, alles Negative der Zeit (von Krankheiten bis hin zum problematischen Verhältnis zwischen den Ständen) wird ausgelassen. Und es finden sich Tieck zufolge schon Kernelemente der Romantik im Mittelalter mit der Akzentuierung der prachtvollen Natur und der »ewige[n] Lust am Frühling, seinen Blumen und seinem Glanz« (Uerlings 2000, S. 148). Ludwig Tieck hat in der Vorrede ebenfalls seine Motivation, sich mit dem Minnesang zu befassen, dargelegt und verdeutlicht, wie wichtig die Beschäftigung mit dieser Form der Poesie in der damaligen Gegenwart sei. Denn seiner Ansicht nach sei die zurückliegende Arbeit mit der älteren deutschen Poesie nicht immer von Erfolg gekrönt gewesen. Sie habe in der breiteren Öffentlichkeit eben keine echte Wirkung gehabt. Das wolle er ändern, um dem breiten Lesepublikum herausragende Beispiele beziehungsweise die schönsten Stücke des Minnesangs zu präsentieren. Der Germanist Hermann August Korff hat sich ausführlich mit Ludwig Tiecks Minnesangrezeption befasst. Er hält Tiecks Aufsatz für das »erste Dokument der romantischen Germanistik«. Dieses beschränkte sich nicht darauf, »für sich selbst die Schätze der altdeutschen Poesie zu entdecken, sondern fühlte es als ihre Mission, sie auch für die Nation zu entdecken und dieser zurückzugeben, was sie, ohne darum zu wissen, an nationalen Werten besaß« (Korff 1953, S. 142).

> »Tieck ist für Korff ein Musterbeispiel für die Mittelalterrezeption der Romantik. Dass es in der Epoche zu der Liebe zum Mittelalter und zur Dichtung des Zeitalters gekommen sei, könne als das natürliche Folge der allgemeinen Hinwendung der Frühromantik zur christlichen Ritterlichkeit des Mittelalters angesehen werden. Mit ihr sei die romantische Umwertung des Mittelalters vollzogen, das jetzt mithin als Schoß der Dichtung erscheine, wodurch das Mittelalter in der romantischen Auffassung zu einer Zeit der Religion und zu einer Zeit der Poesie zugleich geworden sei. Und das habe zur Folge, dass die

›mittelalterliche Dichtung die höhere Form der Poesie, gewissermaßen die Poesie an sich‹ sei – aber immer verbunden mit einer positiven Beurteilung des Rittertums als dem zentralen gesellschaftlich-ästhetischen Kern des Mittelalters.« (Peters 2020, S. 116)

Für Ludwig Uhland ist die Beschäftigung mit Walther von der Vogelweide von einem doppelten Ansatz getrieben, wie er gleich zu Beginn seiner Schrift herausstellt (Uhland 1983b, S. 53):

»Der Dichter, dessen Leben und Charakter darzustellen ich unternommen habe, schien mir vorzüglich geeignet, diejenige Richtung für das Erforschen der altdeutschen Poesie zu bezeichnen, welche, nach meinem Dafürhalten, noch mit besondrem Eifer zu verfolgen ist, wenn ein lebendiges und vollständiges Bild von dem dichterischen Treiben jenes Zeitalters hervortreten soll. Neben den gründlichen Bemühungen, welche der Sprachkenntnis, als der ersten Bedingung des Verständnisses, zugewendet worden sind, hat vornehmlich die Erforschung des Gemeinsamen, des poetischen Gesamteigentums in Sage, Bild und Wort, bedeutende Fortschritte gemacht. Mit weniger Liebe und Erfolg ist das Besondre behandelt worden, wie es aus der Eigentümlichkeit von Zeit und Ort, aus der persönlichen Anlage und Neigung des Dichters, hervorgeht.«

Für Uhland ist es einerseits Walther, der seine Aufmerksamkeit erregt, und andererseits die Zeit an sich, die Beachtung verdient: »Sowenig der allgemeine Zusammenhang aller Poesie zu mißkennen ist, ebensowenig kann die Schöpferkraft, die stets im Einzelnen Neues wirkt, geleugnet werden. Es gibt eine Überlieferung von Geschlecht zu Geschlecht; es gibt eine freie Dichtung begabter Geister. Beides muß die Geschichte Poesie zu würdigen wissen.« (Uhland 1983b, S. 53) Es ist die Erforschung der allgemeinen Poesie, die ihn genauso antreibt wie die Erkundung des individuellen Schöpfergeistes, der aus der Poesie spricht; und es liegt nahe, dieses doppelseitige Unternehmen an Walther von der Vogelweide zu knüpfen, wenn das weitere Interesse dem Minnesang gehört. Denn Walther ist das, was man gemeinhin wohl den berühmtesten Minnesänger nennen würde, der auch in der nicht literaturwissenschaftlich ausgebildeten Öffentlichkeit einen hohen Rang einnimmt. Wenigstens Walthers *Reichsklage* (die mit der *Weltklage* und *Kirchenklage* die sogenannten

»Reichssprüche« bildet) kennen viele Menschen, und wenn oft nur den Anfang (Walther 1983, S. 40):

Reichsklage

Ich saz ûf eime steine
und dahte bein mit beine,
dar ûf satzt ich den ellenbogen:
ich hete in mîne hant gesmogen
daz kinne und ein mîn wange.
dô dâhte ich mir vil ange,
wie man zer welte solte leben:
deheinen rât kunde ich gegeben,
wie man drie dinc erwurbe,
der keines niht verdurbe.

Die Übersetzung lautet:

Ich saß auf einem Steine
und deckte Bein mit Beine,
darauf der Ellenbogen stand;
es schmiegte sich in meine Hand
das Kinn und eine Wange.
Da dachte ich sorglich lange,
dem Weltlauf nach und irdischem Heil;
doch wurde mir kein Rat zuteil,
wie man drei Ding' erwürbe,
dass ihrer keins verdürbe.

Die Reichston-Strophen sind politische Äußerungen zu dem um 1200 tobenden deutschen Thronstreit um die Thronfolge zwischen dem Staufer Philipp von Schwaben und dem Welfen Otto IV. Am Ende des fast 20 Jahre währenden Konflikts setzten sich mit Friedrich II. die Staufer im Kampf um die Krone des Heiligen Römischen Reiches durch, während zuvor eben der von Walther verehrte Philipp von Schwaben aus dem Adelsgeschlecht der Staufer von 1198 bis zu seiner Ermordung 1208 römisch-deutscher König gewesen war. Die Reichston-Strophen beziehen Stellung für Philipp und gegen jede päpstliche Intervention. Sie bilden jedoch kein zusammenhängendes

»Lied«, sondern eine lockere Strophen- oder Versreihe, die durch inhaltliche Bezüge zusammengehalten wird, und sind wahrscheinlich nicht gleichzeitig entstanden.

Im ersten Kapitel breitet Uhland Herkunft und Leben des Minnesängers aus und erschließt aus der Lyrik zahlreiche biographische Hinweise, die er in die mittelalterliche Geschichte einordnet. Im zweiten Abschnitt befasst er sich mit den ersten lyrischen Proben und damit eben auch mit der Reichsklage. Er leitet historisch ein: »Das Jahr 1198, in welchem der Dichter seinen fürstlichen Gönner in Österreich verlor, war auch ein Wendepunkt in der Geschichte der Zeit. In diesem Jahre wich der Friede, der in den letzten Jahren Kaiser Friedrichs I. und während der Regierung Heinrichs VI. in Deutschland geherrscht hatte, den langwierigen und verderblichen Kämpfen der Gegenkönige.« (Uhland 1983b, S. 67) Dann schließt er unmittelbar seine erste literaturhistorische Betrachtung an: »Die ersten Lieder unsres Dichters, denen wir den Zeitpunkt ihrer Entstehung bestimmter nachweisen können, beziehen sich auf diese Ereignisse. Ernstes Nachdenken über die Zerrüttung des Vaterlands, Anklage des Papstes, dessen Umtriebe den Zwiespalt herbeigeführt, Aufruf an Philipp, der Verwirrung ein Ende zu machen.« (Uhland 1983b, S. 67) In der Folge zitiert Uhland weiter aus Walthers Werk, das mit Philipp von Schwaben positiv verbunden ist; seine Interpretation erscheint indes etwas zu euphorisch und etwas zu persönlich-annähernd: »Noch im Frühjahr 1198 ward dem Dichter die Freude, Philippen gekrönt zu sehen. Das hochschwebende Lied, worin er seinen Jubel ausspricht, läßt kaum bezweifeln, daß er selbst der Krönung zu Mainz anwohnte.« (Uhland 1983b, S. 70) Dafür holt Uhland den sogenannten *Ersten Philippston* hervor (Walther 1983, S. 49):

Der erste Philippston (II)

Diu krône ist elter dan der künec Philippes sî:
dâ mugent ir alle schouwen wol ein wunder bî,
wies ime der smit sô ebene habe gemachet.
Sîn keiserlîchez houbet zimt ir alsô wol,
daz si ze rehte nieman guoter scheiden sol,

> ir dewederz dâ daz ander niht enswachet.
> si liuhtent beide ein ander an,
> daz edel gesteine wider den jungen süezen man,
> die ougenweide sehent die fürsten gerne.
> swer nû des rîches irre gê,
> der schouwe, wem der weise ob sîme nacke stê:
> der stein ist aller fürsten leitesterne.

Uhland übersetzt den Ton wie folgt (Uhland 1983b, S. 70):

> Die Krone ist älter, denn der König Philippe sei:
> Da möget ihr alle schauen wohl ein Wunder bei,
> Wie sie ihme der Schmied so eben recht gemachet.
> Sein kaiserliches Haupt geziemet ihr also wohl,
> Daß sie zu Rechte niemand scheiden soll;
> Jedwedes nicht des andern Tugend schwachet.
> Sie lachen beide einander an,
> Das edel Gesteine und der junge süße Mann;
> Die Augenweide sehen die Fürsten gerne.
> Wer nun des Reiches irre geh',
> Der schaue, wem der Waise ob seinem Namen steh'!
> Der Stein ist aller Fürsten Leitesterne.

Daraus leitet Uhland folgende Bemerkung ab: »Das angenehme Bild, das Walther von seinem Könige gibt, bestätigen die Worte des Geschichtsschreibers. Nach der Beschreibung der Urspergischen Jahrbücher war Philipp ein Mann von schöner und edler Gesichtsbildung, blondem Haar, mittlerer Größe, zartem, fast schwächlichem Körperbau.« (Uhland 1983b, S. 71) Es ist weniger Interesse, das wir heute als philologisch bezeichnen würden, sondern mehr die Suche nach der Wiederbelebung eines bestimmten Bildes, der Näherung an die Geschichte; der Text selbst ist nur Mittel zum Zweck. Für Ludwig Uhland ist Walther aufgrund seiner Ausrichtung ein ausgemachter Vaterlandsdichter, der sich um sein Deutschland sorgt, spätestens, nachdem Philipp von Schwaben 1208 ermordet worden ist:

> »Wir haben die schmerzliche Klage des Dichters über den Verfall von Deutschland vernommen. Es hat uns daraus eine seiner schönsten Eigenschaften angesprochen, die Vaterlandsliebe. Dieses edle Gefühl ist die Seele

eines bedeutenden Teils seiner Dichtungen. Überall erregt es ihn zu der lebhaftesten Teilnahme an den öffentlichen Angelegenheiten. Ihm gebührt unter den altdeutschen Sängern vorzugsweise der Name des *vaterländischen* [sic]. Keiner hat, wie er, die Eigentümlichkeit seines Volkes erkannt und empfunden.« (Uhland 1983b, S. 75)

Jetzt ist es nicht so, als hätte Uhland sich in seiner Studie allein auf den (vermeintlichen) vaterländischen Dichter Walther kapriziert. Er nimmt auch den Liebeslyriker, vulgo: Minnesänger Walther in den Blick. Bevor wir diesen Teil der Studie untersuchen, wollen wir, zumindest kurz, den Minnebegriff aufnehmen. Minne, ein zentraler Begriff in der mittelalterlichen deutschen Lyrik, bezeichnet eine spezifische Form der höfischen Liebe und hat eine tiefgreifende Bedeutung in der damaligen Kultur. Der Begriff Minne umfasst mehr als nur die romantische Liebe im heutigen Sinne. Er bezieht sich auf eine idealisierte Form der Liebe, die oft unerwidert bleibt und sich durch ihre Reinheit, Treue und Erhabenheit auszeichnet. Dieser poetische und musikalische Stil war geprägt von Liedern, die von Liebe, Sehnsucht und Verehrung handelten. Der Minnesang war eng mit der höfischen Kultur verbunden und reflektierte die Ideale und sozialen Strukturen dieser Zeit. Die Minnesänger, meist Angehörige des Adels oder ministeriales (dienstbare Adlige), trugen ihre Lieder auf Höfen vor, wo sie eine wichtige Rolle im höfischen Zeremoniell spielten. Diese Lieder waren nicht nur Ausdruck individueller Gefühle, sondern auch Mittel zur Darstellung von Tugenden wie Treue, Ehre und höfischer Liebe. Die höfische Liebe, wie sie im Minnesang thematisiert wurde, war eine idealisierte und oft unerreichbare Liebe. Der Minnesänger pries die angebetete Dame, die meist in einer höheren sozialen Position stand, und drückte seine Bewunderung und Hingabe aus. Diese Art von Liebe war eher platonisch als physisch und sollte den Sänger zu höheren moralischen und ethischen Tugenden führen.

Der große Mediävist Joachim Bumke hat vier Eigenschaften der höfischen Liebe, die in der poetischen Minne aufgeht, identifiziert (Bumke 2002, S. 504):

»1. Höfische Liebe ist ungesetzlich, *illégitime* [sic], und daher auf Heimlichkeit angewiesen. Sie schließt die volle körperliche Hingabe ein. 2. Höfische Liebe verwirklicht sich in der Unterordnung des Mannes, der sich als Diener seiner Dame betrachtet und die Wünsche seiner Herrin zu erfüllen sucht. 3. Höfische Liebe fordert von dem Mann das Bemühen, besser und vollkommener zu werden, um dadurch seiner Dame würdiger zu sein. 4. Höfische Liebe ist eine Kunst, eine Wissenschaft, eine Tugend (*un art, une science, une vertu* [sic]) mit eigenen Spielregeln und Gesetzen, die die Liebenden beherrschen müssen.«

Die höfische Liebe war in erster Linie ein idealisiertes Liebeskonzept, das sich in der Beziehung zwischen einem Ritter und einer meist unerreichbaren, verheirateten oder adligen Dame manifestierte. Es war ein Ausdruck der höfischen Kultur und Etikette, die in der damaligen Zeit in Europa vorherrschte, insbesondere an den Höfen Frankreichs und Deutschlands. Ein zentraler Aspekt der höfischen Liebe war die Verehrung der Frau durch den Mann. Die Frau, oft von hoher gesellschaftlicher Stellung, wurde als moralisch überlegen und als Quelle aller Tugenden idealisiert. Der liebende Ritter stellte seine Dienste und seine Treue in den Dienst der Angebeteten, ohne eine Gegenleistung oder gar eine erfüllte Liebesbeziehung zu erwarten. Diese unerwiderte, oft fernliebende Haltung war ein Zeichen höchster Tugend und Ritterlichkeit.

In diesem Kontext war die höfische Liebe eng mit dem Konzept der Ritterlichkeit verbunden. Sie diente als moralisches Ideal, das die Ritter zu höheren Tugenden wie Mut, Treue und Ehre anspornen sollte. Die Minnedienste, die der Ritter der Dame erwies, umfassten oft poetische Huldigungen, musikalische Darbietungen, aber auch ritterliche Taten und Heldentaten, die zu Ehren der Dame vollbracht wurden. Ein weiteres Element der höfischen Liebe war die Geheimhaltung. Die Liebesbeziehung, oder besser gesagt, die Verehrung, war oft von einem Mantel des Geheimnisses umhüllt. Dieser Aspekt spiegelte die sozialen Realitäten der Zeit wider, in der Ehen in der Regel aus politischen oder wirtschaftlichen Gründen arrangiert wurden und die romantische Liebe außerhalb dieser Arrangements stattfand. Das Konzept der höfischen Liebe war auch ein literarisches Ideal, das in der Lyrik und Prosa dieser Epoche eine zentrale Rolle spielte. Viele Dichter verwendeten die höfische Liebe als zentrales Thema, wobei sie oft die Komplexität der menschlichen Emotionen und die Ideale der höfischen Gesellschaft untersuchten.

Exemplarisch macht Helmut de Boor Walthers Minneauffassung am Schönheitspreis im Lied *Si wundervol gemachet wîp* deutlich. Es wird darin nicht mehr das Bild antiker Schönheiten beschrieben und beschworen, wie es kulturell angelernt ist. Vielmehr tritt die Frouwe, also die Frau der Minnedichtung, selbst hervor, was das lyrische Ich zu einem ergriffenen Schönheitspreis hinreißt. Die Frau wird als Kunstwerk aus Gottes Schöpfungskraft verstanden, als vollkommene Erscheinung eines höfisch verstandenen Menschen- und Frauenbildes (vgl. de Boor 1979, S. 296). Mit der Frage, was denn Minne sei, hat sich Walther auch auseinandergesetzt und beantwortet dies in seinem Gedicht *Saget mir ieman, waz ist minne?* Das Gedicht ist typisch für Walthers Stil, der sowohl die Schönheit als auch die Komplexität und oft auch die Schmerzhaftigkeit der Minne hervorhebt. Walther stellt die Minne als eine Art von Liebe dar, die sowohl erfreulich als auch qualvoll sein kann, eine Mischung aus Glück und Leid. Die Besonderheit von Walthers Ansatz liegt in seiner Fähigkeit, persönliche Emotionen mit sozialen und ethischen Fragestellungen zu verknüpfen. Er hinterfragt die gesellschaftlichen Normen und Werte, die mit der Minne verbunden sind, und bietet oft eine kritische Sicht auf die höfische Gesellschaft seiner Zeit. Dabei nutzt er die Minne als ein Mittel, um über größere menschliche Erfahrungen und Emotionen zu reflektieren oder wie es in einem Kommentar heißt: »Wesen und Begriff der Liebe werden erörtert. Echte Liebe verlangt Gegenliebe.« (Walther 1983, S. 185) Die erste Strophe des Minnelieds lautet (Walther 1983, S. 185):

Saget mir ieman, waz ist minne?

Saget mir ieman, waz ist minne?
weiz ich des ein teil, sô wiste ichs gerne mê.
Der sich baz denn ich versinne,
der berihte mich durch waz si tuot sô wê.
Minne ist minne, tuot si wol:

> tuot si wê, so enheizet si niht rehte minne.
> sus enweiz ich wie si danne heizen sol.

Übersetzen lässt sich die Strophe wie folgt:

> Kann mir jemand sagen, was Minne ist?
> Weiß ich auch etwas darüber, so wüsste ich gerne mehr.
> Wer mehr davon versteht als ich,
> der belehre mich, weshalb sie so schmerzt.
> Minne ist Minne, wenn sie wohltut.
> Tut sie weh, dann nennt man sie zu Unrecht Minne.
> In diesem Falle aber weiß ich nicht, wie man sie bezeichnen soll.

Uhland betrachtet Walthers Minnesang in seiner typischen nähernden Form und lässt seinen Empfindungen zur Lyrik freien Lauf (Uhland 1983b, S. 92):

> »Wir finden denn auch bei ihm jene bekannten Gattungen und Formen des Minneliedes: spielende Wonne und sehnendes Leid in Sommer und Winter, dienstliches Werben, Gespräch zwischen Ritter und Frau, Meldung des Boten, Trennung der Liebenden, wenn der Tag durch die Wolken scheint, Hülfruf an Frau Minne, Klage über die Merker, ein verhaßtes Geschlecht, das die Freuden der Liebe belauert und stört. Gern jedoch würden wir selbst den Merker spielen, wenn wir hoffen könnten, auch hier etwas Geschichtliches aus dem Leben des Dichters zu erspähen. Aber er ist behutsam, er führt uns irre und verspottet uns.«

Der »Merker« bezieht sich speziell auf eine Figur oder Rolle innerhalb einiger Minnesang-Gedichte. Er ist oft eine Art Beobachter oder Kommentator innerhalb des Gedichts. In einigen Fällen könnte er als eine Art moralische Instanz gesehen werden, die das Verhalten der Liebenden beurteilt oder überwacht. In einigen Gedichten verkörpert der Merker gesellschaftliche Normen und Erwartungen. Er könnte als Stimme der Gesellschaft oder als Verkörperung der öffentlichen Meinung interpretiert werden, die den Ausdruck der Liebe in den strikten sozialen Rahmen des Mittelalters einbettet. In manchen Gedichten interagiert der Merker direkt mit dem lyrischen Ich oder anderen Figuren. Er kann als Gegenspieler oder als Berater auftreten, der die Hauptfigur auf die Konsequenzen ihres Handelns hinweist.

Ludwig Uhland lässt es sich nicht entgehen, über Walthers wohl bekanntestes Lied zu sprechen: *Under der linden*. Das Lied thematisiert das Liebeserlebnis eines Mädchens mit ihrem höfischen Geliebten in der freien Natur. In dem Lied kommt der Topos des *locus amoenus* (lieblicher Ort) vor. Der *locus amoenus* ist ein literarisches Motiv, das in der antiken, mittelalterlichen und auch späteren Literatur häufig vorkommt. Es bezeichnet einen idealisierten Ort natürlicher Schönheit und Harmonie, der oft als Bühne für wichtige Ereignisse oder als Ort der Zuflucht und des Friedens dient. Der *locus amoenus* wird typischerweise als ein ästhetisch ansprechender, natürlicher Ort beschrieben. Zu den häufigen Elementen gehören blühende Gärten, klare Bäche, üppige Wiesen und schattige Wälder. Der *locus amoenus* kann verschiedene symbolische Bedeutungen haben. Er kann ein Paradies oder einen utopischen Zustand darstellen, die Einheit mit der Natur symbolisieren oder als Metapher für den inneren Frieden dienen. In der Literatur dient der *locus amoenus* oft als Schauplatz für wichtige Ereignisse, etwa romantische Begegnungen, wie wir bei Walther sehen (Walther 1983, S. 204):

Under der linden

Under der linden
an der heide,
dâ unser zweier bette was,
Dâ muget ir vinden
schône beide
gebrochen bluomen unde gras.
Vor dem walde in einem tal,
tandaradei,
schône sanc diu nahtegal.

Eine Übersetzung können wir uns hier wohl sparen, aber es lohnt sich, das Minnekonzept Walthers hier noch einmal näher zu untersuchen; das entgeht Uhland, aber das ist freilich auch dem damaligen Stand der Forschung geschuldet. Walther war zunächst ein Verfechter der sogenannten Hohen Minne. Die Hohe Minne stellt eine hoch idealisierte Form der Liebe dar, bei der das lyrische Ich seine

Liebe zu einer Person von hohem sozialem Stand, oft einer adligen Dame, zum Ausdruck bringt. Diese Liebe ist meist unerwidert und unerreichbar. Die Hohe Minne betont Werte wie Treue, Ehrbarkeit und den respektvollen Umgang mit der geliebten Person. Das lyrische Ich leidet oft unter der unerwiderten Liebe, sieht darin aber auch eine Möglichkeit zur moralischen und geistigen Vervollkommnung. Diese Form der Liebe spiegelt die sozialen Strukturen des Mittelalters wider, wo Ehen oft arrangiert waren und Liebe außerhalb dieser Bindungen als ideal, aber unerreichbar galt. Demgegenüber steht die Niedere Minne. Im Gegensatz zur Hohen Minne ist die Niedere Minne realistischer und bezieht sich auf Liebesbeziehungen, die körperliche Anziehung und emotionale Bindung einschließen. Diese Form der Liebe kann erwidert werden und ist oft zugänglicher. Die Niedere Minne behandelt alltäglichere Beziehungen und Emotionen. Sie kann humorvoll, spielerisch und manchmal auch anzüglich sein, und während die Hohe Minne sich meist auf adlige Kreise konzentriert, bezieht sich die Niedere Minne häufig auf Beziehungen zwischen Menschen verschiedener sozialer Schichten. Walthers *Linden*-Lied evoziert nun das Konzept der Ebenen Minne (auch wenn beispielsweise der Germanist und Minnesangkenner Günther Schweikle den Begriff ablehnt, vgl. Schweikle 1995, S. 277). Dieses Konzept meint gleichberechtigte sowie auf Gegenseitigkeit beruhende Liebe, tritt der Idee der Hohen Minne entgegen, grenzt sich aber auch von der Niederen Minne ab, denn die Hohe und Niedere Minne bilden ein Gegensatzpaar, in dessen Mitte eben die Ebene Minne steht. Während in der Hohen Minne der Frauendienst einseitig ist und die Adlige (es kann in der Hohen Minne nur eine Adlige sein) sich abweisend, hochmütig und unnahbar gibt, steht in der Niederen Minne der profane Liebesakt zwischen adligem Herrn und in der Regel bäuerlichem Mädchen im Fokus, das nur zur Befriedigung der körperlichen Lust dient. Die Ebene Minne geht von einer erfüllten Liebe von gleich zu gleich aus.

In den weiteren Kapiteln geht Ludwig Uhland weiteren Fragestellungen nach, von denen uns insbesondere diejenige nach Walthers Reputation interessieren soll. Einige Zitate (alle nach Uhland

1983b) sollen die hohe Meinung, die Uhland transportieren will, beweisen.

»Wie sehr Walther von der Vogelweide seiner Kunst wegen von den Zeitgenossen geschätzt war, beweist nicht bloß die Gunst, der er sich von den angesehensten Fürsten, zumal demjenigen, der, auch dem Geiste nach, vor allen glänzte, von Kaiser Friedrich II., zu erfreuen hatte; auch die gleichzeitigen Meister des Gesanges zollen ihm hohe Achtung.« (S. 110)

»Auch die Späteren erkennen Walthers Meisterschaft an. Insbesondere rühmt noch ein Meistergesang des vierzehnten Jahrhunderts seine schönen und reinen Töne.« (S. 111)

»Das Gepräge der Meisterschaft erkennen wir an den Liedern unsres Dichters vornehmlich in dem Einklange von Inhalt und Form. Der Gegenstand ist durch die Form harmonisch begrenzt und die Form ist durch den Gegenstand vollständig ausgefüllt. Für das bloße Spiel mit Formen ist Walther zu gedankenreich. Eben darum sind auch seine Formen in der Mannigfaltigkeit einfach.« (S. 111)

»Der innere Wert, die Menge und Mannigfaltigkeit seiner Lieder, die Länge und die poetische Wichtigkeit des Zeitraums, in welchem er gesungen, müssen ihm schon auf den ersten Anblick eine bedeutende Stelle sichern. Sein dichterisches Wirken umfaßt vollkommen die glänzendste Zeit der altdeutschen Liederkunst. Er reicht hinauf in die erste Blüte des Minnesangs im letzten Viertel des zwölften Jahrhunderts, er reicht hinunter in den Übergang dieser Dichtungsweise zur Betrachtung und zum Lehrhaften gegen die Mitte des dreizehnten; ja er selbst erscheint als derjenige, der zuerst das jugendlich spielende Lied zur Männlichkeit gekräftigt. Aus der Blüte der Phantasie und der Empfindung reift ihm die Frucht des Gedankens, die Formen des Minneliedes dehnt er aus, damit sie vermögend seien, die Sache des Vaterlandes, die Angelegenheiten des Reiches und der Kirche zu fassen. Wenn er gleich über den Zerfall des Minnesanges Klage führt, so hat doch gewiß er selbst, nur in andrem Sinne, zerstörend auf denselben gewirkt. Je mehr die Wichtigkeit des Stoffes sich geltend machte, um so merklicher mußte das zartere Spiel der Poesie erliegen, und wenn in Walthers Liedern noch der Ernst des Gedankens überall mit Poesie getränkt und umkleidet ist, so tritt dagegen bei seinen Nachfolgern immer mehr die Betrachtung in einseitiger Trockenheit und prosaischer Blöße hervor.« (S. 119 f.)

Uhland endet seine Untersuchung beinahe poetisch: »Unsre Blicke sind dem Dichter in das Gebiet des Unendlichen gefolgt und hier mag er uns verschwinden. Es ist uns keine Nachricht von den äußeren Umständen seiner letzten Zeit geblieben, gleich als sollten wir ihn nicht mehr mit der Erde befaßt sehen, von der er sich losgesagt, und von seinem Tode nichts erkennen, als das allmähliche Hinüberschweben des Geistes in das Reich der Geister.« (Uhland 1983b, S. 146) Auf mehr als 90 Buchseiten exponiert Ludwig Uhland zahlreiche Gedanken zu Walther von der Vogelweide, die auch noch heute von großem Interesse sind; einerseits aufgrund der Fülle an Informationen, die Ludwig Uhland über den bedeutendsten deutschen Minnesänger beibringt, andererseits aufgrund seines Interesses an der literaturgeschichtlichen Vergangenheit Deutschlands. Es ist eine der frühesten, vielleicht gar die früheste einigermaßen wissenschaftliche Betrachtung von Wirken, Werk und Wirkung des bedeutendsten deutschsprachigen Lyrikers des Mittelalters.

Uhland zeigt sein philologisches Interesse und sein Talent für literarhistorische Forschungen: Er tut sich damit als wesentlicher Beiträger der frühen Germanistik hervor. Die Studie erscheint 1822 und fällt damit in eine Phase, in der die deutsche Literaturwissenschaft gerade erblüht, nicht zuletzt durch die Arbeiten der Brüder Grimm, die in den Jahren zuvor den ersten Band der *Deutschen Grammatik* veröffentlicht und bis 1822 nochmals maßgeblich überarbeitet haben. Das umfangreiche Werk bezieht sich auf sämtliche germanische Sprachen, ihre Zusammenhänge und ihre geschichtliche Entwicklung. Jakob Grimm verwendete in seiner Grammatik eine historisch-vergleichende Methode, die als bahnbrechend für die damalige Sprachforschung galt. Er untersuchte die Entwicklung der deutschen Sprache im Kontext der indogermanischen Sprachen und legte damit den Grundstein für die historische Linguistik. Ein bedeutender Beitrag innerhalb der *Deutschen Grammatik* ist das sogenannte Grimmsche Gesetz über die germanische Lautverschiebung. Es beschreibt einen systematischen Lautwandel vom Indogermanischen zu den germanischen Sprachen, insbesondere Veränderungen bei den Konsonanten. Die *Deutsche Grammatik* gilt als eines der

Gründungswerke der Germanistik. Sie legte den Grundstein für ein systematisches und wissenschaftliches Studium der deutschen Sprache und ihrer Geschichte. Dieses Werk hatte einen enormen Einfluss auf die Entwicklung der Sprachwissenschaft im 19. Jahrhundert. Es trug wesentlich dazu bei, dass die Sprachforschung als eine eigenständige wissenschaftliche Disziplin anerkannt wurde.

Beinahe zeitgleich betritt der Philologe Karl Lachmann die wissenschaftliche Bühne. Er ist eng mit den Brüdern Grimm befreundet und einer der bedeutendsten Gelehrten des 19. Jahrhunderts, der wesentlich zur Entwicklung der Textkritik und der klassischen sowie germanistischen Philologie beiträgt. Geboren im Jahr 1793 in Braunschweig, zeigt Lachmann schon früh ein großes Talent für Sprachen und studiert und habilitiert sich an der Universität Göttingen. Lachmann ist auch als Hochschullehrer tätig, zuerst in Königsberg, dann an der Universität Berlin. Seine Lehre und Forschung prägt Generationen von Philologen, und Karl Lachmann ist bekannt für seine strenge, aber faire und tiefgehende Art der Wissensvermittlung. Karl Lachmanns wissenschaftliches Wirken ist durch eine rigorose und systematische Herangehensweise an Texte gekennzeichnet. Der Forscher ist bekannt dafür, dass er sich intensiv mit der Überlieferungsgeschichte von Texten auseinandersetzte und dabei die verschiedenen Manuskriptvarianten akribisch verglich. Sein Ziel war es, eine möglichst originalgetreue Textfassung zu rekonstruieren, was ihn zum Pionier der modernen Textkritik machte.

Lachmann ist daher neben seinem Lehrer Georg Friedrich Benecke der Begründer der historisch-kritischen Editionspraxis, ein wichtiger Bereich der Philologie und Literaturwissenschaft. Die historisch-kritische Editionspraxis befasst sich mit der sorgfältigen Aufbereitung und Herausgabe von Texten, insbesondere solchen, die eine komplexe Überlieferungsgeschichte haben. Diese Praxis ist essenziell, um Werke der Literatur, aber auch historische Dokumente und andere schriftliche Zeugnisse in einer Form zugänglich zu machen, die sowohl ihren historischen Kontext als auch die verschiedenen Entwicklungsstufen des Textes berücksichtigt. Ein zentrales Element der historisch-kritischen Edition ist der kritische Apparat. Dieser besteht aus Anmerkungen, die die Quellen der verschiedenen Textvarianten dokumentieren, sowie aus Erklärungen zu redaktionellen Entscheidungen, die der Herausgeber getroffen hat. Der Apparat kann auch Informationen zu sprachlichen Besonderheiten und historischen Bezügen sowie Interpretationshilfen enthalten. Ein weiterer wichtiger Aspekt ist die philologische Akribie. Herausgeber müssen nicht nur umfangreiche Kenntnisse über die Sprache und den kulturellen Kontext des Textes haben, sondern auch über die Überlieferungsgeschichte und die textkritischen Methoden. Die Arbeit an einer historisch-kritischen Edition erfordert daher oft jahrelange Forschung und ein tiefes Verständnis für die Materie.

Lachmanns Methoden in der Textkritik, oft als »Lachmannsche Methode« bezeichnet, hatte einen nachhaltigen Einfluss auf die Philologien, sie hat die Standards in diesen Disziplinen geformt. Karl Lachmanns Ausgaben der mittelhochdeutschen Dichter Hartmann von Aue, Wolfram von Eschenbach und Walther von der Vogelweide sowie des Nibelungenlieds gelten weiterhin als Klassiker der germanistischen Editionsgeschichte; die Lachmann-Zählung der Lieder Walthers von der Vogelweide wird auch heute noch genutzt. Lachmanns ist es gelungen, von der bis dahin von den Editoren angewandten lediglich auf rein subjektiver Bewertung der konkurrierenden Lesarten beruhenden und daher unwissenschaftlichen Vorgehensweise zu einer methodisch fundierten Editionspraxis zu gelangen. Karl Lachmann verstarb 1851 in Berlin.

Um hier noch einmal zu Ludwig Uhland zurückzukehren. Er stand unter anderem mit Wilhelm Grimm im brieflichen Austausch und legte in einem Schreiben vom 28. November 1839 deutlich sein Wohlwollen über die weitere Entwicklung des »Studium[s] der deutschen Vorzeit« dar: Dieses sei ein »völlig anderes geworden, was seitdem für Erschließung und Bereinigung der Quellen, für Ergründung der Sprache und für richtige Auffassung der Altertümer jeder Art geschehen und fortwährend im Werk ist« (Uhland 1983b, S. 242). Die ältere deutsche Philologie befinde sich also auf einem guten wissenschaftlichen Weg und eröffne für die Betrachter immer neue Zugänge; das sei vor allem mit Blick auf die Zukunft wichtig, meint

Uhland, denn es solle »ein künftiges Geschlecht, dem die Früchte aller dieser Arbeit schon ausgebreitet vorliegen, als ein sehr begünstigtes erscheinen« (Uhland 1983b, S. 242). Die Arbeit, die die Väter der Germanistik leisten, ist also eine epochen-, eine generationenübergreifende: Sie legt den Grundstein für das Erkennen und Verstehen der »deutschen Vorzeit«. (Uhland 1983b, S. 242). Nach Uhlands Einschätzung geht der Zugang jedoch mehr und mehr verloren, weil das fassbare Erbe in Form »manche[r] Anschauungen« ebenso verlorengeht. Die »alten Bauwerke, wenn sie auch nicht in sich vermürben, weichen doch täglich mehr den Ansprüchen der Gegenwart, und so ist es auch mit Mundarten und Trachten, Sagen und Liedern, Sitten und Gebräuchen« (Uhland 1983b, S. 242). Das ist nichts weniger als eine Kritik am Umgang mit dem materiellen und immateriellen altdeutschen Erbe, das aus Uhlands Sicht immer mehr im Verschwinden begriffen ist, weshalb spätere Generationen nicht mehr die Möglichkeiten haben werden, das »Studium der deutschen Vorzeit« (Uhland 1983b, S. 242) in gleichem Maße zu betreiben. Uhland und seine Zeitgenossen tragen damit seiner Meinung nach eine hohe Verantwortung, das Erbe zu erforschen und zu beschreiben, solange es noch sichtbar ist. Das ist schon fast eine kulturpessimistische Sicht der Dinge, wenn Uhland in der Entwicklung der modernen Gesellschaft einen Verfall oder eine Degeneration gegenüber früheren Zeiten oder idealisierten Zuständen sieht und sich kritisch mit bestimmten Aspekten der modernen Kultur, die als problematisch oder schädlich angesehen werden, auseinandersetzt; und das ist an dieser Stelle eben das Desinteresse an dem Erbe, das mehr und mehr verschwindet.

Über die Seele des Dichters und das Romantische

In jungen Jahren setzt sich Ludwig Uhland auch mit Dichtungstheorie und Ästhetik auseinander. 1806 entsteht *Über objektive und subjektive*

Dichtung, 1807 *Über das Romantische*. Beginnen wir mit *Über objektive und subjektive Dichtung*. Darin befasst sich Ludwig Uhland intensiv mit der Natur des Dichterischen und der Rolle der Dichterseele. Er hebt hervor, dass eine Dichterseele sowohl empfangende als auch wirkende Kräfte besitzt. Die empfangenden Kräfte ermöglichen es dem Dichter, die feinsten Nuancen der äußeren und inneren Welt wahrzunehmen, während die wirkenden Kräfte ihm helfen, Unklarem Klarheit zu verleihen, seine Bestimmung zu erkennen und nach Vollkommenheit zu streben. Die Passage unterscheidet weiterhin zwischen dem poetischen Leben, das sich in einer heiteren und warmen äußeren Welt entfaltet, und dem Leben des Dichters in einer Welt, die ihm nicht mehr genug bietet. In solchen Zeiten wendet sich der Dichter dem Unendlichen in sich zu, einem inneren Raum der Sehnsucht und des Ahnens. Es wird auch ein Unterschied zwischen objektiver und subjektiver Poesie gemacht. Objektive Poesie entsteht, wenn das Leben selbst poetisch ist und einen Darsteller findet. Subjektive Poesie hingegen entsteht, wenn der Dichter in sich selbst schaut und seine Gefühle und Gedanken in Liedern und Poesie ausdrückt. Die Poesie wird dann zu einem Mittel, das äußere Leben von innen heraus zu verschönern. Zusammenfassend reflektiert dieser Text über das Wesen und die Quellen der Poesie, sowohl in Abhängigkeit von der äußeren Welt als auch als Ausdruck des inneren Lebens des Dichters. Er betont die Bedeutung der inneren Welt und die Fähigkeit des Dichters, sowohl in Zeiten der Fülle als auch in Zeiten des Mangels schöpferisch zu sein.

Ludwig Uhlands Reflexionen über objektive und subjektive Dichtung bieten tiefe Einblicke in sein Verständnis der Natur der Poesie und der Rolle des Dichters. In seiner Betrachtung unterscheidet Uhland zwischen zwei grundlegenden Arten der Dichtung, die unterschiedliche Beziehungen zwischen dem Dichter, seiner inneren Welt und der äußeren Realität widerspiegeln. Ludwig Uhland betrachtet die objektive Dichtung als eine direkte Reflexion und Darstellung der äußeren Welt. In Zeiten und Kulturen, in denen das Leben selbst als poetisch wahrgenommen wird – wie in den antiken Zivilisationen –, spiegelt die Dichtung diese Wirklichkeit wider. Die

Dichtung ist in diesem Sinne »objektiv«, weil sie nicht durch die persönlichen Gefühle oder subjektiven Erfahrungen des Dichters gefärbt ist, sondern vielmehr eine treue Darstellung der Außenwelt bietet. Diese Form der Dichtung entsteht in einer Zeit, in der die Realität als reich und erfüllend wahrgenommen wird, sodass der Dichter aus dem Überfluss des Lebens schöpfen kann. In Kontrast dazu steht die subjektive Dichtung, die entsteht, wenn die äußere Welt den Dichter nicht mehr zufriedenstellt oder inspiriert. In solchen Zeiten wendet sich der Dichter seinem inneren Selbst zu, um Inspiration zu finden. Diese Form der Dichtung ist geprägt von persönlichen Gefühlen, Gedanken und der Sehnsucht des Dichters und entsteht aus der Notwendigkeit heraus, die äußere Welt von innen heraus zu verschönern und zu verklären. Uhland legt nahe, dass beide Formen der Dichtung ihre Berechtigung und Schönheit haben, je nach den Umständen, unter denen sie entstehen. Er betont, dass der Dichter in jeder Zeit aktiv ist und dass seine Kreativität sowohl in Zeiten des Überflusses als auch in Zeiten des Mangels zum Ausdruck kommt. Diese Betrachtungen spiegeln Uhlands tiefes Verständnis für die Dynamik der künstlerischen Schöpfung und die Rolle des Dichters als Mittler zwischen der inneren und äußeren Welt wider. Uhlands Text kann somit als eine Erkundung der Balance zwischen der äußeren Realität und der inneren Welt des Dichters interpretiert werden, wobei er die Bedeutung beider Aspekte für die Schaffung wahrhaftiger und tiefer Poesie hervorhebt.

Über Subjektivität und Objektivität der Lyrik wird übrigens schon lange in der Wissenschaft verhandelt. Im Aufsatz ›Subjektivität und Objektivität der Lyrik‹ von Jaeger heißt es: »Es gehörte von je zu den Lieblingsthemen der deutschen Ästhetik, die verschiedenen Dichtungsgattungen miteinander zu vergleichen und gegeneinander abzugrenzen. Dabei wurde die Lyrik gewöhnlich als rein subjektive Kunstform gegenüber der gemischten Epik und der gänzlich objektiven Dramatik bezeichnet. Die Begriffe der Subjektivität und Objektivität erschienen als die geeignetste Grundlage für den Aufbau der vergleichenden Gattungspoetik.« (Jaeger 1933, Abstract) Der Aufsatz führt damit die Unterscheidung zwischen subjektiver und objektiver

Dichtung weiter aus, wobei betont wird, dass diese Begriffe nicht auf die allgemeine künstlerische Subjektivität bezogen sind, die in jedem Kunstwerk eines Dichters zu finden ist. Stattdessen beziehen sie sich auf das Ausmaß, in dem persönliche Erlebnisse und Erfahrungen in der Dichtung zum Ausdruck kommen. Zunächst wird klargestellt, dass jede starke Dichtung aufgrund des individuellen künstlerischen Temperaments des Schöpfers eine gewisse Subjektivität aufweist. Diese Art von Subjektivität ist in allen Dichtungsgattungen inhärent und manifestiert sich selbst in den naturalistischsten Werken. Sie ist ein wesentlicher Bestandteil dessen, was ein Kunstwerk ausmacht. Die menschliche Subjektivität, die in der Gattungspoetik eine Rolle spielt, bezieht sich auf das persönliche Erlebnis des Dichters. In diesem Kontext wird eine Gattung als subjektiv betrachtet, wenn sie persönliche Erlebnisse des Dichters umfassend, unmittelbar und ohne starke Umformung zum Ausdruck bringt. Eine Gattung wird als objektiv angesehen, wenn das individuelle Erleben des Dichters zurücktritt oder stark umgeformt wird. In diesem Fall muss sich der Dichter in erster Linie den Anforderungen der Form der Gattung anpassen. Die künstlerische Wirkung hängt hier vorwiegend von der Form ab, nicht vom subjektiven Erlebnisgehalt.

Die Subjektivität der Dichtung ist eine Sache der Seele, keine der reinen Arbeit und des Fleißes: »Auch einzelne Seelen, die ihr tätiges Leben und ihre anschaulichen Umgebungen auch in einem sonst poetischen Zeitalter nimmer befriedigen, steigen in ihr Inneres hinab, und ihre Poesie wird subjektiv.« (Uhland 1983b, S. 7 f.) Die subjektive Poesie, die das äußere Leben von innen heraus zu verschönern sucht, heißt Poesie des Lebens. Bei Ludwig Uhland entsteht die »Poesie des Lebens« somit aus dem Leben des Dichters selbst mit allen Irrungen und Wirkungen. Sei dessen Leben sehr reich und regsam, so werde er wenig dichten, aber herrlich leben. Gewinne er hingegen in diesem angenehmen Umfeld dennoch Zeit und Lust zur poetischen Aktivität, »so wird sein freudiges Lied nur die Melodie des Lebens nachhallen, er schätzt den Gesang nicht über seine Wirklichkeit, er kann diese nicht einmal mit jenem erreichen, und er hat sich zu hüten, daß nicht das, was er unter den glühendsten Empfindungen hervorgebracht, andere kalt anfasse; aber wird das Leben um ihn her trüb und öde, da blickt er in sich, er nährt sich von eigenem Vorrat; Erinnerung, Hoffnung, Sehnsucht sind seiner Seele stille Trösterinnen.« (Uhland 1983b, S. 8) Diese Haltung ist durchaus anschlussfähig zu anderen romantischen Betrachtungen der Poesie an sich, wie etwa dem kurzen Stück *Poesie* des 1801 viel zu früh verstorbenen Novalis (Friedrich von Hardenberg). Poesie ist für Novalis »Gemütererregungskunst« (Uerlings 2000, S. 103), sie »schaltet mit Schmerz und Kitzel – mit Lust und Unlust – Irrtum und Wahrheit – Gesundheit und Krankheit – Sie mischt alles zu ihrem großen Zweck der Zwecke – der *Erhebung des Menschen über sich selbst* [sic].« (Uerlings 2000, S. 103) Das heißt: »Die Poesie hebt jedes Einzelne durch eine eigentümliche Verknüpfung mit dem übrigen Ganzen – und wenn die Philosophie durch ihre Gesetzgebung so die Welt erst zu dem wirksamen Einfluß der Ideen bereitet, so ist gleichsam Poesie der Schlüssel der Philosophie, ihr Zweck und ihre Bedeutung; denn die Poesie bildet die schöne Haushaltung des Universums.« (Uerlings 2000, S. 102)

Mit *Über das Romantische* hat sich Ludwig Uhland frühzeitig auch dichtungstheoretisch als Romantiker positioniert. Insgesamt ist der Text eine nuancierte Untersuchung dessen, was das Romantische ausmacht, und wie es sich in verschiedenen Kulturen und künstlerischen Ausdrucksformen manifestiert. *Über das Romantische* bietet eine tiefgehende Betrachtung des Unendlichen und Geheimnisvollen, das den Menschen umgibt, insbesondere im Hinblick auf die Geheimnisse der Gottheit und der Welt. Der Mensch befindet sich in einem Zustand des Staunens und der Furcht vor diesen Geheimnissen, da sein eigenes Sein ihm verhüllt ist. Dies wird durch die metaphorische Darstellung des unermesslichen Weltmeeres um ein einsames Schiff illustriert, das sowohl Faszination als auch Angst hervorruft.

Ludwig Uhland betrachtet das Romantische als eine menschliche Reaktion auf das Unendliche und Unbegreifliche, das unsere Existenz umgibt. Dabei wird das Unendliche nicht nur als ein physikalisches Konzept, sondern auch als ein metaphysisches, spirituelles und emotionales Phänomen verstanden. Der Text hebt hervor, dass der Mensch von einer tiefen Sehnsucht nach dem Unendlichen getrieben wird. Diese Sehnsucht äußert sich in der ständigen Suche nach Verbindung mit etwas Größerem, das über das Sichtbare und Greifbare hinausgeht. Dieses Streben ist süß, da es Hoffnung und Inspiration bietet, aber auch furchtbar, da es nie vollständig erfüllt werden kann.

Obwohl der Mensch weiß, dass er das Unendliche nie vollständig erfassen kann, sehnt er sich danach und versucht, es durch irdische Bilder und Metaphern zu begreifen. Diese Bilder werden umarmt und mit liebender Andacht betrachtet, da sie einen Blick auf das Überirdische zu bieten scheinen. In diesem Kontext wird das Romantische als künstlerischer Ausdruck definiert, der die Möglichkeit bietet, das Unendliche in den Anschauungen zu ahnen. Es ist eine Darstellung des tiefsten inneren Empfindens des Menschen, eine Menschwerdung des Göttlichen. Ein wichtiger Aspekt der Diskussion ist der Kontrast zwischen den Griechen, die in einem heiteren Umfeld lebten und mehr äußerlich lebten, und den Nordländern, deren Verständnis des Göttlichen und Unendlichen tiefer und mystischer war. Diese Unterschiede werden durch die Beschreibung von Meerfeen, Elfen und anderen mystischen Gestalten bei den Nordländern hervorgehoben, im Gegensatz zu den klar umrissenen Göttergestalten der Griechen.

Die Natur und bestimmte Charaktere werden als Träger des Romantischen identifiziert. Sie bieten dem Menschen Möglichkeiten, das Unendliche auf eine erdverbundene Weise zu erfahren. Die Natur, mit ihren wechselnden und unergründlichen Aspekten, und die Charaktere, die durch ihren Glauben und ihre Handlungen das Unendliche widerspiegeln, dienen als Brücken zu einer höheren Verständnisebene. Bei Uhland heißt es (1983b, S. 10 f.):

»Es gibt romantische Charaktere, d. h. solche, die der romantische Glaube ganz ergriffen hat und Motiv ihrer Gesinnungen und Handlungen wird: Mönche, Nonnen, Kreuzritter, Ritter des Grals usf. wie überhaupt alle die poetischen Ritter und Frauen des Mittelalters. Auch die Natur hat ihre Romantik. Blumen, Regenbogen, Morgen- und Abendrot, Wolkenbilder, Mondnacht, Gebirge, Ströme, Klüfte usw. lassen uns teils in lieblichen Bildern einen zarten, geheimen Sinn ahnen, teils erfüllen sie uns mit wunderbarem Schauer.

Manche Naturerscheinungen, Orkan, Gewitter stürmen zu rauh herein, sprechen ihren Sinn zu laut aus, übertäuben zu sehr die Ahndung durch Schrecken, um noch romantisch zu sein. Doch können sie es werden, wenn sie mehr untergeordnet, etwa in einer Handlung als Vorbedeutung eintreten.«

Die Rolle des Christentums und der romantischen Liebe wird als zentral für das Verständnis des Romantischen herausgestellt. Beide sind Wege, durch die der Mensch versucht, das Unendliche zu verstehen und sich damit zu verbinden. Das Christentum bietet durch seine Symbole und Lehren einen Zugang zum Unendlichen (Uhland 1983b, S. 10):

»Das Christentum trat auf mit erhabenen Lehrworten aus dem Reiche der Unendlichkeit. Seine Nachfolger ergriffen zu diesen Worten die Bilder, als da sind: das Kreuz, das Abendmahl (daher in der Folge die Romane vom Gral) usf.; sie bestaunten die Wirkungen der Religion in den Heiligen, diesen Wundergestalten mit dem Scheine des Himmels um das Haupt. Die Wallfahrten, die Kreuzzüge waren eine Folge des Glaubens an die Heiligkeit gewisser Gegenstände und Gegenden: des Grabes Jesu, der Stadt Jerusalem, des ganzen gelobten Landes.«

Die romantische Liebe stellt eine Verehrung des Göttlichen in einer anderen Person dar. Wenn Uhland (1983b, S. 11) schreibt: »Der Geist der romantischen Liebe (Minne) ist dieser: durch die Bande der Natur und des Charakters an das Weib gezogen, glaubt der Mann in der himmlischen Gestalt seinen Himmel zu finden; des Weibes kindliche Einfalt ist ihm die Kindheit einer höheren Welt. Er legt hinter die schöne Hülle das Ziel von all seinem Sehnen, seine ganze Unendlichkeit. Daher die Anbetung, mit der er vor der Geliebten kniet. Ihr Rosenantlitz erscheint ihm in Verklärung, aus ihren Augen leuchtet ihm der Himmel mächtig hervor,« verknüpft er direkt die Vorstellung der mittelalterlichen hohen, verehrenden Liebe mit der Idee der Romantik. Diese stellt somit ein übergeordnetes Konzept dar, das nicht in der profanen Welt verhaftet bleibt, sondern eine größere Idee ist. So wie die Minne die Liebe dem Körperlich-Weltlichen enthebt, geht die Romantik ebenso über das Weltliche hinaus. Die Minne der höfischen Epoche findet sich wieder in der Liebe der Romantik;

damit bildet die Romantik als Epoche eine Fortsetzung des Mittelalters. Der Text ist damit eine tiefgründige Auseinandersetzung mit dem Konzept des Romantischen und stellt einen überzeitlichen Bezug her. Insgesamt interpretiert der Text das Romantische als eine zutiefst menschliche Reaktion auf das Mysterium des Daseins. Es ist eine Sehnsucht nach Verbindung mit dem Unendlichen, die sich in vielen Formen äußert und die Kunst, Religion, Liebe und Natur umfasst. Das Romantische wird als ewige, tiefe Poesie dargestellt, die es ermöglicht, das Göttliche in der Welt zu erfahren und auszudrücken. Zugleich ist das Romantische aber auch eine Herausforderung für die Literaten (Uhland 1983b, S. 11 f.):

> »Es gehört großer poetischer Reichtum dazu, um im Romantischen zu glänzen. Der romantische Dichter darf nicht mit ewig wiederkehrenden Bildern, mit längst verdufteten Blumen die Welt langweilen und anwidern. Ein schöpferischer Geist muß mit gewaltigem Zauberstab immer neue und wechselnde Erscheinungen hervorrufen. Auch ist es nicht damit getan, das buntfarbige Feuerwerk spielen zu lassen, das mit zuckenden, sich kreuzenden Lichtern das Auge blendet. Wir wollen nicht bunte Seifenblasen der Phantasterei vor uns aufsprudeln sehen; im Spiele soll Bedeutung liegen, im Bilde das göttliche Leben.«

Es ist dies auch die Idee der Differenz von Kunst- und Naturpoesie, die der Romantik eignet und die auch ein Wissenschaftler und Theoretiker wie Jacob Grimm aufbringt; auch damit erweist Ludwig Uhland seine Anschlussfähigkeit an die romantische Dichtungstheorie. Ich zitiere im Folgenden exemplarisch eine längere Passage aus Grimms einschlägigem Aufsatz *Gedanken, wie sich die Sagen zur Poesie und Geschichte verhalten*, um die Nähe herauszustellen (Uerlings 2000, S. 166 f.):

> »Man streite und bestimme, wie man wolle, ewig gegründet, unter allen Völker- und Länderschaften ist ein Unterschied zwischen Natur- und Kunstpoesie (epischer und dramatischer, Poesie der Ungebildeten und Gebildeten) und hat die Bedeutung, daß in der epischen die Taten und Geschichten gleichsam einen Laut von sich geben, welcher forthallen muß und das ganze Volk durchzieht, unwillkürlich und ohne Anstrengung, so treu, so rein, so unschuldig werden sie behalten, allein um ihrer selbst willen, ein gemein-

samves, teures Gut gebend, dessen ein jedweder teil habe. Dahingegen die Kunstpoesie gerade das sagen will, daß ein menschliches Gemüt sein Inneres bloß gebe, seine Meinung und Erfahrung von dem Treiben des Lebens in die Welt gieße, welche es nicht überall begreifen wird, oder auch, ohne daß es von ihr begriffen sein wollte.«

Auch hier erhebt der Autor die romantische Dichtung zu einem übergeordneten Konzept, wie Uhland es eben auch tut. Es bleibt dabei, um nochmals Schlegel zu zitieren: Die Romantik ist eine »progressive Universalpoesie. Ihre Bestimmung ist nicht bloß, alle getrennten Gattungen der Poesie wieder zu vereinigen und die Poesie mit der Philosophie und Rhetorik in Berührung zu setzen. Sie will und soll auch Poesie und Prosa, Genialität und Kritik, Kunstpoesie und Naturpoesie bald mischen, bald verschmelzen, die Poesie lebendig und gesellig und das Leben und die Gesellschaft poetisch machen, den Witz poetisieren und die Formen der Kunst mit gediegnem Bildungsstoff jeder Art anfüllen und sättigen und durch die Schwingungen des Humors beseelen. Sie umfaßt alles, was nur poetisch ist, vom größten wieder mehrere Systeme in sich enthaltenden Systeme der Kunst bis zu dem Seufzer, dem Kuß, den das dichtende Kind aushaucht in kunstlosem Gesang.« (Schlegel 1961, S. 181)

Uhlands Text ist schließlich auch eine Reflexion über die Rolle der Kunst und Poesie im Romantischen, die an Schlegels Haltung anschlussfähig ist. (Uhland 1983b, S. 11)

»Die Romantik ist nicht bloß ein phantastischer Wahn des Mittelalters. Sie ist hohe, ewige Poesie, die im Bilde darstellt, was Worte dürftig oder nimmer aussprechen; sie ist das Buch voll seltsamer Zauberbilder, die uns im Verkehr verhalten mit der dunkeln Geisterwelt; sie ist der schimmernde Regenbogen, die Brücke der Götter, worauf nach der Edda sie zu den Sterblichen herab- und die Auserwählten zu ihnen emporsteigen. Hat denn stets der absprechende Unglaube der neuen Zeit bessern Grund als der verrufene Aberglaube der alten?«

Uhlands Poetikvorlesungen: Das Stylisticum

Für fünf Semester lehrt Ludwig Uhland als Professor für deutsche Sprache an der Tübinger Universität. Dort befasst er sich intensiv mit mittelalterlicher Literatur aus zahlreichen Blickwinkeln und stellt damit seine literaturwissenschaftliche Kompetenz in der Frühzeit der Germanistik unter Beweis; ebenso legt er seine Sicht auf die Poesie und andere literarische Gattungen und Formen wie das Märchen dar (Setzler 2023, S. 83):

> »Neben seinen Vorlesungen zur Geschichte der altdeutschen Poesie im Mittelalter, zum Lied der Nibelungen oder zu ›Sagen-Geschichten der germanischen und romanischen Völker‹ bot er in vier der fünf Semester Studenten aller Fakultäten eine Wochenstunde mit ›Uebungen im schriftlichen und mündlichen Vortrage‹ an. Zu diesem ›Stylisticum‹ konnten Studenten im Voraus eigene literarische Arbeiten freier Wahl – Gedichte, Essays, Übersetzungen oder sonstige Abhandlungen – einreichen. Auf der Seminarsitzung wurden die Texte vom Autor oder, wenn dieser selbst anonym bleiben wollte, von Uhland bzw. einem Kommilitonen vorgetragen und anschließend von Uhland korrigiert und kritisch rezensiert.«

Die Poetikvorlesungen, die 2022 von Helmuth Mojem und Stefan Knödler auf mehr als 2000 Seiten im Göttinger Wallstein Verlag sehr kundig neu herausgegeben worden sind, geben Aufschluss über Uhlands Haltung zur älteren Literatur und den poetischen Gattungen und liefern ein Bild der Wissenschaft der Zeit: »Mit der Edition der Texte Uhlands und seiner Schüler, den ausführlichen Fußnoten und kommentierenden Anmerkungen sowie dem Panorama der Biografien ist den beiden Herausgebern nicht nur ein ›origineller und authentischer‹ Neuzugang zu Ludwig Uhland, sondern auch zur Literatur- und Geistesgeschichte des 19. Jahrhunderts gelungen.« (Setzler 2023, S. 84) Unter anderem geht Uhland auf die Volkskunst ein, in der sich die alte Zeit widerspiegelt. Laut Uhland gehen dabei »Dichtkunst und Musik noch unzertrennlich Hand in Hand« (Uhland 1983b, S. 15), sodass in alten Zeiten auch die Blinden, wie der große Homer, die »Pflege der Dichtkunst« (Uhland 1983b, S. 15) erfolgreich praktizieren können, denn: Es ist für den Dichter nicht mit der »bloß äußerlichen Auffassung der Sinnenwelt getan, ein inneres Auge muss sich ihm erschließen, eine innere Welt sich ihm ausbreiten, in der die irdischen Gestalten in größerem Maßstab, in wunderbarer Beleuchtung von ihm aufsteigen«. (Uhland 1983b, S. 15 f.) Im Gegensatz dazu stehen die Dichter der »kultivierten Länder« (Uhland 1983b, S. 16). Diese seien nicht blind und würden damit aus der der inneren Anschauung heraus ihre Schaffenskraft ziehen, sondern kurzsichtig und bebrillt, also eher äußerlich als Dichter erkennbar und damit weit entfernt von den Vorfahren und deren »wunderbarer Beleuchtung« (Uhland 1983b, S. 15). Vielmehr ist in den in Frage stehenden Ländern der »Volksgesang verstummt« (Uhland 1983b, S. 16), übrig sind nur noch, zumindest in Bruchstücken, lyrische Formen wie Ballade und Romanze, was »ihm [dem Volksgesang] in der neueren Poesie einigermaßen entspricht« (Uhland 1983b, S. 16).

Das zeigt: Uhland scheint keine allzu hohe Meinung von der neueren Dichtkunst zu haben, die deutlich hinter der alten zurücksteht. Das ergibt sich auch aus einer anderen Passage, die ein halbes Jahr vor der bereits zitierten entstanden ist. Unter anderem schreibt er (Uhland 1983b, S. 19):

»Wenn Dichter der neueren Zeit sich nicht selten darin gefallen haben, mit ihrer eigenen Zerrissenheit, ja Verdorbenheit zu liebäugeln und den innern Moder mit der Gabe einer üppigen Darstellung zu übertünchen, so muß uns wieder ein Lied willkommen sein, dessen Dichter zuerst beweist, daß ihm auch die brennenden Farben zu Gebot stehen, dann aber das, was man so gerne Prosa nennt, eben das Maß und die Sitte, mit dem schönsten Glanze der Poesie zu durchdringen weiß. Er zeigt uns die heilige Waage, aber die Schalen dieser Waage sind mit reiner Poesie erfüllt.«

Die moderne Prosa ist nicht mit der alten Liedkunst zu vergleichen, und nur die Integration der »brennenden Farben« (Uhland 1983b, S. 19) macht es möglich, die Prosa mit »reiner Poesie« (Uhland 1983b, S. 19) zu erfüllen: »Die Poesie ist ein Schaffen, im Gegensatze des philosophischen Erkennens.« (Uhland 1983b, S. 19) Und nur das Lied, das ja aus der Volkskunst entsteht, zeigt die »gesundeste, gediegenste, wahrhaft göttliche Kraft, diejenige, welche nicht der Selbstverweichlichung den Zügel schließen läßt, sondern auch eine starke Natur mächtig zu bändigen weiß, eben im gehaltenen Gesangsschritte des Maßes und der heiligen Sitte zeigt« (Uhland 1983b, S. 19). Daraus gilt es zu lernen und für die moderne Dichtung zu adaptieren. Schließlich habe vor allem die neuere Lyrik das Problem, dass nur kürzere Lieder produziert würden. Das führe dazu, dass »lyrische Stimmung auch nur für einen geringern Umfang« (Uhland 1983b, S. 22) entsteht und dadurch moderne Lieder »nur allzu leicht in kleinliche, inhaltlose Spielerei ausarten« (Uhland 1983b, S. 22). Daher hebt Uhland es als gute Entwicklung hervor, dass es auch in der Gegenwart noch Lyrik gebe, die sich auf die früher viel geübte[.] Hymnendichtung (Uhland 1983b, S. 22) bezieht und damit die eigentlich, übergeordnete Idee der Poesie ausdrückt. Vor allem die Auffassung der Natur in den Gedichten entscheidet den Vorlesungen zufolge über den Wert der Dichtung. Uhland sieht ein geteiltes Bild: »Entweder überläßt der Dichter die Natur ihrem eigenen Leben und gibt nur die Eindrücke wieder, welche dieses in ihm zurückgelassen hat. Dabei wird der Wert des Gedichtes vorzüglich davon abhängen, daß nicht eine Reihe von Naturbildern bloß äußerlich an die Schnur gefaßt, sondern daß der Geist, der in der Natur selbst wirkt, in irgendeiner seiner Erscheinungen lebendig ergriffen sei.« (Uhland 1983b, S. 24) Auf der anderen Seite existieren Dichter, die das »Naturbild bloß als Symbol [ihrer] Ideen und Empfindungen« (Uhland 1983b, S. 24) benutzen, dem »Naturleben [ihre] Willkür aufdrücke[n] und damit von der Naturwahrheit abweichen« (Uhland 1983b, S. 24). Wahrheit und echte Empfindung gibt es demnach nur in der Natur, wie eben die Volkspoesie sie aufnimmt und darstellt, sodass die »Stimmung der Dichterseele in der Natur, mit der sie in Beziehung tritt, einen tiefern Anklang findet« (Uhland 1983b, S. 24).

Auf diese Weise kommt Uhland auch auf die Ballade und deren Wesen und Ursprung zu sprechen. Er rückt von Schlegel ab, der die »Bezeichnung der Ballade als episch-lyrisches Gedicht, wenn diese Kunstwörter streng im Sinne der Alten genommen werden, für durchaus widersinnig erklärt« (Uhland 1983b, S. 25). Er kapriziert sich vielmehr auf Goethe, der in den »schätzenswertesten Balladen aller Völker ein Zusammenwirken der drei echten Naturformen der Poesie, Epos, Lyrik und Drama, wahrgenommen« hat (Uhland 1983b, S. 25). Und auch Willibald Alexis, eigentlich Georg Wilhelm Heinrich Häring, ein deutscher Schriftsteller und Begründer des realistischen historischen Romans in der deutschen Literatur, hat in der »Ballade eine Vereinigung der drei Elemente der Poesie, des lyrischen, epischen und dramatischen« (Uhland 1983b, S. 25), erkannt. Goethe prägte den Begriff der »Naturformen der Dichtung« in seinen literarischen und ästhetischen Überlegungen. Diese Idee ist eng verbunden mit seinem Verständnis von Natur und Kunst sowie mit seiner Vorstellung, dass literarische Gattungen organische Formen annehmen, die den natürlichen Prozessen ähneln. Goethe unterschied drei Haupt-Naturformen der Dichtung. Die Epik entspricht der Darstellung von Geschichten und Ereignissen. Goethe betrachtete das Epos als eine naturgemäße Form, die das Geschehen objektiv, oft aus der Perspektive eines allwissenden Erzählers, darstellt. Beispiele für epische Werke sind Romane und Erzählungen. In der Lyrik sieht Goethe den direkten Ausdruck von Gefühlen und persönlichen Erfahrungen. Diese Form der Dichtung ist subjektiv und konzentriert sich oft auf die innere Welt des Individuums. Gedichte sind das Hauptbeispiel für lyrische Werke. Das Drama repräsentiert die Naturform, die zwischen Epik und Lyrik steht. Es bezieht sich auf die Darstellung von Konflikten und Handlungen durch Dialog und Interaktion zwischen Charakteren. Theaterstücke sind die typische Ausdrucksform der Dramatik. Goethe sieht diese Naturformen nicht als starre Kategorien, sondern als flexible, sich entwickelnde Formen, die von der kreativen Energie des Dichters und den Anforderungen des Stoffes geformt werden. Er betont, dass wahre Kunst die Natur nachahmt und sich dabei stets weiterentwickelt und verändert, ähnlich wie die Natur selbst. Diese Sichtweise reflektiert Goethes tiefes Interesse an der Natur und seine Überzeugung, dass Kunst und Natur in einer harmonischen Beziehung stehen. Er glaubte, dass ein Künstler, wie ein Naturforscher, die Welt beobachten und ihre inneren Gesetzmäßigkeiten in seiner Kunst zum Ausdruck bringen sollte. Insgesamt trägt Goethes Konzept der Naturformen der Literatur wesentlich dazu bei, das Verständnis von literarischen Gattungen und die Theorie der Ästhetik zu prägen. Es spiegelt seine ganzheitliche Sicht auf die Welt wider, in der Kunst, Natur und Wissenschaft miteinander verbunden sind.

Diese Natürlichkeit der Balladendichtung sieht Uhland vom Ursprung her, also aus der »altdeutschen Ballade [kommend], welche noch im Volke gesungen werden« (Uhland 1983b, S. 27): »Es ist darum auch wünschenswert, daß die Reste solcher Volkslieder, die immer mehr von modernen Gesängen verdrängt werden, auch in ihrer meist fragmentarischen und durch Vermischung verschiedener Lieder oder andre Mißverständnisse oft höchst verworrenen Gestalt, wo sich irgend Gelegenheit dazu gibt, aufgefaßt werden.« (Uhland 1983b, S. 27) Aus dieser Betrachtung der Ballade entsteht Uhlands Diktum von der Lyrik als der »Mutter aller Poesie« (Uhland 1983b, S. 28). Das unterliegt aber der Bedingung, dass »unter ihr die poetische Grundstimmung die Anregung des Gemüts verstehen, welche jeder dichterischen Schöpfung, selbst der objektivsten, vorangehen muß« (Uhland 1983b, S. 28).

Über die Gesellschaft für deutsche Sprache und weitere Vereinigungen

Ludwig Uhlands kurze Schrift *Über die Aufgabe einer Gesellschaft für deutsche Sprache* befasst sich mit der Arbeit der Berlinischen Gesellschaft für deutsche Sprache und deren Ansatz zur Erforschung der deutschen Sprache. Er hat sich auch im Gedicht *Die deutsche Sprachgesellschaft* (Uhland 1983a, S, 86 f.) im Jahr 1817 damit befasst. Die Gesellschaft hat sich die wissenschaftliche Erforschung der deutschen Sprache in ihrer Gesamtheit zum Ziel gesetzt. Dies beinhaltet nicht nur den gegenwärtigen Zustand der Sprache, sondern auch ihre historische Entwicklung und potenzielle zukünftige Entwicklungen. Die Berlinische Gesellschaft für Deutsche Sprache wurde 1815 in Berlin gegründet. 1836 wurde sie in Berlinische Gesellschaft für Deutsche Sprache und Alterthumskunde umbenannt. Die Gesellschaft hat sich drei Hauptaufgaben gestellt:

- Erforschung des gegenwärtigen Zustands der deutschen Sprache: Dies umfasst die Untersuchung aller Mundarten sowie die Verwendung der Sprache in Rede, Schrift und Druck.
- Würdigung der heutigen deutschen Sprache: Die Gesellschaft will die deutsche Sprache in ihrer einzigartigen Form und Qualität erfassen und bewerten.
- Entwicklung der deutschen Sprache: Sie zielt darauf ab, Wege zu finden, wie die Sprache weiterentwickelt und verbessert werden kann, um diese Veränderungen in der deutschen Gesellschaft zu verbreiten.

Uhland betont die Bedeutung der historischen Betrachtung der Sprache als Mittel zur Belebung und Förderung der deutschen Sprache. Er argumentiert, dass eine umfassende Erforschung sowohl der aktuellen als auch der historischen Zustände der Sprache notwendig ist, um ein vollständiges Bild ihrer Entwicklung zu erhalten. Die Geschichte der Sprache, einschließlich ihrer verschiedenen Formen und Mundarten, ist essenziell, um die Wurzeln und die Entwicklung der deutschen Sprache zu verstehen. Die historische Forschung sollte in die Untersuchung der gegenwärtigen Sprache integriert werden. Uhland schlägt vor, dass die Erforschung des früheren und gegenwärtigen Zustands der deutschen Sprache als erste Hauptaufgabe betrachtet werden sollte. Die historische Perspektive ist für das Verständnis der Sprache als dynamisches und sich entwickelndes System unerlässlich.

Uhland hebt auch die Rolle der Dichtkunst hervor, da Dichter oft an vorderster Front stehen, wenn es darum geht, die Sprache zu erweitern und zu bereichern. Die Sprache sollte nicht starr und regelgebunden sein, sondern lebendig und wachsend, um neuen Ausdrucksformen und Ideen Raum zu geben. Er betont die Bedeutung der Dichtkunst und des kreativen Ausdrucks für die Entwicklung der Sprache. Eine lebendige Dichtkunst hilft, die Sprache dynamisch und offen für Neues zu halten.

Er sieht ein dreifaches Ergebnis der umfassenden Erforschung der deutschen Sprache:

- Eine Geschichte der deutschen Sprache, die ihre Entwicklung und Veränderungen über die Zeit hinweg darstellt: die Dokumentation der äußeren und inneren Entwicklung der Sprache und die Darstellung des Aufstiegs und Niedergangs der Sprache sowie der Dominanz verschiedener Mundarten.
- Ein Wörterbuch, das jedes Wort in seiner historischen Entwicklung und aktuellen Bedeutung erfasst
- Die Aufstellung allgemeiner Prinzipien der deutschen Sprache basierend auf ihrer Geschichte, die Darlegung der gegenwärtigen Regeln und Verwendungen der Sprache und die Formulierung von Richtlinien für die zukünftige Entwicklung der Sprache.

Um dieses Ziel zu erreichen, brauche es eben eine Gesellschaft für deutsche Sprache, deren Zweck die »Erforschung der deutschen Sprache in ihrem ganzen Umfange« darstellt (Uhland 1983b, S. 47).

Ludwig Uhland sieht auch in der deutschen Sprache, deren Erforschung für ihn ganz augenscheinlich gleichbedeutend mit der Entwicklung der beginnenden mediävistischen Literaturwissenschaft ist, einen hohen Wert durch den Vergangenheitsbezug. Wie auch die übrigen Aussagen Uhlands zur älteren Forschung zeigen die Gedanken zur deutschen Sprache die Haltung des Dichters und Forschers zur Bedeutung der Vergangenheit: Darin liegt, wie wir oben auch im Kontext vieler Gedichte gesehen haben, ein großer Wert für die Bildung der Nation; die Kenntnisse über die Entwicklung der deutschen Sprache stellen einen großen Schatz dar, um die geistigen, kulturellen und gesellschaftlichen Grundlagen einer Nation zu erkennen. Konkret heißt es in Uhlands kleinem Aufsatz (Uhland 1983b, S. 50):

»Diese Wiedererweckung des Alten ist kein Rückschritt in der Bildung, sondern eine Erweiterung der Sprache, die sich in gewisser Beziehung gegen ihren vorigen Zustand zu ihrem Nachteile verengt hat, und im Vergleich mit den übrigen Wegen, auf welchen die Sprache erweitert und bereichert werden kann, empfiehlt sich dieser insoferne, als das Wort, welches schon einmal im Leben gewandelt, die Sprachform, welche schon einmal gewissen Zwecken gedient, ihre Tauglichkeit bereits erprobt haben, und als es der neueren Zeit erwünscht sein muß, auch durch Sprachannäherung sich demjenigen zu befreunden, was die Vorzeit Treffliches und für alle Zeiten Gültiges in ihrer Sprache niedergelegt hat«.

Diese Gedanken über eine Gesellschaft für deutsche Sprache fallen in eine Zeit, in der die Geselligkeit in der deutschen Kultur ohnehin eine herausragende Rolle spielt. Man trifft sich in literarischen Salons, gründet spezialinteressierte Gesellschaften. Salons waren gesellschaftliche Treffpunkte, die oft von einflussreichen Frauen der Oberschicht geführt wurden. Diese »Salonnières« luden Künstler, Schriftsteller, Philosophen, Politiker und Wissenschaftler ein, um in einem informellen Rahmen zu diskutieren, Ideen auszutauschen und kulturelle Themen zu erörtern. Salons waren oft in den Wohnhäusern der Gastgeberinnen angesiedelt und zeichneten sich durch ein hohes Maß an Konversation und geistigen Austausch aus. Salons waren wichtige Zentren der intellektuellen und kulturellen Entwicklung. Sie ermöglichten den Austausch zwischen verschiedenen gesellschaftlichen Schichten und boten ein Forum für aufkommende Ideen der Aufklärung, der Romantik und später des Realismus. In einer Zeit, in der der Zugang zu öffentlichen Bildungseinrichtungen und Akademien oft beschränkt war, spielten Salons eine wichtige Rolle bei der Verbreitung von Wissen und Ideen.

Berühmt geworden ist beispielsweise der Berliner Salon der Rahel Varnhagen, geboren als Rahel Levin (1771 bis 1833) und eine bedeutende deutsche Salonnière. Sie stammt aus einer wohlhabenden jüdischen Familie in Berlin und wird im Laufe ihres Lebens zu einer zentralen Figur der deutschen literarischen und intellektuellen Welt. Rahel Varnhagens Salon, ursprünglich in ihrem Elternhaus in Berlin und später in ihrer eigenen Wohnung, wird zu einem Treffpunkt für

Intellektuelle, Künstler, Wissenschaftler und politische Denker. Der Salon ist bekannt für seine Offenheit und den geistreichen, freimütigen Austausch. Zu den Gästen ihres Salons zählen bedeutende Persönlichkeiten wie der Schriftsteller Heinrich Heine, der Philosoph Georg Wilhelm Friedrich Hegel, der Schriftsteller und Staatsmann Karl August Varnhagen von Ense, den sie später heiratete, sowie zahlreiche andere einflussreiche Figuren der damaligen Zeit. Die Diskussionen in ihrem Salon drehen sich um Literatur, Philosophie, Politik und die gesellschaftlichen Ereignisse der Zeit.

Das Besondere: »An solchen literarischen Teetischen am Rande der traditionellen ständischen Gesellschaftsordnung kamen Männer und Frauen, Juden und Christen, Adelige und Bürgerliche zwanglos zusammen, verbunden durch Dichtung, Kunst und Wissenschaft. Um 1800 traten auch Frauen aus dem christlichen Bildungsbürgertum und Adel als Gastgeberinnen von Salons hinzu.« (Wilhelmy-Dollinger o. J.) Dabei sind Salons und romantische Dichterkreise durchaus anschlussfähig, Unterschiede nicht allzu leicht zu erkennen (Wilhelmy-Dollinger o. J.):

> »Die im weitesten Sinne literarische, jedoch zweckfreie Konversationsgeselligkeit der Salons folgte traditionellen Regeln höflichen Umgangs, wobei die Gastgeberin den Ton angab. Für Hoffmann waren unkonventionelle, von gesellschaftlicher Rücksichtnahme unbelastete rein männliche Literatentreffen erheblich attraktiver, doch gab es auch viele Berührungspunkte (z. B. den Pluralismus von geistigen und ästhetischen Interessen). Ähnlich wie die Salons von jeher die ›Pedanterie‹ verurteilten, zogen romantische Dichterkreise gegen die geistige Enge der ›Philisterei‹ zu Felde. Sie hatten zumeist konkrete Ziele oder literarische Projekte und standen oft in personeller Verflechtung mit Salons und Vereinen.«

Für diese Dichterkreise gibt es vielfältige Beispiele, der schwäbischer Dichterbund ist einer, der oben bereits erwähnte Seracher Kreis ein anderer. Ein dritter Dichterkreis ist jener der Serapionsbrüder, der Berliner Freundeskreis des Schriftstellers E. T. A. Hoffmann (1776 bis 1822). Die Gruppe wurde um 1818 in Berlin gegründet. Der Name »Serapionsbrüder« stammt von E. T. A. Hoffmann, der sich dabei auf den heiligen Serapion bezog, einen Einsiedler, der für seine Weisheit und seine Fähigkeit, Visionen zu haben, bekannt war. Der Name sollte die künstlerische Inspiration und die Visionen der Gruppenmitglieder widerspiegeln. Neben E. T. A. Hoffmann gehören zu den Serapionsbrüdern unter anderem die Schriftsteller Adelbert von Chamisso, Friedrich de la Motte Fouqué und der Dichter und Maler Ludwig Devrient. Diese Mitglieder sind teils auch in anderen kulturellen und literarischen Kreisen Berlins aktiv. Die Gruppe vertritt das sogenannte »Serapiontische Prinzip« nach E. T. A. Hoffmann. Dieses Prinzip betont die Wichtigkeit der Fantasie und der Vorstellungskraft in der Literatur und fordert, dass wahre Kunstwerke sowohl auf realen Beobachtungen als auch auf der inneren Vision des Künstlers basieren sollen. Die Serapionsbrüder haben einen signifikanten Einfluss auf die deutsche Romantik. Ihre Betonung der Fantasie und des Übernatürlichen sowie ihre Experimente mit verschiedenen literarischen Formen tragen zur Entwicklung des romantischen Stils in Deutschland bei. Und nicht zuletzt hat Hoffmann in seiner Sammlung von Erzählungen und Aufsätzen »Die Serapionsbrüder« der Bruderschaft ein Denkmal gesetzt (Wilhelmy-Dollinger o. J.):

»Gespräche dieses Kreises und Erinnerungen an die Seraphinenabende sollten Hoffmanns schon seit Februar geplante Sammlung älterer Erzählungen mit Ideen zu einer Rahmenhandlung ausstatten. In den oft heiter-ironischen Rahmengesprächen der auf vier Bände anwachsenden Sammlung ›Die Serapionsbrüder‹ (1819–1821) geht es um Kunst, Musik und Fragen dichterischen Schaffens, um Merkmale nicht-philiströser Geselligkeit und die ›Ordensregel‹, ›geistreich, lebendig, gemütlich, anregbar und witzig‹ zu sein.«

Im Gegensatz zu Salons sind gelehrte Gesellschaften formellere Organisationen, die sich der Förderung der Wissenschaften und Künste widmen. Sie bestehen häufig aus Gelehrten, Wissenschaftlern und anderen Fachleuten, die sich regelmäßig treffen, um Forschungsergebnisse zu präsentieren, zu diskutieren und zu publizieren. Diese Gesellschaften spielen eine wesentliche Rolle bei der Förderung wissenschaftlicher Forschung und Bildung. Sie sind oft die Vorläufer moderner Akademien und Forschungsinstitute und tragen zur Legitimierung und Verbreitung wissenschaftlicher Erkenntnisse bei. Besonders relevant im literarischen Feld sind Lesegesellschaften. Sie sind ein wichtiges Instrument einer sich im 18. Jahrhundert teilweise rasant ausbreitenden bürgerlichen Lesekultur. Im Unterschied zur Einzellektüre und zur intensiven Wiederholungslektüre von Andachtsliteratur werden sie von Privatleuten als Einrichtungen organisierten extensiven Lesekonsums ins Leben gerufen und sind Ausdruck des zunehmenden Interesses an Bildung, Literatur und Diskurs in einer sich schnell verändernden Gesellschaft. Lesegesellschaften entstehen aus dem Bedürfnis nach Bildung und Aufklärung. Sie dienen als Orte, an denen sich Bürger treffen und Wissen austauschen können. In einer Zeit, in der der Zugang zu Büchern und Informationen noch begrenzt war, bieten diese Gesellschaften ihren Mitgliedern Zugang zu einer Vielzahl von Büchern, Zeitschriften und Zeitungen. Neben ihrer Bildungsfunktion sind Lesegesellschaften auch wichtige soziale Treffpunkte. Sie schaffen Raum für Diskussionen und Austausch und förderten die Bildung von Netzwerken unter Gleichgesinnten, auch als Orte politischer und philosophischer Diskussionen.

Und so mag auch die Berlinische Gesellschaft für Deutsche Sprache als Beispiel für die Geselligkeit der Romantik gelten, wie verschiedene Vertreter der Strömung hervorheben. Für Schlegel ist »Geselligkeit das wahre Element für alle Bildung, die den ganzen Menschen zum Ziel hat«, während Novalis schreibt: »Die Gesellschaft ist nichts, als gemeinschaftliches Leben: eine untheilbare denkende und fühlende Person. Jeder Mensch ist eine kleine Gesellschaft.« Ebenso spricht Novalis vom »Gesellschaftstrieb«, und die gesellige Welt steht für »Humanität überhaupt«. Und der Erfinder des guten Benehmens Adolph Freiherr von Knigge will durch die »wahre Kunst der gesellschaftlichen Beredsamkeit« die »unglückliche, ungesellige Gemütsart« der Deutschen überwinden (alle Zitate Ueding 2008, S. 103).

Geschichte, Heldensage, Nationalliteratur: Über die Sage vom Herzog Ernst

Wir haben oben bereits referiert, dass Uhland 1830 zum außerordentlichen Professor der deutschen Sprache und Literatur an der Universität Tübingen berufen wird. Er startet dort im Sommer desselben Jahres mit seinen Vorlesungen, etwa über die Geschichte der deutschen Poesie im Mittelalter, über das Nibelungenlied, die Geschichte der deutschen Poesie im 15. und 16. Jahrhundert oder auch die Sagengeschichte der germanischen und romanischen Völker. Aber erst am 22. November 1832 hält Ludwig Uhland seine Antrittsvorlesung an der Universität, seine sogenannte Inauguralrede über die Sage vom Herzog Ernst, die wir schon kennengelernt haben.

Uhlands Inauguralrede beschäftigt sich mit der tiefgreifenden Bedeutung der deutschen Nationalliteratur, insbesondere mit der Betrachtung der Sage vom Herzog Ernst, die weit über den buchstäblichen Text hinausgeht und in die Mythen, Sagen und Volksgesänge des Mittelalters eintaucht. Diese Elemente werden als essentiell für das Verständnis des kollektiven geistigen Lebens der deutschen Nation angesehen. Der Redner betont, dass die deutsche Literatur nicht als abgeschlossene Sammlung von Werken betrachtet werden sollte, sondern als ein lebendiges und sich entwickelndes Feld, das eng mit den außerliterarischen Ausdrucksformen des Volkes verbunden ist. Er hebt hervor, dass besonders in der älteren Zeit die wahren Schätze der nationalen Kultur oft in nicht-schriftlichen Formen wie Mythen, Sagen und Volksgesängen zu finden sind.

Nationalliteratur bezieht sich auf literarische Werke, die charakteristisch für eine bestimmte Nation oder ein bestimmtes Volk sind. Den Begriff der Nationalliteratur übernimmt Ludwig Uhland aus der damals jüngsten Anschauung, denn vor allem Johann Gottfried Herder und Christoph Martin Wieland haben den Begriff ab 1780 geprägt. Seit Erwachen des Nationalismus im Gefolge der Romantik und Napoleons ist Nationalliteratur eine eingeführte Bezeichnung für die

»gesamten dichterischen und belletrist. Leistungen e. Sprache oder e. Volkes seit Entfaltung e. eigenen Literatursprache als Spiegel der nationalen Selbstreflexion und des Selbstverständnisses vom Nationalcharakter« (von Wilpert 2001, S. 548). Dieses Konzept umfasst also typischerweise jene literarischen Werke, die die Kultur, Geschichte, Traditionen, Sprache und die kollektiven Erfahrungen einer Nation widerspiegeln. Sie kann die Eigenheiten einer Kultur, ihre Sitten, Bräuche und Weltanschauungen hervorheben. Viele Werke der Nationalliteratur greifen historische Ereignisse, nationale Mythen oder Volkserzählungen auf und tragen dazu bei, ein kollektives Gedächtnis zu formen. Wie sich eine Nation im Laufe der Zeit verändert, so entwickelt sich auch ihre Literatur.

Der Kern der Rede konzentriert sich auf die Sage vom Herzog Ernst, ein prominentes Beispiel der deutschen Heldensage. Diese Sage existiert in verschiedenen Versionen, darunter mittelhochdeutsche Gedichte aus dem 13. Jahrhundert, ein lateinisches Werk desselben Jahrhunderts und ältere deutsche Fragmente. Die Sage hat sich auch in einem Volksbuch erhalten, das bis heute im Umlauf ist. Die Handlung der Sage umfasst die Abenteuer von Herzog Ernst, der durch eine Intrige des Pfalzgrafen Heinrich in Konflikt mit seinem Stiefvater Kaiser Otto gerät und eine Reihe außergewöhnlicher und oft übernatürlicher Reisen unternimmt. Die Erzählung ist reich an symbolischen und allegorischen Elementen. Ein wichtiger Aspekt der Rede ist die Analyse der historischen und kulturellen Kontexte, in denen die Sage entstand und sich entwickelte.

Uhland untersucht, wie die Sage Elemente aus verschiedenen Epochen der deutschen Geschichte integriert und reflektiert, insbesondere die Zeit der Ottonen und der frühen Salier. Die Verflechtung von historischen Figuren wie Kaiser Otto, Heinrich von Bayern und Ernst II. von Schwaben in der Sage zeigt, wie literarische Werke oft ein komplexes Bild der Vergangenheit zeichnen, das sowohl historische Wahrheiten als auch mythische Überlieferungen enthält. Uhland schreibt (Uhland 1983b, S. 14):

Geschichte, Heldensage, Nationalliteratur: Über die Sage vom Herzog Ernst

»Die äußeren Spuren der poetisch bearbeiteten Sage reichen somit nicht über die Zeit der Hohenstaufen hinaus. Dagegen werden wir im Inhalt der Dichtung eine Reihe von Personen und Ereignissen aus den Zeiten der früheren Königsgeschlechter, des sächsischen und des fränkischen, gesammelt und zur Einheit verbunden finden. Dies war nur dadurch möglich, daß jene ganze Periode über in der Geschichte selbst gleichartige Bestrebungen walteten, die ich in den Hauptzügen zum voraus bezeichne.«

Das bedeutet, dass die Sage nicht konkrete historische Personen beschreibt und daher nicht als pure Geschichtsschreibung verstanden werden kann. Besonderes Augenmerk wird dennoch auf die Art und Weise gelegt, wie die Sage vom Herzog Ernst nicht nur als literarisches Werk, sondern auch als Spiegel der mittelalterlichen Gesellschaft und ihrer Werte dient. Themen wie Loyalität, Ehre, Konflikt und Versöhnung sind zentral in der Sage und bieten Einblicke in die Mentalität und die sozialen Strukturen der Zeit. Die Rede hebt auch die Bedeutung der oralen Tradition und des Volksgesangs hervor, die für die Überlieferung und den Fortbestand solcher Sagen entscheidend waren. Es wird argumentiert, dass diese mündlichen und kollektiven Formen der Geschichtenerzählung eine wichtige Rolle bei der Bewahrung und Weitergabe von kulturellem Wissen und nationaler Identität spielten.

Insgesamt präsentiert die Inauguralrede die Sage vom Herzog Ernst als ein zentrales Element der deutschen Literatur- und Kulturgeschichte, das wesentliche Einblicke in das mittelalterliche Leben, seine Werte und seine Weltanschauung bietet. Die Rede fordert dazu auf, diese Werke nicht nur als historische Artefakte zu betrachten, sondern als lebendige Dokumente, die auch heute noch Relevanz und Bedeutung haben.

An dieser Stelle kommt auch der Begriff der Heldensage ins Spiel. Eine Heldensage, auch Heldendichtung genannt, ist eine Art von epischer Erzählung, die sich um die Taten und Abenteuer eines oder mehrerer Helden dreht. Diese Sagen entstammen oft der mündlichen Überlieferung und sind eng mit der Mythologie und der Geschichte einer Kultur verknüpft. Im Mittelpunkt der Heldensage steht oft ein außergewöhnlicher Charakter, der Held, der sich durch Mut, Stärke,

Ehre und andere Tugenden auszeichnet. Dieser Held unternimmt bedeutende und oft übernatürliche Abenteuer und begegnet Göttern, Monstern, Zauberen und anderen übernatürlichen Kräften. Diese Elemente sind tief in der Kultur und den Glaubenssystemen der jeweiligen Gesellschaft verwurzelt. In der Literaturwissenschaft bildet die Heldensage als »mündl. oder schriftl. Überlieferung von Taten einzelner aus der heroischen Frühzeit e. Volkes die Stoffquelle der Heldenlieder und Heldenepen. Ihre Grundzüge sind idealist. und trag. Weltbetrachtung, strenges Nationalbewußtsein, Kriegerehre, Anreicherung durch Motive aus Mythos und Märchen, Persönlichkeitskult (Einzelkämpfe statt Schlachten u. ä.), aristokrat. Haltung (Könige, Fürsten als Helden) und Nichtachtung polit., geschichtl., geograph. und familiärer Zusammenhänge, Möglichkeiten und Wahrheiten, die sich in beliebiger Verknüpfung von histor. Geschehnissen, selbst von Verwandtschaftsverhältnissen, äußert.« (von Wilpert 2001, S. 335)

Ludwig Uhlands Interesse ist nicht nur philologisch begründet, sondern er verknüpft mit der literaturwissenschaftlichen auch die historische Forschung, weil das alleinige »Auffassen im Schriftwerke [...] oft nur die Aufhör des lebendigen Wachstums« (Uhland 1983b, S. 148) bezeichnet. Geschichtliche Erkenntnisse und damit solche über die eigentliche Entwicklung eines Volkes treten bei Uhland aus der spezifischen Nationalliteratur heraus. Damit sieht der Dichter einen unmittelbaren Zusammenhang von Literatur und Wirklichkeit, woraus deutliche Zeichen für den nationalstaatlichen Charakter entstehen: »Das weiteste und fruchtbarste Gebiet für diese Seite der geschichtlichen Forschung öffnet sich, was Deutschland betrifft, in dem umfassenden und vielgegliederten Zyklus einheimischer Heldensage. Das Nibelungenlied, dessen Name so häufig zum Losungsworte der oberflächlichsten und verkehrtesten Ansichten dienen muß, macht nur den Abschluss der mannigfaltigen Entwicklungen des großen mythisch-epischen Kreises.« (Uhland 1983b, S. 148) Uhland beschreibt die Aufdeckung dieses Sinnzusammenhangs explizit als sein originäres Forschungsinteresse, für das er als Professor der deutschen Sprache und Literatur an der Universität Tübingen angetreten ist und was sich in seinen Vorlesungen widerspiegelt (Uhland 1983b, S. 148):

»Jenseits der Literatur im buchstäblichen Sinne liegen, für die ältere Zeit, gerade die nationalsten Erzeugnisse des geistigen Lebens: Mythus, Sage, Volksgesang. [...] Diesen außerliterarischen Teil der Nationalliteratur unsres und der stammverwandten Völker zur Darstellung zu bringen, war ein vorzügliches Augenmerk meiner bisherigen Lehrvorträge, eben weil hier nicht auf die fertige Schrifturkunde verwiesen werden kann, sondern das Ergebnis in der fortwährenden Entwicklung selbst bestehen muß.«

Fazit

Uhland hat sich im Laufe seines Lebens sehr breit mit der altdeutschen Literatur, den zeitgenössischen literarischen Systemen und Dichtungstheorien und der Nationalgeschichte auseinandergesetzt. Interessant ist, dass der Dichter und Gelehrte einen zwangsläufigen Zusammenhang gerade zwischen Literatur/Philologie und Geschichte sieht. Im Gegensatz zur heute herrschenden Auffassung, dass Literatur das eine ist und Geschichte das andere, sind diese Systeme bei Uhland nicht voneinander zu trennen, sodass sich aus der Literatur Einsichten in die Nationalgeschichte ergeben, aber zugleich auch historische Ereignisse und Erkenntnisse mit der Literatur verknüpft sind. Literarische Formen wie Heldensage und Volksgesang sind dafür prädestiniert, historische Einblicke in die nationalstaatliche Entwicklung und die charakterliche Entwicklung eines Volkes zu geben. Daraus lässt sich womöglich sogar eine politische Einstellung ableiten, die ein Verständnis von Volk und Nation aus der Vergangenheit ableitet und es tendenziell freimacht vom ›Zeitgeist‹ und kurzfristigen, vielleicht auch tendenziell opportunistischen Entwicklungen.

Uhland ist breit interessiert und gebildet; die Rede vom Universalgelehrten, die häufig allzu schnell angeschlagen wird, kann auf unseren Dichter durchaus zutreffen. Er entwickelt einen breiten poetischen und philologischen Ansatz, der sich beispielsweise an seinem Werk über Walther von der Vogelweide erweist, das er nationalpoetisch, historisch und philologisch aufsetzt. Das hat die frühe Forschung gewürdigt (Fischer 1895):

> »Die Arbeit über Walther ist noch jetzt schätzbar, so viel auch seither über ihn erschienen ist. U. zeigt hier an einem würdigen Gegenstand sein Talent objectiver Geschichtschreibung, der gründlichen Quellenbenutzung und der reinen, tendenzlosen Darstellung der Sache aus sich selbst heraus. Man hat U. öfters, mehr als nöthig war, mit Walther verglichen; jedenfalls aber ist richtig, daß der alte Dichter hier einen Darsteller gefunden hat, dem es gegeben war, ihn sich und andern mit Liebe und Hingebung anzueignen. Die Schrift zählt unter die Hauptleistungen der damals aufblühenden deutschen Philologie, und Lachmann hatte Recht, seine fünf Jahr später erschienene Walther-Ausgabe ›Ludwig Uhland zum Dank für deutsche Gesinnung, Poesie und Forschung‹ zu widmen.«

Uhlands gelehrte Tätigkeit richtet sich in der Hauptsache auf Volkspoesie und Volkssage, wie wir gesehen haben; das spiegelt seinen Ansatz, der auch aus dem literarischen Schaffen bekannt ist. Die Rückwendung ins Altdeutsche ist handlungsleitend für Ludwig Uhland, der sich damit im 19. Jahrhundert prominent in die Reihe derer gesellt, die sich mit der Erforschung der alten Nationalliteratur und der Öffnung der literarischen Texte für das Publikum und die erwachende Germanistik auseinandersetzen. Aus seinen Reisen nach Wien, Belgien, Norddeutschland und Dänemark zwischen 1838 und 1844 entsteht das zweibändige Werk *Alte hoch- und niederdeutsche Volkslieder, mit Abhandlung und Anmerkungen,* und immerhin nimmt Uhland an den Germanistenversammlungen in Frankfurt 1846 und Lübeck 1847 teil. Dass seine altgermanistischen Untersuchungen aber nicht für mehr Aufsehen sorgen und ihn in eine Reihe mit Wilhelm und Jakob Grimm sowie Karl Lachmann stellen, hat nur mit Uhlands Zurückhaltung bei den Veröffentlichungen zu tun. Die eben Genannten sind ihm schlicht zuvorgekommen und haben einen großen Teil der eigentlichen Wirkung Uhlands in der frühen Germanistik verstreut. Die wissenschaftlichen Werke, die nach Uhlands Tod aus seinem Nachlass veröffentlicht werden, sind dann schon weitgehend überholt und verfangen nicht mehr. Auch an die Universität Tübingen, deren Senat 1848 seine Wiederanstellung beantragt, will er nicht mehr zurück. In Summe erklären diese Entwicklungen möglicherweise auch den Bedeutungsverlust, den Uhland erleidet: Klappern gehört bekanntlich zum Handwerk, aber dies ist ein Talent, das Uhland nicht besitzt.

Uhland trägt einen deutlichen Teil dazu bei, dass sich die Germanistik – mit den Grimms, mit Lachmann und anderen – zur Leitwissenschaft entwickeln kann, um die deutsche Sprache, Literatur und Kultur aus verschiedenen Blickwinkeln tiefgehend zu betrachten. Uhland ist ein großer Wissenschaftler dieser Zeit, auch wenn er heute nicht mehr zu den führenden Vertretern der frühen Germanistik gerechnet wird. Genau wie Uhlands literarisches Schaffen heutzutage nicht mehr die ihr zustehende Prominenz besitzt, wird auch Uhlands Stellung in der germanistischen Forschung unterschätzt. Ohne spekulieren oder Uhland begünstigen zu wollen: Wir wissen nicht, welchen Verlauf die Germanistik, und insbesondere die Erforschung der alten Sprache und Literatur, ohne seine Aktivitäten genommen hätte.

Uhlands politische Laufbahn

Uhland als Sprecher der Landstände

Ludwig Uhland war in mehreren Phasen seines Lebens politisch aktiv, was sich in drei Abschnitte aufteilen lässt: als Sprecher der Landstände, als Landtagsabgeordneter und als Abgeordneter zur Nationalversammlung. In dieser Reihenfolge wollen wir dieses Kapitel denn auch gestalten. Wir erinnern uns: Ende 1812 schließt Uhland seine Kanzlei in Tübingen und zieht nach Stuttgart, um dort eine unbesoldete Anstellung als zweiter Sekretär des württembergischen Justizministers anzutreten. 1814 beendet er diese Phase und wird ein Jahr später, am 26. Juli 1815, führender Sprecher der Landstände.

Doch bevor wir diese Landstände genauer unter die Lupe nehmen, sollten wir kurz einen Seitenblick auf das herausragende Ereignis des Jahres 1815 werfen: den Wiener Kongress. Der Wiener Kongress, der von September 1814 bis Juni 1815 stattfindet, ist wohl die bedeutendste diplomatische Zusammenkunft des 19. Jahrhunderts. Nach dem Sturz des französischen Generals und Machthabers Napoleon im Rahmen der europäischen Befreiungskriege treffen sich Vertreter der führenden Mächte Europas in Wien, um über die Neuordnung des Kontinents zu beraten. Ziel des Kongresses ist es, die durch die Französische Revolution und die Napoleonischen Kriege verursachten politischen und territorialen Umwälzungen zu regeln und ein Gleichgewicht der Mächte herzustellen, um die Stabilität in Europa zu sichern. Unter der Leitung von Klemens von Metternich, dem österreichischen Staatskanzler, beteiligen sich Großbritannien, Russland, Preußen und Österreich maßgeblich an den Verhandlungen. Frankreich, vertreten durch Talleyrand, spielte ebenfalls eine geschickte Rolle, obwohl es der besiegte Gegner ist. Der Kongress schafft die Grundlagen für die europäische Ordnung des 19. Jahrhunderts und führt zu umfangreichen territorialen Neugliederungen. Einige der bedeutenden Entscheidungen umfassen die Wiederherstellung vieler durch Napoleon abgesetzter Monarchien, die Neuordnung der deutschen Staaten im Deutschen Bund, die Schaffung eines vereinten Königreichs der Niederlande und die Vergrößerung Russlands und Preußens. Der Wiener Kongress etabliert das Prinzip der »Heiligen Allianz« zwischen Russland, Österreich und Preußen, die sich zum Schutz der monarchischen Ordnung und zur Bekämpfung revolutionärer Bewegungen verpflichten. Diese politische Neuordnung, die oft als Restauration bezeichnet wird, strebt danach, das revolutionäre und napoleonische Erbe zu beseitigen und eine stabile, auf dem Gleichgewicht der Mächte basierende Ordnung zu schaffen. Allerdings führt der Wiener Kongress nicht zu dauerhaftem Frieden in Europa. Viele der getroffenen Entscheidungen ignorieren nationale und liberale Bestrebungen, was in den folgenden Jahrzehnten zu einer Reihe von Revolutionen und Konflikten führt. Trotzdem bleibt der Wiener Kongress ein Schlüsselereignis der europäischen Geschichte und der Gestaltung der europäischen Staatenordnung.

Ludwig Uhlands Engagement für die württembergischen Landstände ist eine (späte) Folge der napoleonischen Eroberungspolitik in Europa. Denn in der napoleonischen Zeit war Württemberg durch den Anschluss umliegender Gebiete vor allem im Süden, in der Region zwischen Donau und Schweizer Grenze, erheblich vergrößert worden. Damit war Württemberg ein Verbündeter Napoleons, was ihm territoriale Gewinne einbrachte, aber auch Verpflichtungen, Truppen für Napoleons Kriege zu stellen. Erst nach dem Sturz Napoleons und dem Wiener Kongress wurde Württemberg Teil der Deutschen Konföderation, einem losen Bund deutscher Staaten unter österreichischer Führung. Durch die Kooperation mit Napoleon wurde Kurfürst Friedrich von Württemberg am 30. Dezember 1805 als Friedrich I. der erste König von Württemberg. Damit endete auch die lange Geschichte des Herzogtums Württemberg: Ursprünglich als Grafschaft Württemberg im 12. Jahrhundert entstanden, erlangte es im Jahre 1495 unter Graf Eberhard den Status eines Herzogtums im Heiligen Römischen Reich. Das Herzogtum Württemberg war ein dualistischer

Ständestaat. Zurückgehend auf die Bestimmungen des sogenannten Tübinger Vertrags von 1514 teilten sich Herzog und Landstände die Macht. Während ersterer die exekutive Gewalt ausübte, lag die steuerbewilligende und kontrollierende Gewalt bei den Landständen, die traditionell aus der bürgerlichen Oberschicht der württembergischen Amtsstädte stammten. Friedrich I. hatte nach dem napoleonischen Bündnis 1806 die alte landständische Verfassung, die auf der Mitwirkung von Bürgertum und Kirche an der Landespolitik beruhte, außer Kraft gesetzt. Der füllige Mann, auch »Dicker Friedrich« genannt, herrschte absolutistisch-autoritär, sodass es seit 1806 keinen Landtag mehr gab. Erst Anfang des Jahres 1815 berief König Friedrich schließlich eine Ständeversammlung ein, die eine neue landständische Verfassung beschließen sollte.

Die Landstände waren eine Form der ständischen Vertretung, die in vielen europäischen Ländern bis ins 19. Jahrhundert existierte. Sie repräsentierten die verschiedenen sozialen Klassen einer Gesellschaft, typischerweise den Adel, den Klerus, das Bürgertum und manchmal auch die Bauern. Die genaue Zusammensetzung und das Kräfteverhältnis der Stände variierten von Region zu Region. Die Landstände berieten den Monarchen oder Landesherrn in wichtigen Angelegenheiten. Sie konnten auf Gesetze und Verordnungen Einfluss nehmen, allerdings meist nur beratend. Eine zentrale Aufgabe war die Bewilligung und Erhebung von Steuern. In Zeiten, in denen Könige und Fürsten für Kriege und Hofhaltung zunehmend Geld benötigten, war die Zustimmung der Stände oft erforderlich, um neue Steuern zu erheben. Die Landstände vertraten die Interessen ihrer Mitglieder gegenüber dem Herrscher. Dies konnte den Schutz vor willkürlicher Besteuerung oder die Bewahrung traditioneller Rechte umfassen. Die Landstände in Württemberg hatten eine ähnliche Struktur und Funktion wie in anderen deutschen Staaten, aber es gab auch einige Besonderheiten, die sie charakterisierten. Die württembergischen Landstände bestanden traditionell aus zwei Kammern – der Kammer der Ehrbarkeit, die den Adel repräsentierte, und der Kammer der Landschaft, die für die Städte und ländlichen Gemeinden stand. Der Klerus war in Württemberg weniger prominent vertreten als in einigen anderen deutschen Regionen.

Die Verfassung von 1819

Ein prägendes Ereignis für die württembergischen Landstände war eben die Verfassungskrise zu Beginn des 19. Jahrhunderts. König Friedrich I. wollte nun durch seine neue Verfassung den Einfluss der Landstände einschränken. Das führte zu erbittertem Streit, denn ein vom König vorgelegter Verfassungsentwurf fand nicht die Zustimmung der Ständeversammlung. Der Konflikt wurde erst mit der Verfassung von 1819 beigelegt.

In dieser schwierigen Gemengelage tritt Ludwig Uhland erstmals politisch in Erscheinung und kämpft als Sprecher der Landstände für eine angepasste Verfassung; ebenso verfasst er entsprechende Lyrik, durch die er ungemein populär wird. Mit Erfolg:

> »Unter Berufung auf den Tübinger Vertrag von 1514 und das ›gute alte Recht‹ forderte die Bevölkerung Württembergs die Gewährung staatsbürgerlicher Rechte ein. Nach jahrelangen Verfassungskämpfen, begleitet von politischen Gedichten Ludwig Uhlands und anderer, kam schließlich unter König Wilhelm I. 1819 der angestrebte Verfassungsvertrag zustande.« (Landesarchiv Baden-Württemberg o. J.)

Die Verfassung ist das Ergebnis langwieriger Verhandlungen und Kompromisse zwischen dem König und den Landständen. Sie markiert den Übergang von einer absolutistischen zu einer konstitutionellen Monarchie und ist ein entscheidender Wendepunkt in der Geschichte Württembergs. Auch darüber hinaus stellt sie einen historischen Meilenstein dar – »nicht als oktroyiertes Gnadengeschenk des Monarchen, sondern als einzige Landesverfassung jener Zeit auf gegenseitigen Vertrag gegründet« (Landesarchiv Baden-Württemberg o. J.). Unter anderem heißt es darin:

- »Alle Württemberger haben gleiche staatsbürgerliche Rechte, und eben so sind sie zu gleichen staatsbürgerlichen Pflichten und gleicher Theilnahme an den Staats-Lasten verbunden, so weit nicht die Verfassung eine ausdrückliche Ausnahme enthält; auch haben sie gleichen verfassungsmäßigen Gehorsam zu leisten.« (§ 21)
- »Der Staat sichert jedem Bürger Freiheit der Person, Gewissens- und Denkfreiheit, Freiheit des Eigenthums und Auswanderungs-Freiheit.« (§ 24)
- »Die Leibeigenschaft bleibt für immer aufgehoben.« (§ 25)
- »Niemand darf seinem ordentlichen Richter entzogen und anders als in den durch das Gesetz bestimmten Fällen und in den gesetzlichen Formen verhaftet und bestraft, noch länger als Einmal 24 Stunden über die Ursache seiner Verhaftung in Ungewißheit gelassen werden.« (§ 26)

Die Verfassung etabliert ein Zweikammersystem. Die erste Kammer, die Kammer der Standesherren, besteht aus Adeligen und hohen Kirchenvertretern. Die zweite Kammer, die Kammer der Abgeordneten, wird durch Wahlen besetzt, wobei das Wahlrecht an bestimmte Besitz- und Bildungskriterien gebunden ist. Die Verfassung gewährt auch grundlegende Bürgerrechte wie Pressefreiheit, Gleichheit vor dem Gesetz und Eigentumsrechte. Diese Verfassung gilt als eine der liberalsten ihrer Zeit in Deutschland, führt zu einer wesentlichen Stärkung der parlamentarischen Elemente im politischen System Württembergs und legt den Grundstein für die weitere demokratische Entwicklung. »Der Stuttgarter Landtag erlangte wie der in Karlsruhe als öffentliches Forum bald breite Popularität und fand etwa in Ludwig Uhland und Friedrich Römer berühmte Wortführer für politische Mitverantwortung und gesellschaftliche Freiheit.« (Landesarchiv Baden-Württemberg o. J.) Die Verfassung von 1819 bleibt mit einigen Änderungen bis 1918, dem Ende des Königreichs Württemberg, in Kraft. Die Ereignisse zwischen 1815 und 1819 in Württemberg zeigen somit eine wichtige Phase des Übergangs von einer traditionellen ständischen Gesellschaft zu einer moderneren konstitutionellen Monarchie, die von liberalen Ideen und dem Streben nach mehr politischer Teilhabe des Bürgertums geprägt ist – und Ludwig Uhland, ein Mann von gerade einmal 30 Jahren und bereits anerkannter Dichter, steht im Auge dieses (regional-)geschichtlichen Großereignisses.

Uhland hat seine Gedichte dieser Epoche unter der Überschrift »Vaterländische Gedichte« subsumiert, worunter sich unter anderem Texte wie *Das alte, gute Recht* oder auch *An die Volksvertreter* finden. Darin sind deutliche politische Aufrufe enthalten, die sich auf die großen Veränderungen dieser württembergischen Zeit beziehen. So heißt es beispielsweise in *An die Volksvertreter*: »Schaffet fort am guten Werke / Mit Besonnenheit und Stärke! / Laßt euch nicht das Lob betören! / Laßt euch nicht den Tadel stören!« (Uhland 1983a, S. 73) Das ist ein klarer Hinweis auf Uhlands Haltung: Die Volksvertreter, also diejenigen, die für die neue Verfassung im bürgerschaftlichen Sinne eintreten, sollen treu und stark zu ihrer Sache stehen und sich von nichts abhalten lassen. Weder sollen sie sich auf Lob ausruhen, noch dürfen sie sich von Tadel von ihrem Weg abbringen lassen. Uhland rät den Volksvertretern: »Haltet fester nur am Echten, / Alterprobten einfach Rechten!« (Uhland 1983a, S. 73) Das Alterprobte ist freilich die Rückbesinnung auf die historische württembergische Verfassung, die, in angepasster Form, wieder hergestellt werden soll. Uhlands Dichtung ist zu der Zeit sehr beliebt: Das Inkrafttreten der neuen Verfassung wurde am 29. Oktober 1819 in Stuttgart mit der Aufführung seines Dramas *Ernst, Herzog von Schwaben* gefeiert.

Uhland formuliert in seinem Text *Keine Adelskammer!* die Forderungen nach einer Neuordnung der Verfassung deutlich, die weggeht von den Ideen des absolutistischen Monarchen. Uhland will verhindern, dass der Adel eine Sonderstellung erhält; der Blick in die Geschichte erscheint ihm auch wieder angesagt, um positiv für die Gegenwart zu wirken (Uhland 1983b, S. 169).

»Die altwürttembergische Verfassung wird mit Recht darum gerühmt, daß sich in ihr das Vertragsverhältnis zwischen Regenten und Volk so klar und bestimmt ausgesprochen darlege. In ihr ist keine bourbonsche Legitimität, sie ist ein Gesellschaftsverhältnis freier, vernünftiger Wesen. Sie gibt dem Regenten den Standpunkt, von dem ihn die Aufklärung der Zeit nicht verdrängen wird, sie gibt dem Volk die Stellung, in der auch ein über Menschenrecht aufgeklärtes Volk sich gefallen darf.«

Uhland sucht einen dezidierten Ausgleich zwischen den Parteien ohne Sonderstellungen und zieht dafür die alte Verfassung (den Tübinger Vertrag) heran, weil ein »dreihundertjähriger Rechtszustand noch jetzt vollkommen zeitgemäß erscheinen kann« (Uhland 1983b, S. 169). Der Grund, warum es keine Adelskammer in diesem auf Ausgleich beruhendem System geben soll, ergibt sich für Uhland aus der Verfassung selbst (Uhland 1983b, S. 169):

»Steht nun in dieser Verfassung, auf welche der neue Vertrag gegründet werden soll, das Verhältnis zwischen Regenten und Volk so vernünftig, menschenwürdig und darum für alle Zeit geläutert da, was sollen wir dazu sagen, wenn man zwischen Adel und übrigem Volk ein Verhältnis herbeiführen will, das jenen reinmenschlichen Verband durch Mystizismus und entwürdigendes Vorurteil beflecken würde!«

Und in einem *Bericht an seine Wähler nach der Verabschiedung der württembergischen Verfassung* (9. Oktober 1819) hebt Uhland explizit hervor, dass »diese Verfassung die wichtigsten Rechte des Volks und die wesentlichsten Bedingungen einer gesetzlichen Freiheit« enthält, in der »[v]ieles Gute aus unsrer alten Verfassung [...] wieder aufgelebt« (Uhland 1983b, S. 171) ist. Daraus spricht das bürgerliche Begehren Uhlands als Künder eines erwachenden Liberalismus im 19. Jahrhundert! Liberalismus ist hier das große Schlagwort (Schneider/Toyka-Seid 2024):

»Liberalismus (vom lateinischen ›liber‹, das heißt ›frei‹) ist eine Weltanschauung, die die Freiheit und damit die freie Entfaltung des einzelnen Menschen in den Mittelpunkt rückt. Über viele Jahrhunderte hat der Staat seine Bürger geistig, wirtschaftlich und politisch bevormundet. Das änderte sich nur sehr langsam. Zu Beginn des 19. Jahrhunderts entstand eine politische Bewegung, welche die Beschränkung der staatlichen Macht gegenüber den Bürgern forderte.«

Die geistigen Wurzeln des Liberalismus sind in der Naturrechtsphilosophie, im Humanismus und in der europäischen Aufklärung zu finden. Mit der Aufklärung, die die Vernunft und das Individuum in den Mittelpunkt stellte, begann das Bürgertum, sich von den Fesseln des Feudalstaates und der absolutistischen Herrschaft zu befreien. Die Bürger strebten nach Handelsfreiheit, Eigentumserwerb, Bildung und politischer Mitwirkung, um eine bürgerliche Gesellschaft aufzubauen. Die Aufklärung brachte auch eine Veränderung des Welt- und Menschenbildes mit sich. Mit dem Bedeutungsverlust der christlichen Religion wurde die Welt nicht mehr als statisch angesehen, sondern als veränderbar durch Wissenschaft und menschliches Handeln. Immanuel Kant, eine zentrale Figur dieser Epoche, betonte die Bedeutung der Autonomie und Selbstbestimmung des Einzelnen, gestützt auf die eigene Vernunft. Der Liberalismus strebt nach der Errichtung eines Rechts- und Verfassungsstaates und sieht in der schriftlichen Verfassung ein Mittel, die Rechte und Freiheiten der Bürger zu sichern. Das geht auch auf den klassischen politischen Liberalismus zurück, der die natürlichen Rechte des Individuums und deren Schutz durch den Staat betont. Der Liberalismus verkörpert somit die Bestrebungen des sich entwickelnden Bürgertums nach wirtschaftlicher Freiheit, kultureller Entwicklung und politischer Teilhabe. Im Kern des Liberalismus steht die Betonung menschlicher Freiheit und die Ablehnung jeglicher Form der Bevormundung, sei sie geistig, sozial oder politisch. Er fordert die Freiheit des Einzelnen als zentralen gesellschaftlichen Wert. Diese Freiheit umfasst sowohl die private Lebensgestaltung als auch wirtschaftliche und politische Freiheiten. Liberale Konzepte setzen auf die Gleichheit aller Bürger vor dem Gesetz und streben nach rechtlicher Gleichbehandlung und Chancengleichheit. Diese Bewegung legt den Grundstein für die Entstehung moderner repräsentativer Demokratien in Europa und prägt wesentlich die Gestaltung von Menschen- und Bürgerrechten in Verfassungen. Im 19. und 20. Jahrhundert beeinflussen wirtschaftsliberale Ansätze maßgeblich die Wirtschaftspolitik in kapitalistischen Industriegesellschaften, sodass liberale Prinzipien heute in den Programmen aller demokratischen Parteien in Europa fest verankert sind.

Uhland im württembergischen Landtag

Mit seiner Tätigkeit als Sprecher der Landstände geht Uhlands Mandat als Mitglied des württembergischen Landtags einher. Uhland wird 1819 ohne viel Mühe wieder in den Landtag gewählt, der sich am 15. Januar 1820 konstituiert; einen Tag vor Uhlands Verlobung mit Emilie Auguste Vischer. Uhland gehört bis 1826 und dann nochmals von 1833 bis 1838 dem württembergischen Landtag an. Zu der weiteren Kandidatur lässt sich Uhland von der Stuttgarter Bürgerschaft 1832 überreden und gibt dafür sogar seine geliebte Tätigkeit an der Tübinger Universität auf. Uhland gilt als sehr gewissenhaft und fehlt während seiner Amtszeit 1819 bis 1826 nur bei einer Sitzung, obwohl er »nicht als einer der häufigsten Redner [auftritt], wol aber als einer der fleißigsten und gewissenhaftesten Abgeordneten; nur bei wichtigen Fragen trat er hervor und spielte dann stets eine der ersten Rollen« (Fischer 1895, S. 156). Und weiter heißt es (Fischer 1895, S. 156):

> »Kein gewandter Sprecher – er hat später auch seine akademischen Vorlesungen wörtlich niedergeschrieben – verfügte er in großen Momenten doch über eine wunderbar wirkende Beredsamkeit, von der einige Proben weltbekannt geworden sind. Er gehörte der liberalen Opposition an, ohne extreme Ansichten, aber mit der Festigkeit und Unerbittlichkeit eines Mannes, der seiner Sache gewiß war und sich gegenüber seiner bedächtig erwogenen Ansicht weder durch Namen noch Programme imponieren ließ. Der hartköpfige Demokrat, der durch keinerlei Gegengründe zu überzeugen war, der aber, stets sachlich und gemessen im Auftreten, der persönlichen Kritik nicht die geringste Handhabe bot und dem weder mit der Peitsche noch mit dem Zuckerbrot irgendwie beizukommen war, hat nicht umsonst in dem ebenso hartköpfigen König Wilhelm einen guten Hasser gefunden. Leider war die

Frucht der ganzen ständischen Thätigkeit dem Aufgebot von Fleiß und moralischem Ernst doch nicht entsprechend; die großen Fragen der Zeit fanden im Stuttgarter Ständesaal nur ein machtlos verhallendes Echo.«

Zwei Briefe aus den Jahren 1831 und 1832 mögen im Folgenden verdeutlichen, mit welcher Grundhaltung Ludwig Uhland sein Mandat wahrnimmt. Seinem Freund Karl Mayer, einem deutschen Juristen, Politiker und unter anderem Oberamtsrichter in Waiblingen, der 1833 als Teil der liberalen Opposition in die württembergische Abgeordnetenkammer gewählt wird, schreibt er am 20. November 1831 (Uhland 1983b, S. 241):

»Das Schwierige, was mit diesem Berufe verbunden ist, kennst Du; es hat aber auch mich nicht abgehalten, von neuem bereitzustehen, und je mehrere zusammentreten, die einander vertrauen, um so leichter wird jeder einzelne auch das Widrige ertragen. Es zeigt sich immer mehr, daß auch das Volk mit regerer Teilnahme dem künftigen Landtag entgegensieht.«

Uhland stellt den Wert der vertrauten Gemeinschaft der (liberalen) Landtagsabgeordneten und den Willen und das Interesse des Volkes heraus. Das Volk will sich politisieren und engagieren, und dafür braucht es eben die gemeinsame Anstrengung der Landtagsabgeordneten, um sich auch den politischen Widrigkeiten entgegenzustellen, die auf dem Weg warten, für das Volk Gutes zu tun.

In einem Brief an Karl von Rotteck, einen deutschen Staatswissenschaftler, Historiker und liberalen Politiker, betont Ludwig Uhland seine liberale Grundhaltung, aber auch seine selbstwahrgenommene Unzulänglichkeit in politischer Rhetorik (was man bei Uhlands herausragendem literarischem Talent stark bezweifeln mag). Wir wollen den kurzen Brief im vollen Umfang in der überlieferten Formatierung zitieren (Uhland 1983b, S. 241 f.):

Hochwohlgeborener, hochzuverehrender Herr!

Sie haben mir die Ehre erwiesen, im Namen der Redaktion des Freisinnigen mich zu Beiträgen für denselben einzuladen. Es hat sich bei mir, bei allem Interesse für die vaterländischen Angelegenheiten doch niemals ein besondres Geschick für politische Ausführungen ergeben und so steht mir auch jetzt nichts zu Gebote, was ich der geehrten Redaktion einsenden könnte. Aber die jetzige Zeit kann zu manchem einüben, was man vorher nicht gelernt, und so ist es für mich von großem Werte, mir vorkommenden Falles die Blätter dieser liberalen Zeitschrift geöffnet zu wissen und dadurch in Verbindung mit Männern treten zu können, deren Verdienste für die Sache der bürgerlichen Freiheit ich so hoch stelle.

Mit der aufrichtigsten Verehrung beharre ich

Euer Hochwohlgeboren gehorsamster Diener.

Zwei Dinge fallen zunächst stilistisch ins Auge. Da ist einmal der Topos der Bescheidenheit. Gewiss, Uhland war kein glänzender Sprecher, aber ausgezeichneter Literat; dass er nicht in der Lage gewesen sein soll, sich schriftlich über Politik zu äußern, ist kaum glaubwürdig. Die Darstellung muss also vielmehr andere Gründe gehabt haben. Der Topos der Bescheidenheit ist ein wiederkehrendes Motiv in der Literatur, das sich durch die Darstellung von Demut, Zurückhaltung und oft auch einer gewissen Selbstunterbewertung auszeichnet. In der antiken Literatur diente die Bescheidenheit oft als ein Mittel zur moralischen Belehrung. Autoren wie Horaz und Ovid verwendeten sie, um die Tugenden der Mäßigung und der Selbstkontrolle zu betonen. In mittelalterlichen Texten wurde Bescheidenheit häufig im religiösen Kontext verwendet, als ein Weg zur Nachahmung Christi und als Teil des christlichen Tugendsystems. In der Renaissance und im Humanismus erhielt der Topos der Bescheidenheit neue Dimensionen. Während Autoren wie Erasmus von Rotterdam die Bescheidenheit als eine Art intellektuelle Tugend sahen, die gegenüber Arroganz und Prahlerei bevorzugt werden sollte, begannen andere, wie Shakespeare in seinen Dramen, die Bescheidenheit als eine komplexere Charaktereigenschaft zu erforschen, die sowohl positive als auch negative Aspekte haben konnte.

Nichts davon ist bei Uhland zutreffend, vielmehr verbindet sich der Topos der Bescheidenheit hier unmittelbarer mit einer gewissen Form von Unterwürfigkeit gegenüber der ständisch höhergestellten Person Karl von Rottecks, bekannt sowohl für seine politischen als auch für seine akademischen Beiträge. Geboren am 18. Juli 1775 in Freiburg im Breisgau, ist Karl von Rotteck ein prominenter liberaler Politiker, Professor der Universität Freiburg, Historiker und Rechtsgelehrter aus erblichem Adel. Er wird 1819 in den Badischen Landtag gewählt, wo er sich als ein führender Kopf der liberalen Opposition etabliert und für bürgerliche Freiheiten und eine konstitutionelle Regierungsform kämpft. Seine politischen Ansichten für einen freiheitlichen Föderalismus bringen ihn jedoch in Konflikt mit den konservativen Kräften seiner Zeit, was 1832 zu seiner sofortigen Versetzung in den vorzeitigen Ruhestand und dem Verbot seiner im Brief erwähnten Zeitschrift *Der Freisinnige* führt. Nichtsdestotrotz gewinnt er die Freiburger Bürgermeisterwahl von 1833 mit überwältigender Mehrheit. Zusammen mit Karl Theodor Welcker gibt Rotteck das *Staats-Lexikon. Encyklopaedie der Staatswissenschaften* (1834 bis 1843) heraus, ein umfangreiches enzyklopädisches Werk, das wichtige politische, soziale und rechtliche Themen seiner Zeit behandelte. Dieses Werk gilt als ein bedeutender Beitrag zur Verbreitung liberaler Ideen in Deutschland.

Dass Karl von Rotteck Ludwig Uhland zu Beiträgen für sein liberales politisches Blatt auffordert, ehrt den Schriftsteller und Politiker auffallend. Von einer honorablen Persönlichkeit wie dem bekannten Professor und Abgeordneten angesprochen zu werden, zumal über Standesgrenzen hinweg, ist ein Ausweis für Uhlands besondere Stellung in der publizistischen und politischen Landschaft der 1830er Jahre. Vielleicht kommt Uhland diese Auszeichnung – die durch das Regierungsverbot von *Der Freisinnige* platzt wie Seifenblasen – auch zu der Zeit zumindest emotional ganz gelegen. Denn das neue Landtagsmandat tritt Uhland nur aus staatsbürgerlichem Pflichtbewusstsein an, sodass die publizistische Tätigkeit ein wenig für diesen Zwang entschädigt. Dass Uhland später seine Professur aufgrund der Abgeordnetentätigkeit verlieren wird, kann er im Sommer 1832 noch nicht wissen (Fischer 1895, S. 158):

»U[hland] ließ sich bestimmen, für den neu zu berufenden Landtag zu candidiren, und wurde am 3. Juni 1832 für Stuttgart gewählt. Der Landtag trat am

15. Januar 1833 zusammen und es kam alsbald zu scharfen Conflicten, wobei U. neben Paul Pfizer an der Spitze der Opposition stand. Der ›vergebliche‹ Landtag wurde aufgelöst. Bei den Neuwahlen wurde U. wieder gewählt, erhielt aber den für die Beamten damals nothwendigen Urlaub nicht und erklärte am 16. Mai seinen Austritt aus dem Staatsdienst, der ihm am 22. gewährt wurde mit dem Zusatz ›sehr gerne‹; man wollte wissen, dieser Zusatz sei auf die Initiative des Königs zurückgegangen. So endigte Uhland's kurze, vielversprechende akademische Thätigkeit; einen Lohn für das charaktervolle Aushalten konnte ihm die ständische Arbeit nicht geben, denn die Opposition erreichte nichts.«

Schließlich beendet Uhland seine Karriere im Landtag 1838 und zieht sich ins Privatleben als stiller Gelehrter zurück.

Uhland in der Frankfurter Nationalversammlung 1848/1849

1848 soll dann aber aus politischer Sicht noch einmal ein Schicksalsjahr für Ludwig Uhland werden. Immerhin schon über 60 Jahre und damit ein wirklich alter Herr (schließlich betrug im 19. Jahrhundert – statistisch gesehen – die durchschnittliche Lebenserwartung für Männer etwa 35 und für Frauen etwa 38 Jahre), wird er im Rahmen der Deutschen Revolution 1848/1849 nochmals politisch aktiv. Zunächst Mitglied des Vorparlaments, also der Versammlung von 574 Männern, die 1848 die Wahl der Frankfurter Nationalversammlung vorbereiten sollten, wählen ihn die Tübinger Bürger mit mehr als 90 Prozent der Stimmen zum Abgeordneten der Nationalversammlung.

Die Revolution von 1848/1849 in Deutschland ist ein wesentliches Ereignis in der deutschen und europäischen Geschichte mit tiefgreifenden politischen, sozialen und kulturellen Veränderungen. Sie ist Teil einer Reihe von demokratischen und nationalstaatlichen Revolutionen, die im Jahr 1848 in vielen europäischen Ländern stattfanden, oft als »Frühjahrsrevolutionen« bezeichnet. Die Ursachen der Revolution sind vielfältig. Sie entstand aus einer Kombination von wirtschaftlichen Schwierigkeiten (wie Missernten und Hungersnöte), wachsendem Nationalbewusstsein, Forderungen nach liberalen Reformen und dem Einfluss der Februarrevolution 1848 in Frankreich. Viele Deutsche sind unzufrieden mit der repressiven politischen Ordnung der Restaurationszeit nach dem Wiener Kongress von 1815 und fordern mehr politische Freiheiten und nationale Einheit. Im März 1848 brechen somit in verschiedenen deutschen Staaten, insbesondere in den großen Städten wie Berlin und Frankfurt, Aufstände aus. Diese werden von einem breiten Spektrum der Bevölkerung, von Arbeitern und Bauern bis hin zu Bürgern und Intellektuellen getragen. Die Aufständischen fordern eine Verfassung, nationale Einheit, Pressefreiheit und andere liberale Reformen. Als Reaktion auf diese Unruhen und die weit verbreitete Forderung nach einem vereinten Deutschland wird die Nationalversammlung in der Paulskirche in Frankfurt am Main einberufen:

> »Ende März 1848 entschied das aus Landtagsabgeordneten und führenden Vertretern der liberalen und demokratischen Opposition zusammengesetzte Vorparlament, die Mitglieder der Deutsche Nationalversammlung nach einem allgemeinen und gleichen Mehrheitswahlrecht von volljährigen, ›selbständigen‹ Männern wählen zu lassen. [...] Am 18. Mai 1848 versammelten sich in der Frankfurter Paulskirche die Mitglieder des ersten gesamtdeutschen Parlaments, um über eine freiheitliche Verfassung und die Bildung eines deutschen Nationalstaats zu beraten. Zu ihrem ersten Präsidenten wählte die Nationalversammlung den angesehenen liberalen Politiker Heinrich von Gagern. Das Parlament gab sich eine Geschäftsordnung und setzte zur vorbereitenden Beratung Ausschüsse und Kommissionen ein. Unter diesen ragt insbesondere der Verfassungsausschuss hervor, der maßgeblich die später von der Paulskirche verabschiedete Verfassung konzipiert hat.« (Deutscher Bundestag o. J.)

Diese Versammlung, die im Mai 1848 ihre Arbeit aufnimmt, ist das erste frei gewählte Parlament in der deutschen Geschichte und repräsentiert einen bedeutenden Schritt in Richtung Demokratie und nationaler Einheit. Die Abgeordneten kommen aus verschiedenen deutschen Staaten und vertreten ein breites politisches Spektrum. Die Hauptaufgabe der Nationalversammlung ist die Schaffung einer Verfassung für ein vereintes Deutschland. Die Debatten konzentriert sich auf Fragen der Staatsform (ob Deutschland eine Republik oder eine konstitutionelle Monarchie sein sollte), der Grenzen des zu gründenden Staates und der Rechte der Bürger. Im März 1849 verabschiedet die Nationalversammlung die sogenannte »Paulskirchenverfassung«, die eine konstitutionelle Monarchie mit einem erblichen Kaiser vorsieht.

An der Erarbeitung der Verfassung war Ludwig Uhland maßgeblich beteiligt. Er war Teil des sogenannten Siebzehnerausschusses, der verschiedene politische Strömungen und Regionen Deutschlands repräsentierte. Diese Mitglieder waren Abgeordnete der Nationalversammlung, die aufgrund ihrer juristischen, politischen und verfassungsrechtlichen Expertise ausgewählt wurden. Uhland war in dem Gremium der Vertrauensmann für das Königreich Württemberg. Die Hauptaufgabe des Siebzehnerausschusses bestand darin, eine tragfähige Verfassung auszuarbeiten, die sowohl den Vorstellungen der liberalen und demokratischen Kräfte als auch den föderalen Strukturen Deutschlands gerecht werden konnte. Der Ausschuss arbeitete in mehreren Sitzungen intensiv an den grundlegenden Prinzipien und Details der Verfassung. Dabei wurden verschiedene Entwürfe und Modelle diskutiert und gegeneinander abgewogen. In dem Ausschuss arbeiteten auch berühmte Zeitgenossen wie Friedrich Christoph Dahlmann (Mitglied der Göttinger Sieben) oder auch Felix Mendelssohn Bartholdys Hauslehrer, der Historiker Johann Gustav Droysen. »In rekordverdächtiger Zeit von weniger als vier Wochen legte der Ausschuss einen ersten Verfassungsentwurf vor. Doch als dieser von den einzelstaatlichen Regierungen mehrheitlich abgelehnt wurde, war die große Chance auf eine schnelle Verfassungsgebung vertan.« (Grothe 2023, S. 13)

Uhlands Rolle bei diesem Ereignis historischen Ausmaßes ist also ausgenommen wichtig. Er vertritt eisern die Grundsätze des Liberalismus des 19. Jahrhunderts. Er gehört zunächst keiner Fraktion an, tritt aber später dem Ende November 1848 gegründeten Centralmärzverein bei, einer Dachorganisation der gemäßigten Demokraten. Die republikanischen Abgeordneten der Paulskirche, die den Sturz der damaligen monarchisch strukturierten deutschen Fürstentümer forderten, versammeln sich, wie in der französischen Nationalversammlung zwischen 1789 und 1791, auf der linken Seite. Das passt: Für Uhland steht immer die Schaffung eines deutschen Nationalstaats auf demokratischer Grundlage im Fokus, eine Verständigung mit den Fürsten lehnt er als Schwächung der Position des Parlaments ab und fordert in republikanischer Übereinkunft die Abschaffung der Adelskammer. Ebenso plädiert er für die Zusammenfassung aller Deutschen einschließlich Deutschösterreichs in gemeinsamen Grenzen, ein großdeutscher Gedanke, aber ohne eine Erbmonarchie und mit einem gewählten Reichsoberhaupt, das über den Fürsten angesiedelt ist.

Besonders sein Eintreten für ein Wahlkaisertum veranlasst Uhland, in der Frankfurter Nationalversammlung »regelmäßig mit der Linken«, der »radikaldemokratischen Gruppierung in der Nationalversammlung« (Mojem 2014, S. 233) zu stimmen. Am Schluss seiner berühmten Rede gegen das Erbkaisertum am Freitag, 19. Januar 1849 sagte er: »Glauben Sie, meine Herren, es wird kein Haupt über Deutschland leuchten, das nicht mit einem vollen Tropfen demokratischen Öls gesalbt ist!« Dafür erhielt er »[l]ebhaftes Bravo und Beifallklatschen auf der Linken und im linken Centrum« (Uhland 1849, o. S.).

Uhlands Freund Paul Achatius Pfizer, ab 1864 von Pfizer, ein württembergischer Politiker, Journalist, Jurist und Philosoph, wird zum Staatsrat und Leiter des Departements des Kirchen- und Schulwesens in der Landesregierung von Württemberg 1848/1849, der sogenannten Regierung Römer. Er ist eng mit Uhland verbunden und hilft ihm bei der politischen Entwicklung (Fischer 1895, S. 160):

>»Er setzte Uhland's Ernennung in den Siebzehner-Ausschuß durch, der in Frankfurt die Revision der deutschen Bundesverfassung mit berathen sollte. U. nahm an und reiste am 25. März nach Frankfurt ab. In dem Ausschuß, der unter Dahlmann's Führung stand, war der großdeutsche U. mit seiner Idee eines Wahlkaiserthums isolirt. Er ließ seine Frau nach Frankfurt nachkommen

und fand wenigstens in geselligem Verkehr einige Erholung von der parlamentarischen Thätigkeit, die ihn von Anfang an nicht befriedigte.«

Das liegt auch daran, dass seine Ideen nicht gut ankommen und er keinen rechten Anschluss findet (Fischer 1895, S. 160 f.):

»Er nahm im Parlament seinen Sitz auf der äußersten Linken des linken Centrums, vorübergehend auf der Linken selbst, kehrte aber bald auf den alten Platz zurück. Er war demokratisch, aber nicht revolutionär und communistisch, nicht kosmopolitisch, sondern entschieden patriotisch und mißbilligte von Anfang an alle möglichen tollen und unpatriotischen Ideen und Schritte der Extremen. Von der Rechten, auch den ihm sonst nahe stehenden J. Grimm, Arndt, Dahlmann trennte ihn neben der demokratischen Gesammtanschauung insbesonders seine Stellung in der Frage des Reichsoberhaupts.«

Die Paulskirchenverfassung, die im März 1849 von der Frankfurter Nationalversammlung verabschiedet wurde, war der erste Versuch, Deutschland eine gesamtstaatliche, demokratische Verfassung zu geben. Sie beinhaltete unter anderem einen umfassenden Katalog von universell gültigen Grundrechten, der Freiheitsrechte wie Pressefreiheit, Versammlungsfreiheit und Meinungsfreiheit umfasste. Die Verfassung sah die Einrichtung einer konstitutionellen Monarchie vor, wobei die Exekutive von einem Kaiser geführt werden sollte, der durch ein Parlament kontrolliert wurde. Ebenso sollte demnach ein Zweikammersystem etabliert werden, bestehend aus dem Volkshaus und dem Staatenhaus, wobei das Volkshaus durch allgemeine, gleiche und geheime Wahlen gewählt werden sollte. Und die Verfassung erkannte die föderale Struktur Deutschlands an und gewährleistete den einzelnen Staaten bestimmte autonome Rechte innerhalb des Gesamtstaates.

Letztlich scheitert die Revolution an verschiedenen Faktoren. Es gibt keine effektive zentrale Macht oder Armee, um die Beschlüsse der Nationalversammlung durchzusetzen. Zudem stößt die revolutionäre Bewegung auf starken Widerstand der herrschenden Monarchien und konservativen Kräfte innerhalb der deutschen Staaten. Diese Gruppen sind entschlossen, ihre Macht und die traditionelle soziale Ordnung zu bewahren. Viele der deutschen Fürsten weigern sich, die von der Paulskirchenversammlung beschlossenen Reformen anzuerkennen oder umzusetzen. Ein kritischer Moment und wahrscheinlich Anfang vom Ende der deutschen Revolution ist die Ablehnung der deutschen Kaiserkrone durch Friedrich Wilhelm IV. von Preußen im April 1849. Die Nationalversammlung bietet ihm die Krone an, aber er lehnt sie ab, da sie ihm von einer volksgewählten Versammlung und nicht von den Fürsten angeboten wird. Diese Ablehnung untergräbt die Bemühungen, eine einheitliche nationale Regierung zu schaffen. Viele deutsche Staaten ziehen ihre Abgeordneten aus der Nationalversammlung ab, schlagen die Revolution nieder und stellen die alte Ordnung wieder her.

»Gleichwohl hatten bis Mitte April insgesamt 28 deutsche Klein- und Mittelstaaten Reichsverfassung und Kaiserwahl anerkannt. In Stuttgart war es Justizminister Friedrich Römer (1794–1864) im Zusammenspiel mit den Volksvereinen am 25. April 1849 mit großer Mühe gelungen, König Wilhelm I. (1781–1864) zur Annahme der Verfassung zu bewegen.« (Kitzing 2024)

Da Württemberg als größter deutscher Staat die Reichsverfassung anerkannte, übersiedelte die Nationalversammlung 1849 von Frankfurt nach Stuttgart, als sie von den großen Staaten rechtswidrig für beendet erklärt wurde.

Das Rumpfparlament war stark reduziert im Vergleich zur ursprünglichen Nationalversammlung, von den ursprünglich etwa 585 Abgeordneten blieben nur noch etwa 145 übrig. Diese Abgeordneten setzten ihre Arbeit fort, doch ihre Möglichkeiten waren stark eingeschränkt. Das Rumpfparlament hatte weder eine gesicherte Finanzierung noch eine schlagkräftige militärische Unterstützung. Es hatte keine wirkliche Macht mehr und bestand vor allem aus den (in damaligen Kategorien gedacht!) linken, weiterhin revolutionsbereiten Abgeordneten. . Die Bedeutung des Rumpfparlaments liegt vor allem in seinem symbolischen Akt des Widerstands gegen die restaurativen Kräfte in Deutschland. Obwohl es keine unmittelbaren politischen Erfolge erzielte, repräsentierte es den ungebrochenen

Willen einiger Abgeordneter, für demokratische und nationale Einheit zu kämpfen.

Das Verhältnis zwischen der württembergischen Regierung und dem Rumpfparlament verschlechterte sich schnell (Kitzing 2024):

»Denn die Nationalversammlung fasste nach Ansicht des württembergischen Kabinetts gleich in ihrer ersten Sitzung im Stuttgarter Landtag eine Reihe extremer Beschlüsse: So erklärte sie die provisorische Zentralgewalt für abgesetzt und setzte an deren Stelle als neue Exekutive eine fünfköpfige Reichsregentschaft ein [...]. Außerhalb des Parlaments erhielt die Reichsregentschaft keinerlei Unterstützung. Lediglich die badische Revolutionsregierung erkannte diese an.«

Unter diesen Umständen war Römer nicht mehr bereit, der Nationalversammlung Gastrecht im Landtag zu gewähren. Am 13. Juni tagte sie in der Bierhalle von August Kolb und plante langfristig, in der Fritzschen Reithalle zusammenzukommen, die jedoch erst umgebaut werden musste. Die Abgeordneten arbeiteten unter improvisierten Bedingungen. Römer betrachtete die Reichsregentschaft als verfassungswidrig und stellte die Legitimität der Nationalversammlung infrage. Für ihn war sie nur noch ein Rumpfparlament, in dem die größten Bundesstaaten unterrepräsentiert waren und das hauptsächlich aus demokratisch gesinnten Fraktionen bestand. Nach der Ankündigung Preußens am 14. Juni, militärische Hilfe im Konflikt mit dem Rumpfparlament zu leisten, rückte ein Vorgehen des württembergischen Ministeriums näher. Römer, der bislang für einen friedlichen Reformkurs eingetreten war, wollte einen Bürgerkrieg verhindern und verbot am 17. Juni weitere Zusammenkünfte der Abgeordneten. Der formale Anlass war ein Beschluss der Nationalversammlung zur Aushebung einer Volkswehr aus allen Männern zwischen 18 und 50 Jahren (vgl. Kitzing 2024).

Dann schlug Ludwig Uhlands politisch letzte Sternstunde: Auf seine Anregung hin zogen die Abgeordneten unter Führung ihres Präsidenten Wilhelm Loewe-Calbe, Uhlands und des Gymnasialprofessors und Sprachforschers Albert Schott trotz Verbots am 18. Juni um 15 Uhr zur Fritzschen Reithalle. An der damaligen Ecke Hohe

Straße/Lange Straße (heute Leuschnerstraße 15) versprengte württembergisches Militär mit angedeuteten Säbelhieben die Gruppe, »nachdem zuvor Präsident Loewe-Calbe durch Trommelwirbel daran gehindert worden war, eine Erklärung abzugeben. Anschließend demolierte das Militär das Mobiliar in der Fritzschen Reithalle, während sich die Abgeordneten ins Hotel Marquardt zurückzogen, wo sie ein Protokoll über den als Sprengung des Rumpfparlaments in die Geschichte eingegangenen Vorgang erstellten.« (Kitzing 2024)

Ein Bild im Stadtarchiv Stuttgart zeigt diese Szene vom 18. Juni 1849 eindrücklich: Württembergische Kavallerie geht mit gezückten Säbeln auf eine Gruppe von würdevoll dahinschreitenden Männern los. Das vermittelt ein Gefühl von der Intensität dieses Ereignisses, das nicht weniger als das endgültige Ende der deutschen Revolutionsbestrebungen darstellt. Auf der anderen Seite zeigt ein Bericht von Emil Adolf Roßmäßler über die deutsche Nationalversammlung in Stuttgart aber auch, dass die Soldaten keineswegs bereit schienen, wirklich auf die Parlamentarier mit Waffengewalt loszugehen (Roßmähler 1849, S. 61):

> »Ueberhaupt ist mir von vielen Augenzeugen versichert worden, daß bei dem Attentat auf die Nationalversammlung sich bei Weitem die meisten Soldaten so gut erhalten haben, als es die unmittelbare Nähe des Commandirenden nur irgend erlaubt hat. Weder dem Commando ›fällt das Bajonnet‹ noch dem ›haut ein‹ ist allgemein Folge geleistet worden.«

In dem Zusammenhang wird auch nochmals die Bedeutung Ludwig Uhlands deutlich: »Als ein Soldat in dem angegriffenen Häuflein auch Uhland im Gedränge erblickte, rief er seinen Kameraden zu: ›laßt doch den Uhland heraus!‹ Ja, welcher Schwabe kennt und liebt seinen Uhland nicht!« (Roßmähler 1849, S. 61)

Seiner Frustration über die politischen Entwicklungen hat Uhland in einem kurzen Gedicht mit dem sprechenden Titel *In der Paulskirche* Ausdruck verliehen (Uhland 1983a, S. 90):

Uhlands politische Laufbahn

In der Paulskirche

Ach und Weh im ganzen Land:
Ist uns noch kein Haupt geboren? –
Nein! es ist ein Übelstand:
Deutschland hat den Kopf verloren.

Schlagen das Haupt wir ab des unseligen erblichen Kaisers,
Flugs, wie der Hydra, stehn sieben der Häupter am Platz.

Das Gedicht spricht für sich und drückt Uhlands innere Stimmung in kurzen Versen aus. Er beendet seine politische Karriere. Seit 1848 war er Mitglied des württembergischen Staatsgerichtshofs. Außerdem wird er wieder als Privatgelehrter in Tübingen tätig.

Als unerbittlicher Republikaner und Demokrat bis zum Schluss schlägt Uhland später den Orden »Pour le Mérite« (1853), eine der höchsten preußischen Auszeichnungen aus mit den Worten, er nehme keinen Orden von einem preußischen König, der eben nicht gewählt ist, sondern zum Erbkaisertum gehört. Uhland verfasst sogar eine »Bitte um Unterlassung der Auszeichnung, da ›literarische und politische Grundsätze‹ es ihm unmöglich machten, einen solchen Orden entgegenzunehmen« (Mojem 2014, S. 234); das ist demokratisch-republikanischer Bürgerstolz bis zuletzt!

Ist Ludwig Uhland damit vielleicht sogar ein Linksliberaler, der somit soziale Gerechtigkeit und individuelle Freiheiten als zentrale Werte betont? Sicherlich ist Uhland nicht im modernen Sinne linksliberal, weil die sozialen und ökologischen Bezugspunkte des 21. Jahrhunderts fehlen. Aber in jedem Falle erkennt Uhland Kernprinzipien des Linksliberalismus an, so eben eine grundsätzliche soziale Gerechtigkeit, um die Situation des deutschen Volkes »gerade im lebenspraktischen Detail zu erleichtern« (Uhland 1983b, S. 343), individuelle Freiheiten und Bürgerrechte und Demokratie und Partizipation aller Gesellschaftsschichten am politischen Prozess. Gleichfalls tritt er gegen ein allzu strikt ausgelegtes Strafrecht in seiner Heimat an, das sich gegen die in den »Grundrechten des deutschen Volkes« als »unabhängig und unantastbar« (Uhland 1983b,

S. 254) ausgewiesene Strafrechtspflege wendet. Hintergrund sind Aktivitäten der badischen Regierung, verfassungswidrig den »milderen, ordentlichen Gerichte[n]« zugunsten schärferer Urteile einer als »Blutgericht« titulierten »fremden Militärgewalt« (Uhland 1983b, S. 253 f.) die Zuständigkeit zu entziehen.

Einer der Hauptgründe für das Ende der Revolution ist die mangelnde Einheit unter den Revolutionären. Sie sind in ihren Zielen und Methoden tief gespalten. Während einige radikale Reformen oder gar eine Republik anstreben, bevorzugen andere gemäßigtere Ansätze wie eine konstitutionelle Monarchie. Diese Spaltungen schwächen die revolutionäre Bewegung erheblich und machen es schwierig, eine gemeinsame Strategie gegen die bestehenden monarchischen und konservativen Kräfte zu entwickeln.

Trotz ihres Scheiterns hat die Revolution von 1848/1849 indes langfristige Auswirkungen. Sie markiert den Beginn der liberalen Bewegung in Deutschland und trägt zur Entwicklung eines deutschen Nationalbewusstseins bei. Viele der Ideen und Forderungen der Revolution, wie Verfassungsstaatlichkeit und nationale Einheit, werden in den folgenden Jahrzehnten weiterverfolgt und beeinflussen die spätere deutsche Geschichte, einschließlich der Gründung des Deutschen Kaiserreichs 1871.

Das Schillerfest in Stuttgart am 10. November 1859 ist eine bedeutende kulturelle Veranstaltung in Deutschland, die zu Ehren des 100. Geburtstags des berühmten deutschen Dichters Friedrich Schiller gefeiert wurde. Stuttgart, Schillers Geburtsstadt, ist der zentrale Ort der Feierlichkeiten. Die Stadt organisiert verschiedene Veranstaltungen, um Schillers Erbe zu würdigen. Dazu gehören Aufführungen seiner Dramen, Lesungen seiner Werke und akademische Vorträge über sein Leben und Schaffen. Darüber hinaus werden Gedenktafeln enthüllt und Denkmäler zu seinen Ehren eingeweiht. Auch Uhland selbst kommt dort zu Ehren in einem kurzen Text, den ein nicht näher bekannter Dr. Friedrich Rotter beim Schillerfest auf Uhland und Karl Mayer ausbringt (Elben 1859, S. 53):

Nicht lange soll ein Trinkspruch seyn,
Drum bring ich einen kurzen ein:
Den Dichtern die mit siebzig Jahren
Heut unsres Zugs Geleiter waren,
Zwei Lustra noch der vollen Kraft,
Die Deutsches, Hohes, Reines schafft!

Das kleine, nicht allzu hochwertige Gedicht zeigt eine hohe Ehrerbietung für den alternden Dichter Ludwig Uhland, der mit 72 Jahren noch die Mühe eines längeren Festakts auf sich nimmt und es sich nicht nehmen lässt, darauf direkt zu erwidern (Elben 1859, S. 53):

»Als auf dem Festplatz die große Glocke der Stadt Stuttgart erklang, gemahnte sie mich daran, daß Schiller in jungen Jahren dieselbe vielmals gehört haben muß, daß eben dieser Klang in seiner Seele geschlummert haben und lange nachher zum berühmten Lied von der Glocke geworden seyn mag. Er hat die Glocke zum Symbol einer umfassenden dichterisch-sittlichen Weltanschauung erkoren. Eine große, weitschallende Glocke ist Schillers ganze Poesie. Der Dichter hat gleichwohl nicht das Haupt emporgeworfen. Im Augenblicke, da die blühenden Töchter der Stadt den Fuß der Säule bekränzten, sahen wir das edle, gebeugte Haupt vom hervortretenden Sonnenscheine beleuchtet. Ueber Länder und Meere tönt heute die Festglocke der Schillersfeier. Auch jenseits des Ozeans werden Deutsche, die nun seit zehen Jahren in der Verbannung leben, von einer heftig erregten Zeit her, in welcher selbst die Höchsten und Edelsten nicht auf festem Boden standen, diesen Laut vernehmen, mit schmerzlicher Erinnerung und doch mit freudigem Stolz auf den Gewaltigen aus dem Heimatlande. In der deutschen Heimat selbst wird die Glocke nicht unwirksam und segenslos verhallen. Daß die Feier, zu der sie geladen, eine volksthümliche sey, deß sind wir alle Zeugen, die wir den in Ernst und Scherz wohlgelungenen Festzug angesehen. Mahnend und zugleich ermuthigend wird der ernste Klang in deutsche Länder dringen, die so lange schon in ihren theuersten Rechten sich tief gekränkt fühlen. ›Heil'ge Ordnung, Himmelstochter!‹ spricht der Meister des Glockengusses, zu der heiligen Ordnung aber zählt er das frohbewegte Leben in der ›Freiheit heil'gem Schutz.‹ Ertönen wird der Glockenruf in die Zerrissenheit des deutschen Gesammtvaterlands, in dessen klaffende Wunde wir eben erst tief hinabblicken. ›Concordia soll ihr Name seyn!‹ tauft der Meister seine Glocke. Concordia bedeutet aber nicht eine träge, todte Eintracht, nein! wörtlich: Einigung der Herzen, in Schillers

Sinne gewiß: Eintracht frischer, thatkräftiger, redlicher, deutscher Herzen. Concordia schalle hoch!«

Uhland beweist mit dieser Rede seine kundige Kenntnis des Werkes Friedrich Schillers und hilft somit dabei, den Ansatz des Schillerfestes zu fördern: Das Schillerfest trägt zur Verfestigung von Schillers Status als einem der bedeutendsten nationalen Dichter Deutschlands bei. Die Feierlichkeiten werden weithin als Ausdruck eines gemeinsamen kulturellen und geistigen Erbes gesehen, das die verschiedenen deutschen Staaten miteinander verbindet. Die Veranstaltung erhält breite Aufmerksamkeit und wird von vielen als ein wichtiger Schritt zur Förderung der deutschen Einheit angesehen. Die Feierlichkeiten sind also ein Beispiel dafür, wie Literatur und Kultur als Mittel zur Förderung nationaler Identität und Einheit genutzt werden können – und Ludwig Uhland ist im hohen Alter noch einmal mittendrin.

Rückblick und Ausblick

Die Reise durch Ludwig Uhlands Leben, Werk und Wirkung ist beinahe zu Ende; was bleibt, ist das Wissen der Unvollständigkeit. Weder ist es möglich, Uhlands Sein biographisch und psychologisch umfassend nachzuvollziehen; noch ist es möglich, das poetische Schaffen über alle Phasen hinweg zu begleiten. Wir können nur eine Auswahl des herausragenden poetischen Werks betrachten und hoffen, damit zumindest einen Rahmen geschaffen zu haben, in den sich Ludwig Uhland einordnen lässt. Wir hätten zahlreiche weitere Gedichte vorstellen und besprechen können, aber die Auswahl hätte nie ein Ende gefunden. Daher müssen sich die Leser:innen mit der subjektiven Selektion des Autors zufriedengeben und mögen sich motiviert fühlen, sich selbstständig mit Uhlands weiterem Schaffen zu befassen; wer lesen will, besitzt schon die hinreichende Qualifikation dafür, das Werk auch zu verstehen. Und wo es an literarhistorischem und literaturwissenschaftlichem Wissen mangeln könnte, helfen leicht verfügbare Standardwerke, um diese Lücken zu füllen. Die Lesefreude bleibt aber auch ohne germanistische Perspektive ungetrübt, denn wir sollten nicht vergessen, dass Ludwig Uhland bis ins 20. Jahrhundert hinein zu den am meisten gelesenen Schriftstellern deutscher Sprache gehörte und sein Ruhm dem eines Goethe beispielsweise kaum nachsteht. Oder wie Hartmut Fröschle zusammenfassend schreibt (Fröschle 2016, S. 536):

> »U[hland] galt 100 Jahre lang quer durch die sozialen Schichten und parteipolitischen Lager als Idealgestalt: im Politischen durch sein lebenslanges unerschütterliches Eintreten für staatsbürgerliche Rechte und Freiheiten sowie seinen glaubwürdigen, unpathetischen Patriotismus, im Poetischen durch seine volkstümlich-schlichte, formal gebändigte, klare und ethisch fundierte Romantik. Nachrufe bezeichneten ihn als »Gewissen Deutschlands« und »Hausgeist des dt. Volkes«. U[hland] zählt maßgeblich zu jenen dt. Dichtern, die mit ihren Werken zur inneren Nationwerdung der Deutschen im

19. Jh. beitrugen. Wurde er früher v. a. als Dichter und mutiger Demokrat bewundert, so ist er heute auch als Pionier der Romanistik, der Minnesangforschung sowie der Sagen- und der Volksliederforschung anerkannt.«

Sein »lebenslanges unerschütterliches Eintreten für staatsbürgerliche Rechte und Freiheiten« ist, neben Uhlands poetischer Kompetenz, die große Lebensleistung des Schwaben. Uhland hat nicht nur literarisch die zeitgenössischen Zustände kritisiert und vielleicht Visionen für ein (vermeintlich) ›besseres‹ Deutschland entworfen, wie viele andere Dichter vor ihm und nach ihm über alle Zeiten hinweg. Nein: Uhland hat angepackt, er hat nicht nur aus der Schreibstube heraus gegen alles und jeden gewettert. Er ist viele Jahrzehnte für die Dinge eingetreten, die ihm wichtig waren. Uhland war immer von dem Wunsch nach Veränderung getrieben, um Gerechtigkeit zu erreichen und die Lebensumstände der Menschen auf eine neue Stufe zu führen. Sein Liberalismus ist keine Manier, sondern gelebte Realität; er ist nicht opportunistisch liberal, sondern aus Überzeugung. Und das prägt eben sein gesamtes Leben mit allen Höhen und Tiefen, mit allen Erfolgen und Enttäuschungen.

Sein Wissen und diese Lebensleistung und vor allem auch der energieraubende Einsatz, den er jahrelang erbracht hat, ist vergessen; seine Person ist mehr Folklore als Vorbild, das Uhland aber unzweifelhaft mit seinem beständigen Eintreten für politische Veränderung und Verbesserung der Zustände sein kann. Und auch sein literarisches Werk ist weitgehend aus der Öffentlichkeit verschwunden, auch wenn zig Schulen, Straßen und Plätze nach ihm benannt sind; selbst dass *Der gute Kamerad* von Uhland stammt, wissen wohl nur Eingeweihte, die Vertonung von Silcher (den man aber auch in breiteren Schichten nicht einmal mehr dem Namen nach kennt) überlagert alles.

Die Literaturgeschichtsschreibung und die germanistische Literaturwissenschaft tragen ebenfalls nicht dazu bei, Uhlands Ruhm zu mehren. Im renommierten Band über die Literatur zwischen 1806 und 1830 der *Geschichte der deutschen Literatur* von de Boor und Newald sind Uhland etwa fünf Seiten vergönnt, davon ein nicht unbeträchtlicher Teil unmittelbar bezogen auf seine literarischen Texte. Zum Vergleich: Heinrich von Kleists Erzählung *Michael Kohlhaas* nimmt in etwa den gleichen Umfang ein. Das soll beileibe nicht die Bedeutung von Kleists Text schmälern, ganz gewiss nicht; aber es illustriert ein merkwürdiges Missverhältnis, in dem Uhland zu den anderen Exponenten seiner Zeit gesehen wird. Die dreibändige *Geschichte der deutschen Literatur* von Erhard Bahr und anderen honorigen Germanisten gönnt Uhland gerade einmal zwei Erwähnungen, jeweils nicht mehr als einen Halbsatz in einem anderen Kontext. Er ist schlichtweg offensichtlich nicht (mehr) interessant für heutige literarhistorische Bedürfnisse, und im schulischen Betrieb kommt Uhland überhaupt nicht vor.

Wenigstens in einigen Lyrikanthologien wird ihm Platz eingeräumt, wenn auch weniger, als seiner tatsächlichen Bedeutung angemessen wäre. In der Ausgabe von *Der Ewige Brunnen* aus dem Jahr 2023, die auf der 2005 aktualisierten und erweiterten Auflage basiert, sind *Frühlingsglaube, Die Kapelle, Einkehr, Das Glück von Edenhall, Der gute Kamerad* und *Des Sängers Fluch* vorhanden. Das ist eine schöne, wenngleich kaum überraschende Auswahl; außer *Einkehr* haben wir auch alle diese Gedichte hier behandelt. *Einkehr* ist ein schönes, romantisches Gedicht, das die Einkehr eines lyrischen Ichs in eine Gaststätte darstellt und dort die Szenerie und die Ehre und Gastfreundschaft des Wirtes schildert (von Petersdorff, S. 746 f.). Zur Information aus der Verlagswerbung: »Die Gedichtsammlung ›Der ewige Brunnen‹ ist seit vielen Jahrzehnten ein Klassiker. In dem schier unerschöpflichen Lesebuch spiegeln sich die Lebenserfahrungen von Jahrhunderten. In dieser Neuausgabe mit insgesamt 1200 Gedichten hat Dirk von Petersdorff berühmte und kanonische Gedichte mit frischen Stimmen aus der Vergangenheit wie aus der Gegenwart vereinigt.« In *Deutsche Lyrik vom Barock bis zur Gegenwart*, das als »Einblick in die Vielfalt deutscher Gedichte […] ein ideales Arbeitsbuch für Schule und Studium« (Hay/von Steinsdorff, Klappentext) darstellen soll, werden die Gedichte *Am 18. Oktober 1816* und *Wanderung* präsentiert; inwieweit dies »repräsentativ« (Hay/von Steinsdorff, Klappentext) sein soll, bleibt unkommentiert und fragwürdig, insbesondere, wenn man dies mit sieben Gedichten von Heinrich Heine und acht Gedichten von Clemens Brentano vergleicht.

Auf der anderen Seite muss man auch offen damit umgehen, dass Uhland und die Seinen schon zu Lebzeiten nicht unwidersprochen geblieben sind. Heinrich Heine, der große Spötter, hat sich in seinem 1838 erschienenen Schwabenspiegel boshaft mit dem schwäbischen Dichterbund befasst. So schreibt er beispielsweise (Heine 1839):

> »Was ist das, die schwäbische Schule? Es ist noch nicht lange her, daß ich selber an mehre reisende Schwaben diese Frage richtete und um Auskunft bat. Sie wollten lange nicht mit der Sprache heraus und lächelten sehr sonderbar, etwa wie die Apotheker lächeln, wenn frühmorgens am ersten April eine leichtgläubige Magd zu ihnen in den Laden kömmt und für zwei Kreuzer Mückenhonig verlangt. In meiner Einfalt glaubte ich anfangs, unter dem Namen schwäbische Schule verstünde man jenen blühenden Wald großer Männer, der dem Boden Schwabens entsprossen, jene Rieseneichen, die bis in den Mittelpunkt der Erde wurzeln und deren Wipfel hinaufragt bis an die Sterne ...«

Heine hat keine sonderlich gute Meinung von der Schwäbischen Romantik und geht in der Folge mit allen Mitgliedern hart ins Gericht; auch Ludwig Uhland bekommt sein Fett weg. Heine stellt es zwar so dar, als wolle er Uhland gar nicht angehen und tue es nur, weil er eben Mitglied des schwäbischen Dichterbundes sei. Er müsse eben über Uhland sprechen, werde förmlich gezwungen dazu (Heine 1839):

> »Und nun laß uns ernsthaft reden, lieber Leser; was ich dir jetzt noch zu sagen habe, verträgt sich nicht mit dem scherzenden Tone, mit der leichtsinnig guten Laune, die mich beseelte, während ich diese Blätter schrieb. Es liegt mir drückend etwas im Sinne, was ich nicht mit ganz freier Zunge zu erörtern vermag und worüber dennoch das unzweideutigste Geständnis nötig wäre. Ich hege nämlich eine wahre Scheu bei Gelegenheit der schwäbischen Schule auch von Ludwig Uhland zu sprechen, von dem großen Dichter, den ich schier zu beleidigen fürchte, wenn ich seiner in so kläglicher Gesellschaft gedenke. Und dennoch, da die erwähnten Dichterlinge den Ludwig Uhland zu den Ihrigen zählen oder gar für ein Haupt ihrer Genossen ausgeben, so könnte man hier jedes Verschweigen seines Namens als eine Unredlichkeit betrachten.«

Aber er lässt kein gutes Blatt an einem der größten Deutschen seiner Zeit und geht ironisch mit ihm ins Gericht:

> »Weit entfernt, an seinem Werte zu mäkeln, möchte ich vielmehr die Verehrung, die ich seinen Dichtungen zolle, mit den volltönendsten Worten an den Tag geben. Es wird sich mir bald dazu eine passendere Gelegenheit bieten. Ich werde alsdann zur Genüge zeigen, daß sich in meiner früheren Beurteilung des trefflichen Sängers zwar einige grämliche Töne, einige zeitliche Verstimmungen einschleichen konnten, daß ich aber nie die Absicht hegte, an seinem inneren Werte, an seinem Talente selbst, eine Ungerechtigkeit zu begehen. Nur über die literärhistorischen Beziehungen, über die äußeren Verhältnisse seiner Muse, habe ich unumwunden eine Ansicht, die vielleicht seinen Freunden mißfällig, aber darum dennoch nicht minder wahr ist, aussprechen müssen.«

Diese Unterwürfigkeit, diese Entschuldigungen sind natürlich nicht ernst zu nehmen. Heine will Uhland kritisieren und nimmt dabei auch kein Blatt vor den Mund; dass er Uhlands Werk überhaupt nicht schätzt, wird anhand der weiteren Ausführungen mehr als deutlich:

> »Als ich nämlich Ludwig Uhland im Zusammenhang mit der ›Romantischen Schule‹ in dem Buche, welches ebendiesen Namen führt, flüchtig beurteilte, habe ich deutlich genug nachgewiesen, daß der vortreffliche Sänger nicht eine neue, eigentümliche Sangesart aufgebracht hat, sondern nur die Töne der romantischen Schule gelehrig nachsprach; daß, seitdem die Lieder seiner Schulgenossen verschollen sind, Uhlands Gedichtesammlung als das einzig überlebende lyrische Denkmal jener Töne der romantischen Schule zu betrachten ist; daß aber der Dichter selbst, ebensogut wie die ganze Schule, längst tot ist.

Das ist unverschämt, schließlich lebt Uhland 1839 noch und erfreut sich bester Gesundheit. Dieser Kniff ist wichtig für Heine, um kraftvoll über Uhland und den Schwäbischen Dichterbund herzuziehen. Dass Uhlands Ruhm vollständig vergangen ist, steht damit für Heine außer Frage. Und eine ebensolche Gemeinheit ist, dass Heinrich Heine das Ende von Uhlands vermeintlich rühmlichem Schaffen (das den Tod des Dichters markieren soll) feiert und sich darüber freut, dass Uhland »seinen Tod wohl begriffen und seit zwanzig Jahren nichts mehr geschrieben hat« (Heine 1839). Diese Gemeinheit wird direkt den romantischen Schwaben (die Heine als »meine schwäbischen Dichterlinge« lächerlich macht und sie damit als Anfänger, als Dilettanten, als Zwerge der Lächerlichkeit preisgibt) angelastet, die Uhland nicht in seiner poetischen ewigen Ruhe belassen wollen und ihn als Frontmann gegen ihre Verächter zu Felde ziehen lassen (Heine 1839):

> »Es ist wahrlich ein ebenso widerwärtiges wie lächerliches Schauspiel, wenn jetzt meine schwäbischen Dichterlinge den Uhland zu den Ihrigen zählen, wenn sie den großen Toten aus seinem Grabmal hervorholen, ihm ein Fallhütchen aufs Haupt stülpen und ihn in ihr niedriges Schulstübchen hereinzerren – oder wenn sie gar den erblichenen Helden, wohlgeharnischt, aufs hohe Pferd packen, wie einst die Spanier ihren Cid, und solchermaßen gegen die Ungläubigen, gegen die Verächter der schwäbischen Schule, losrennen lassen!«

Dass auch dies ein vergiftetes Kompliment ist, wird an anderer Stelle deutlich. Heine hält Uhland natürlich nicht für einen Helden wie El Cid, sondern für einen spießigen Philister mit akademischem Habitus in ritterlicher Verkleidung (Storz 1967, S. 48):

> »Schärferen Blicken als den meinigen will es nicht entgangen sein, daß das hohe Ritterroß mit seinen bunten Wappendecken und stolzen Federbüschen nie recht gepaßt habe zu seinem bürgerlichen Reiter, der an den Füßen statt Stiefeln mit goldenen Sporen nur Schuh mit seidenen Strümpfen und auf dem Haupt statt eines Helms nur einen Tübinger Doctorhut getragen hat.«

Das ist ungerecht, denn diese Bürgerlichkeit ist gerade das herausragende Zeichen Ludwig Uhlands, der mit einem glaubwürdigen republikanischen Patriotismus für einen politischen Liberalismus und einen positiven Vergangenheitsbezug steht: zunächst in »der Welt seiner frühen Dichtung«, dann als »Gegenstand geschichtlicher Forschung« (Storz 1967, S. 48).

Das Beispiel Heines, des großen Spötters, der an vielen kein gutes Haar ließ, ist aber kaum repräsentativ für die Wahrnehmung Uhlands. Schaut man beispielsweise in die Gedächtnisrede von Ludwig Eckardt bei der Uhlandfeier des Cäcilienvereins in Karlsruhe am 9. Februar 1863, also wenige Monate nach Uhlands Tod, erspürt man eine ganz andere Geisteshaltung (Eckardt 1863, S. 5):

Rückblick und Ausblick

>»Wir stehen an einem Grabe. Fürstliche Herzen nehmen an unserer Trauer Theil, Herzen, die sich von keiner Freude, keinem Leide der deutschen Nation scheiden, und die wir daher nie und nimmer von uns geschieden denken, wenn wir vom deutschen Volke sprechen. [...[Er war ein Mann, wie er – wir sprechen dies ohne alle nationale Ueberhebung aus, schlicht, wie Uhland selbst gewesen – ein Mann, wie er mit seinen Vorzügen und Schwächen nur in Deutschland möglich war. Versetzen Sie ihn im Geiste nach Frankreich, Italien und selbst England und Sie werden das Wort bestätigen. Die festliche Stimmung soll uns nicht veranlassen, den Geschiedenen zu überschätzen, wir wollen ihn nicht in die erste Reihe unserer Dichter drängen, an die Seite eines Goethe, Schiller, Richter und Lessing. Sie waren größer als er; aber keiner unserer Poeten war dagegen deutscher als der Schwabe Ludwig Uhland.«

Auch wenn Uhland nicht Goethe oder Schiller, nicht Jean Paul (Richter) oder Lessing war, so war er eben doch Uhland mit allen seinen positiven Charaktereigenschaften und Leistungen. Das dürfen, das müssen wir anerkennen und können dabei immer an das Diktum von Hermann Fischer in der *Allgemeinen Deutschen Biographie* denken (Fischer 1895, S. 162):

>»U[hland] war [...] durchdrungen von der Empfindung für Würde und Freiheit des Individuums, welche in seiner vernunftmäßig angelegten Natur wie ein Erbstück des Rationalismus erscheint, war er gerecht gegen jeden, streng gegen sich selbst, gegen Andere nur, wo der sittliche Kern des Menschen in Betracht kam; ein Freund jeder freien Aeußerung und doch für sein Theil an den Traditionen der Familie, den Gewohnheiten der Kirche festhaltend; ein echter Demokrat von republikanischem Grundzug, aber pietätvoll gegen die historischen Formen des politischen Lebens; ohne nationales Vorurtheil, aber ein treuer deutscher Patriot.«

Ludwig Uhland ist nun mehr als 160 Jahre tot. Er ist nicht vergessen, aber die Erinnerung an ihn verblasst. Uhland ist aus dem allgemeinen Kanon gestrichen und offenbar weder klassisch noch modern genug, um heute die ihm zustehende Geltung zu erhalten. Dieses Buch will einen Teil dazu beitragen, die Erinnerung an Uhland als großem Dichter und aufrechtem Demokraten zu erhalten und ihm, im Rahmen des Möglichen, etwas von seinem historischen Ruhm zurückzugeben. Uhlands politische Arbeit kann dabei für Menschen von heute besonders interessant und vielleicht am besten zugänglich sein – und da sie vermutlich den meisten unbekannt ist, gilt es, sie aufs Neue zu entdecken. Es ist dringend an der Zeit für dieses Unterfangen, wozu noch viel zusätzliche Arbeit nötig ist. Es bedürfte weiterer Studien, um Uhland dem Publikum wieder zugänglich zu machen, sei es durch eine Neuedition seiner Lyrik, eine umfangreiche Biographie oder auch eine genaue Einordnung seiner politisch-publizistischen Tätigkeit. Es ist noch viel Arbeit zu erledigen, die von einer Person allein de facto nicht zu leisten ist. Die vorliegende Monographie soll als Teil der losen Reihe »Persönlichkeiten aus dem Südwesten« dazu dienen, Uhlands Rolle einführend neu zu akzentuieren: einmal als Person von übergeordnetem öffentlichem Interesse, aber vor allem auch als Teil einer Gemeinschaft einer spezifischen Region, die die deutsche Kultur und Geschichte auf verschiedenen Ebenen nachhaltig geprägt hat.

Wer Ludwig Uhland heute erleben will, nähert sich ihm in seiner Heimat: dem Südwesten Deutschlands. Vor allem in Tübingen ist das Erbe sichtbar. Zum einen ist das bereits erwähnte Uhland-Haus einen Vorbeigang wert. Das Gebäude bildet »in der Zeile der hohen Giebelhäuser einen besonderen Glanzpunkt der Neckarhalde, einer der schönsten Straßen der Universitätsstadt. Der eindrucksvolle, tief in den Boden eingegrabene Gewölbekeller, direkt von der Straße aus durch eine steile Treppe erschlossen, und der vom Keller bis auf das Niveau des Neckars hinabreichende Brunnenschacht stammen spätestens aus dem 16. Jahrhundert. Das steinerne 1. Obergeschoss, zwei weitere Geschosse in verputztem Fachwerk und die zwei Dachgeschosse sind ein repräsentativer Neubau des Jahres 1772, der nicht nur in der spätbarocken Fassadengestaltung, sondern auch in der inneren Ausstattung mit Türen, Böden und Stuckdecken in seiner Substanz noch gut erhalten ist.« (Schwäbischer Heimatbund 2016)

Ebenso einen Besuch wert ist das bronzene Denkmal für Ludwig Uhland auf dem ›Platz der Stadt Monthey‹ an der Uhlandstraße in Tübingen. Das Standbild Uhlands von 1873 thront auf einem Sockel mit Figurenreliefs an drei Seiten und einer Inschrift an der Rückseite: »Dem Dichter – dem Forscher – dem deutschen Mann – das dankbare

Vaterland« heißt es da, was die Bedeutung und Rolle Uhlands im 19. Jahrhundert gut zusammenfasst. Das Grabmal von Ludwig Uhland auf dem Stadtfriedhof Tübingen liegt nahe der letzten Ruhestätte Friedrich Hölderlins, direkt neben Uhland ist, von bodendeckendem Efeu umgeben, seine Gattin Emilie beigesetzt. Uhland verfügt übrigens schon 1812 in einem Gedicht seine Grabgestaltung: »Setzt mir nur einen blanken Stein, / Nicht Bilder drauf, noch Worte drein, / Doch sollt ihr ihn nach Osten kehren, / So wird ihn Morgenrot verklären.« (Uhland 1983a, S. 36) Er will kein Mahnmal, sondern will im Tode wahrgenommen werden wie als Lebender: bescheiden und nahbar, mit dem Blick für die aufgehende Sonne des neuen Tages. Auch die Gräber des Komponisten Friedrich Silcher, der schwäbischen Romantiker Hermann Kurz und Karl Friedrich Hartmann Mayer und weiterer Freunde Uhlands wie Paul Achatius Pfizer finden sich dort.

So wollen wir enden mit einem Trinkspruch aus einem frühen Lied Uhlands: »Wir sind nicht mehr am ersten Glas, / Drum denken wir gern an dies und das, / Was rauschet und was brauset.« (Uhland 1983a, S. 33) Auch Uhlands Poesie rauscht und braust weiterhin: Sie ist und bleibt groß und stellt ein bedeutendes Erbe einer großen Persönlichkeit aus dem Südwesten dar. Daran dürfen wir uns gern jederzeit erinnern und es wird Zeit, dass Uhlands Lyrik auch wieder gelesen und an Uhlands Person wieder erinnert wird.

Bibliographie

Bachmann, Andrea (2022): Besondere Bauten in der Region: Neckarhalde 64 in Tübingen. Zugriff am 10. November 2023 unter https://www.tagblatt-anzeiger.de/Nachrichten/Besondere-Bauten-in-der-Region-Neckarhalde-64-in-Tuebingen-535994.html.

Bahr, Erhard (Hrsg.) (1998): Geschichte der deutschen Literatur 2. Von der Aufklärung bis zum Vormärz. Zweite, vollständig überarbeitete und erweiterte Auflage. Tübingen und Basel: Francke.

Bahr, Erhard (Hrsg.) (1999): Geschichte der deutschen Literatur 1. Vom Mittelalter bis zum Barock. Zweite, vollständig überarbeitete und erweiterte Auflage. Tübingen und Basel: Francke.

Bein, Thomas (1997): Walther von der Vogelweide. Stuttgart: Reclam.

Braungart, Georg (2012): Versunken und vergessen? Anmerkungen zu Ludwig Uhlands Lyrik. In: Braungart, Georg/Knödler, Stefan (Hrsg.): Ludwig Uhland: Tübinger Linksradikaler Nationaldichter. Tübingen: Universitätsstadt Tübingen – Fachbereich Kunst und Kultur, S. 31–42.

Braungart, Georg (2012): Der Sieg der Poesie über den Tyrannen. Ein Versuch zu Uhlands Ballade »Des Sängers Fluch« (1814). In: Braungart, Georg/Knödler, Stefan (Hrsg.): Ludwig Uhland: Tübinger Linksradikaler Nationaldichter. Tübingen: Universitätsstadt Tübingen – Fachbereich Kunst und Kultur, S. 55–66.

Brentano, Clemens (1806): Lied von eines Studenten Ankunft in Heidelberg und seinem Traum auf der Brücke, worin ein schöner Dialogus zwischen Frau Pallas und Karl Theodor. Zugriff am 24. November 2023 unter http://www.s197410804.online.de/Stadtgeschichte/Romantik/brentano.htm.

Buck, Henning (1998): Zum Spannungsfeld der Begriffe Volk – Nation – Europa vor der Romantik. Zugriff am 25. November 2024 unter https://osnadocs.ub.uni-osnabrueck.de/bitstream/ds-202203296504/4/Buck_Begriffe_Volk-Nation-Europa_vor_der_Romantik_1998.pdf.

Bumke, Joachim (2002): Höfische Kultur. Literatur und Gesellschaft im hohen Mittelalter. 10. Auflage. München: Deutscher Taschenbuch Verlag.

Czeike, Felix (2023): Biedermeier. In: Wien Geschichte Wiki, ein Service der Stadt Wien. Zugriff am 3. Februar 2024 unter https://www.geschichtewiki.wien.gv.at/Biedermeier.

Bibliographie

De Boor, Helmut (1974): Geschichte der deutschen Literatur. Die Höfische Literatur Vorbereitung, Blüte, Ausklang 1170–1250. Neunte Auflage, mit einem neuen bibliographischen Anhang von Klaus P. Schmidt. München: C.H. Beck.

Deutscher Bundestag (o. J.): Parlament: Revolution und Frankfurter Nationalversammlung 1848/1849. Zugriff am 15. Januar 2024 unter https://www.bundestag.de/parlament/geschichte/parlamentarismus/1848.

Eckardt, Ludwig (1863): Ludwig Uhland: Gedächtnißrede an der Uhlandfeier des Cäcilienvereins in Karlsruhe am 9. Februar 1863. Karlsruhe: Verlag von A. Bielefeld's Hofbuchhandlung.

Elben, Otto (1859): Das Schillerfest in Schillers Heimath: Stuttgart, Ludwigsburg und Marbach den 9., 10. und 11. November 1859. Stuttgart: o. V.

Evangelische Kirche in Deutschland (o. J.): Apostolisches Glaubensbekenntnis. Zugriff am 25. November 2023 unter https://www.ekd.de/apostolisches-glaubensbekenntnis-10790.htm.

Finkenauer, Thomas (o. J.): Die Geschichte der Juristischen Fakultät der Eberhardina Carolina. Zugriff am 10. November 2023 unter https://uni-tuebingen.de/fakultaeten/juristische-fakultaet/fakultaet/geschichte/.

Fischer, Hermann (1895): Uhland, Ludwig. In: Allgemeine Deutsche Biographie, herausgegeben von der Historischen Kommission bei der Bayerischen Akademie der Wissenschaften, Band 39, S. 148–163. Zugriff am 10. November 2023 unter https://de.wikisource.org/wiki/ADB:Uhland,_Ludwig.

Freies Wissen e. V. (o. J.): Artikel Ludwig Uhland. Zugriff am 12. November 2023 unter https://www.tuepedia.de/wiki/Ludwig_Uhland.

Fröschle, Hartmut: (2016): Uhland, Ludwig. In: Neue Deutsche Biographie 26, S. 536–537. Zugriff am 10. November 2023 unter https://www.deutsche-biographie.de/pnd118625063.html#ndbcontent.

Grothe, Ewald (2023): Die Liberale Revolution. 1848/49 – Aufbruch zur Freiheit. Herausgegeben von der Friedrich-Naumann-Stiftung für die Freiheit, Potsdam.

Halm, Karl Felix (1875): Bekker, Immanuel. In: Allgemeine Deutsche Biographie (ADB), herausgegeben von der Historischen Kommission bei der Bayerischen Akademie der Wissenschaften, Band 2, S. 300–303. Zugriff am 24. Dezember 2023 unter https://de.wikisource.org/wiki/ADB:Bekker,_Immanuel.

Hauff, Wilhelm (o. J. [1958]): Das Wirtshaus im Spessart. Ein Märchen. München: Obpacher.

Hay, Gerhard/Steinsdorff, Sibylle von (2002): Deutsche Lyrik vom Barock bis zur Gegenwart. 10. Auflage. München: Deutscher Taschenbuch Verlag.

Heine, Heinrich (1839): Der Schwabenspiegel. In: Jahrbuch für Literatur, Bd. 1. Zugriff am 29. Januar 2024 unter http://www.heinrich-heine-denkmal.de/heine-texte/schwaben.shtml.

Jaeger, Hans (1933): Subjektivität und Objektivität der Lyrik. In: PMLA/Publications of the Modern Language Association of America, 48 (1), S. 245–280. Zugriff am 30. Dezember 2023 unter doi:10.2307/457982.

Kalkhoff, Alexander M. (2010): Entwicklungstendenz der Fachgenese im 19. und frühen 20. Jahrhundert. Zugriff am 25. Dezember 2023 unter https://www.deutscher-romanistikverband.de/der-drv/verbandsgeschichte/geschichte-der-deutschsprachigen-romanistik/#:~:text=Die%20Romanistik%20respektive%20Romanische%20Philologie,Universit%C3%A4ten%20zu%20einem%20eigenst%C3%A4ndigen%20Universit%C3%A4tsfach.

Kerner, Justinus (1914): Werke. Sechs Teile in zwei Bänden, Band 1. Zugriff am 17. Dezember 2023 unter http://www.zeno.org/nid/20005150736.

Kittstein, Ulrich (2015): Eduard Mörike: Jenseits der Idylle. Darmstadt: Lambert Schneider in Wissenschaftliche Buchgesellschaft.

Kitzing, Michael (2024): »Sprengung des Rumpfparlaments«. In: Stadtarchiv Stuttgart, Zugriff am 7. Juni 2024 unter https://www.stadtlexikon-stuttgart.de/article/9a6bf6e2-ca4e-4a94-9893-312af0a9a6d1/1/Sprengung_des_Rumpfparlaments.html.

Korff, Hermann August (1949): Geist der Goethezeit. III. Teil: Romantik: Frühromantik. 2. unveränderte Auflage. Leipzig: Koehler und Amelang Verlag.

Korff, Hermann August (1953): Geist der Goethezeit. IV. Teil: Hochromantik. Leipzig: Koehler und Amelang Verlag.

Landesarchiv Baden-Württemberg (o.J): Ausstellung des Hauptstaatsarchivs Stuttgart: Landschaft, Land und Leute. Politische Partizipation in Württemberg 1457-2007. Zugriff am 25. Januar 2024 unter https://www.landesarchiv-bw.de/de/themen/praesentationen---themenzugaenge/72275.

Landeszentrale für politische Bildung Baden-Württemberg (o. J.): Der reichste Fürst. Hymne von Württemberg. Zugriff am 17. Dezember 2023 unter https://www.landeskunde-baden-wuerttemberg.de/hymne-der-reichste-fuerst.

Martus, Steffen (2009): Die Brüder Grimm: Eine Biographie. Berlin: Rowohlt.

Matz, Wolfgang (2020): Adalbert Stifter oder Diese fürchterliche Wendung der Dinge: Biographie. Göttingen: Wallstein.

Meier, Albert (2008): Klassik – Romantik. Stuttgart: Reclam.

Mojem, Helmuth (2014): Ludwig Uhland – Dichter, Gelehrter, Politiker. In: Zeitschrift für Württembergische Landesgeschichte 73, S. 215–237.

Peters, Patrick (2020): Romantik. Einführung. Essen: Oldib Verlag.

Petersdorff, Dirk von (2023): Der Ewige Brunnen. Deutsche Gedichte aus zwölf Jahrhunderten. München: C.H. Beck.

Ransmeier, John C. (1910): Uhland's Fortunat and the Histoire de Fortunatus et de Ses Enfants. In: PMLA/Publications of the Modern Language Association of America, 25 (2), S. 355-366. Zugriff am 29. Januar 2024 unter https://www.jstor.org/stable/456684.

Roßmäßler, Emil Adolf (1849): Die deutsche Nationalversammlung in Stuttgart. Zugriff am 7. Juni 2024 unter https://www.digitale-sammlungen.de/de/view/bsb10562793?page=65.

Sautermeister, Gerd (1998): Lyrik und literarisches Leben. In: Zwischen Revolution und Restauration 1815-1848 (Hansers Sozialgeschichte der deutschen Literatur vom 16. Jahrhundert bis zur Gegenwart, Band 5). Herausgegeben von Gert Sautermeister und Ulrich Schmid. München: dtv.

Schlegel, Friedrich (1961 ff.): Kritische Friedrich-Schlegel-Ausgabe. Erste Abteilung: Kritische Neuausgabe. Herausgegeben von Ernst Behler unter Mitwirkung von Jean-Jacques Anstett und Hans Eichner. Band 2. Paderborn/Darmstadt: Schöningh/Wissenschaftliche Buchgesellschaft.

Schneider, Gerd / Toyka-Seid, Christiane (2024): Artikel »Liberalismus«. In: Das junge Politik-Lexikon. Bonn: Bundeszentrale für politische Bildung, Zugriff am 25. Januar 2024 unter https://www.bpb.de/kurz-knapp/lexika/das-junge-politik-lexikon/320734/liberalismus/

Schott, Theodor (1895): Artikel »Uhland, Ludwig Josef«. In: Allgemeine Deutsche Biographie, herausgegeben von der Historischen Kommission bei der Bayerischen Akademie der Wissenschaften, Band 39, S. 146-148. Zugriff am 10. November 2023 unter https://de.wikisource.org/w/index.php?title=ADB:Uhland,_Ludwig_Josef&oldid=-.

Schulz, Gerhard (1989): Die deutsche Literatur zwischen Französischer Revolution und Restauration. Zweiter Teil: Das Zeitalter der napoleonischen Kriege und der Restauration 1806-1830. München: C.H. Beck.

Schulz, Gerhard (2000): Die deutsche Literatur zwischen Französischer Revolution und Restauration. Erster Teil: Das Zeitalter der französischen Revolution 1789-1806. 2. neu bearbeitete Auflage. München: C.H. Beck.

Schwäbischer Heimatbund (2016): Uhlandhaus (Tübingen). Zugriff am 29. Januar 2024 unter https://www.zum.de/Faecher/G/BW/Landeskunde/rhein/kultur/denkpflg/denkmalpreis_bw/2016/uhlandhaus_tuebingen.htm.

Schweikle, Günther (1995): Minnesang. 2., korrigierte Auflage. Stuttgart/Weimar: J. B. Metzler.

Setzler, Wilfried (2023): Rezension von Ludwig Uhland. Das Stylisticum. In: Schwäbische Heimat, Bd. 74 (Nr. 1), S. 83-84.

Stadt Calw (o. J.): Artikel Palais Vischer. Zugriff am 12. November 2023 unter https://www.calw.de/attraktionen/palais-vischer-c71772dd33.

Stadtverwaltung Weinsberg (o. J.): Kernerhaus und Alexanderhäuschen. Zugriff am 17. Dezember 2023 unter https://www.weinsberg.de/freizeit-und-kultur/museen-und-austellungen/kernerhaus-und-alexanderhaeuschen/.

Stein, Peter (1998): Sozialgeschichtliche Signatur 1815–1848. In: Zwischen Revolution und Restauration 1815–1848 (Hansers Sozialgeschichte der deutschen Literatur vom 16. Jahrhundert bis zur Gegenwart, Band 5). Herausgegeben von Gert Sautermeister und Ulrich Schmid. München: dtv.

Storz, Gerhard (1967): Schwäbische Romantik. Dichter und Dichterkreise im alten Württemberg. Stuttgart/Berlin/Köln/Mainz: Kohlhammer Verlag.

Ueding, Gert (2008): Klassik und Romantik. Deutsche Literatur im Zeitalter der Französischen Revolution. 2. Auflage. München: Hanser.

Uerlings, Herbert (Hrsg.) (2000): Theorie der Romantik. Stuttgart: Reclam.

Uhland, Ludwig (1815): Gedichte von Ludwig Uhland. Stuttgart und Tübingen: J. G. Cotta'sche Buchhandlung, Zugriff am 11. November 2023 unter https://de.wikisource.org/wiki/Gedichte_von_Ludwig_Uhland_(1815).

Uhland, Ludwig (1849): Rede gegen das Erbkaisertum. Zugriff am 10. Juni 2024 unter https://www.hs-augsburg.de/~harsch/germanica/Chronologie/19Jh/Uhland/uhl_erbk.html.

Uhland, Ludwig (1869): Schriften zur Geschichte der Dichtung und Sage. Vierter Band. Herausgegeben von Wilhelm Ludwig Holland. Stuttgart: Cotta. Zugriff am 24. Dezember 2023 unter https://books.google.de/books?id=Y38NAAAAQAAJ&hl=de&pg=PA327#v=onepage&q&f=false.

Uhland, Ludwig (1983a): Werke. Herausgegeben von Hans-Rüdiger Schwab. Erster Band: Gedichte; Dramen; Versepik; Prosa. Frankfurt am Main: Insel Verlag.

Uhland, Ludwig (1983b): Werke. Herausgegeben von Hans-Rüdiger Schwab. Zweiter Band: Dichtungstheoretische Schriften; Wissenschaftliche Schriften; Politische Reden und Schriften; Briefe. Frankfurt am Main: Insel Verlag.

Volksbund Deutsche Kriegsgräberfürsorge e. V. (o. J.): Das Lied »Der gute Kamerad«. Zugriff am 25. November 2023 unter https://gedenkportal.volksbund.de/gedenktage/volkstrauertag/das-lied-der-gute-kamerad.

Walther von der Vogelweide (1983): Sprüche und Lieder. Gesamtausgabe. Herausgegeben und eingeleitet von Helmut Protze. Leipzig: VEB Bibliographisches Institut.

Weil, Bernd A. (1991): Rezeption des Minnesangs in Deutschland seit dem 15. Jahrhundert. Frankfurt am Main: R. G. Fischer.

Bibliographie

Wilhelmy-Dollinger, Petra (o. J.): Literarische Salons und Dichterkreise um E. T. A. Hoffmann. Zugriff am 10. Januar 2024 unter https://etahoffmann.staatsbiblio thek-berlin.de/erforschen/umfeld/salons/.

Wilpert, Gero von (2001): Sachwörterbuch der Literatur. Erweiterte 8. Auflage. Stuttgart: Kröner.